图解服务的细节
025

飲食店の販促アイディア200

超人气餐饮店
促销大全

[日] 旭屋出版《近代食堂》编辑部 编
刘 波 译

人民东方出版传媒
People's Oriental Publishing & Media
東方出版社
The Oriental Press

图书在版编目（CIP）数据

超人气餐饮店促销大全／（日）日本旭屋出版《近代食堂》编辑部 编；刘波 译. —北京：东方出版社，2015. 5
（服务的细节；25）
ISBN 978-7-5060-8221-1

Ⅰ. ①超… Ⅱ. ①日… ②刘… Ⅲ. ①饮食业—市场营销学 Ⅳ. ①F719. 3

中国版本图书馆 CIP 数据核字（2015）第 118645 号

服务的细节 025：超人气餐饮店促销大全
(FUWU DE XIJIE 025: CHAORENQI CANYINDIAN CUXIAO DAQUAN)

编　　者：[日] 旭屋出版《近代食堂》编辑部
译　　者：刘　波
责任编辑：崔雁行　高琛倩　周征文
出　　版：东方出版社
发　　行：人民东方出版传媒有限公司
地　　址：北京市朝阳区西坝河北里 51 号
邮　　编：100028
印　　刷：三河市中晟雅豪印务有限公司
版　　次：2015 年 7 月第 1 版
印　　次：2019 年 6 月第 8 次印刷
开　　本：880 毫米×1230 毫米　1/32
印　　张：11. 5
字　　数：357 千字
书　　号：ISBN 978-7-5060-8221-1
定　　价：46. 80 元
发行电话：(010) 85924663　85924644　85924641

目 录

第九章　店面装饰技巧　/ 267

序言

近年来，随着餐饮企业加快扩张步伐，街头巷尾的大小餐饮店如雨后春笋般涌现。为了招揽生意，商家各出奇招，打着各种名头的“促销招牌”以吸引客源。

在免费杂志上印优惠券的餐饮店不断增加，推出打折促销的餐饮企业也不少，还有一些商家在店面装饰和宣传单派发上苦下工夫。随着市场竞争的白热化，各种新促销方式和经营策略层出不穷。餐饮企业如何做好促销？连从理论层面研究这个问题的人也多了起来。

但是，不管商家采用什么方式宣传促销，如果忽视“差异性和特色化”，注定会在激烈的市场竞争中败北。原因很简单，现在的食客在面临多重选择的时候，口味愈发挑剔，他们已经习惯了商家大打促销战的各种招数。如果促销活动缺乏创意，沿袭固有的促销方式，在提高经营效益和吸引回头客上注定毫无建树，费用高低与效果将不成正比。

因此，问题的关键恐怕是促销的“实质”。即使采用同一种促销方式，商家也应该从自身出发寻找亮点、创造新意。在现实生活中，采用巧妙的促销方式获得新消费者认可和好评的例子不在少数。

那么，餐饮企业怎样找到适合自己的促销突破点和方法呢？

帮助读者了解相关知识、在摸索中寻求办法，这正是本书编著的初衷。书中收集的促销实例均取材于月刊《近代食堂》（日本旭屋出版社出版）每月刊行的稿件，而且清一色是成功案例。在这些精心筛选出来的实例中，有的通过提供大胆的创意贴心服务，让来店用餐的顾客感动不已；有的采用与时代接轨的宣传方法实现成功促销；有的通过低成本运营，使餐馆的经营效益显著增加；有的采用的促销方式低端但实用……涵盖了各种吸引顾客进店体验和提升餐厅营业额的实例，共计200个。

在这些促销实例中，每家餐饮企业都具备与众不同的特色或亮点。因为是实际营销案例，所以内容翔实，具有打动消费者、满足食客需求的巨大力量。通过阅读本书，如果读者能从中找到适合自己的促销方式并融入实践，作为本书的编著者，我们将感到欣慰之至。

月刊《近代食堂》编辑部

阅读本书前必读

◆ 本书选自月刊《近代食堂》2004~2008年4月刊连载策划《生意兴隆窍门大百科》中的文章，经重新润色修订而成。

◆ 文中涉及的餐饮店信息以2008年4月为准。另外，文中提到的餐饮业促销实例中，有的促销活动存在时间期限，有的促销活动已经结束，也有因店方问题而取消的。因此，读者在阅读本书时，希望能从帮助我们不断改进书中内容、增加更多更好的促销实例的立场出发，多提宝贵意见。

Chapter 1

巧妙利用折扣和优惠券来增加超值感？

001

淡季 1~2 月实施，全方位增强六分店的团队合力

新客激增！
【1 周×6 店】半价接力

▲ 豆集团
（东京，蒲田）

商家的大手笔打折促销活动对吸引新客人具有一定效果。但如果贸然行事，效果可能适得其反。根据促销时机和经营模式在促销形式和内容创新上下工夫，显得至关重要。

其中，一个具有代表性的例子是东京蒲田“豆集团”（经营集团有限公司）推出的“半价接力”活动。该餐饮集团以东京蒲田站周边区域为中心，相继创办了烤串店、意大利创意菜西餐厅等涉及不同经营模式的六家餐饮分店。

“半价接力”活动，是指在上述六家分店中每周一家，轮流推出“半价接力”优惠促销活动。面向经常来店消费的长期顾客集中返点，以提高顾客对豆集团的整体认知度为目的，在每年餐饮业淡季的 1~2 月间举办。

由于旗下门店大多集中在偏街小巷，因此每天邻近黄昏时分，店员们被派往蒲田站站前等处向过路行人散发传单。这种对外宣传方式收效显著，活动期间来店的新客人数激增。半价接力活动期间，该店的总客流量比平时增加了 2.5 倍。

此外，凡是在活动期间来店惠顾过的顾客，经常会光顾其他几家分店。由于各门店提供的服务和经营形态不同，即使顾客多次进店消费，也不会失去新鲜感。可以说是一种发挥集团优势的绝佳促销手段。

半价接力活动期间，对于因满座而无法用餐的客人，豆集团会免费赠送两张餐饮折扣券。这种折扣券分为两种：一种仅限当日使用，在豆集团旗下的六家门店一律通用；另一种有效期一个月，仅限发券的门店使用。活动当日，各门店还会面向顾客积极推荐其他五家店，以提升豆集团整体的活力。

对于通过这种促销方式吸纳的新客人，豆集团会进一步采用宾至如

归的待客方式，使他们成为忠实的回头客。不仅限于活动期间，豆集团全年致力于提升各门店的接待服务能力，以求实现更好的促销效果。

1月16日(周一)~1月22日(周日)

【烤串酒家 胡桃】东口店
全品半价——→烤串半价——→酒水半价

▼

1月23日（周一）~1月29日（周日）

【御茶间BAR蚕豆】
全品半价——→瓶装烧酒半价——→饮料半价

▼

1月30日（周一）~2月5日（周日）

【伊酒家 红豆】
全品半价——→意大利面、比萨半价——→瓶装红酒半价

▼

2月6日（周一）~2月12日（周日）

【蒲田羊肉店】
全品半价——→用餐享半价——→饮料半价

▼

2月13日（周一）~2月19日（周日）

【烤串酒家 胡桃】西口店
全品半价——→烤串半价——→饮料半价

▼

2月20日（周一）~2月26日（周日）

【创意菜餐厅音豆】
酒水半价——→全品半价——→用餐享半价

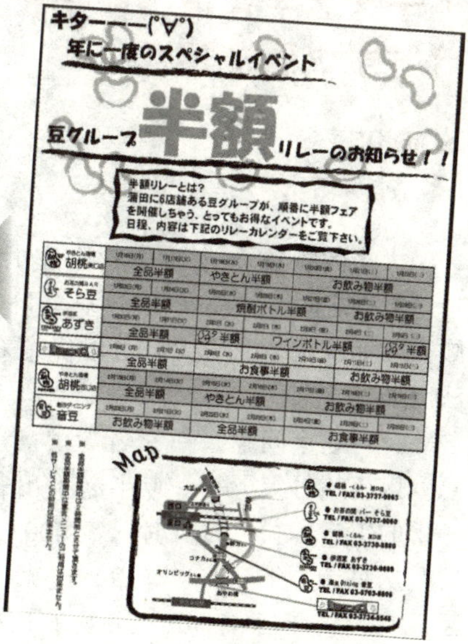

例如：在“烤串酒家胡桃”举办活动期间，活动前两天推出“全品半价”，接下来的两天为“烤串半价”，其余时间实行“酒水半价”。其他门店推出活动的方式相同。

餐位已满，敬请见谅！
10% off 餐饮券
仅限当日使用。

请在以上门店使用。

餐位已满，敬请见谅！
谢谢惠顾，餐位已满……
敬请见谅！
欢迎下次光临！
30% off 餐饮券
活动结束后一个月内有效！
仅限在券面盖章的门店使用。
活动截止到3/12。

对于因满座而无法用餐的客人，豆集团会免费送出“歉意餐饮折扣券”，以增加客人再次光顾的机率。

002

超三成午餐客的选择，日间 56 个餐位揽客 250 名

下午一点半餐馆门前排长龙！分时段优惠揽客术

▲ MYUN

（东京，文京区）

大多数餐饮企业的午餐上座时间通常集中在每天中午 12：00~13：00点之间。午餐高峰时段一过，上座率锐减，餐馆员工无所事事，顾客稀稀拉拉……餐饮分时段优惠对于改善这种情况是一种有效的方法。

针对这个问题，一家名为“MYUN”的越南料理店想出了一个主意。该店从每天下午一点半起推出餐饮打折活动，平时售价 600 日元一份的午餐套餐，打折时只需 400 日元就能享用。自从推出这项活动后，从每天下午一点半开始，这家餐馆的人气直线上升，餐馆门口排起长龙。只能容纳 56 人用餐的店内，到店用餐的顾客人数激增至 250~300 人。其中，超过三成以上的顾客选择下午一点半以后来此用餐。

过去，同样是这家店，午餐高峰时段上班的员工经常留下来，一直等到晚上营业，为晚上营业进行准备工作。从午餐时段结束到下午三点之间，只有少数几个服务员负责接待稀稀拉拉的客人，大部分时间服务员都“闲着没事”。自从推出这项限时优惠活动后，来这里用餐的顾客络绎不绝，原先的不饱和工作时间得到了有效利用。

该店推出的午餐套餐共四种，包括三款“每日新套餐”和一款“鸡肉咖喱”，售价一律 600 日元。主食分两种，米饭和挂面（米粉），客人可以自行选择，大份或续添不另收费，不附带饮料。

下午一点半过后，除了“鸡肉咖喱”，还新增两个品种——“炒饭”和“猪肉盖饭”，一律 400 日元。“每日新套餐”一般在下午一点半之前就售卖一空，所以新增以上两款。主食米饭（挂面）大份免费，但续添一碗需加收 100 日元。

自从推出这项活动后，这种受欢迎的午餐套餐每天都销售一空，

而且有效杜绝了餐桌上的浪费。其中，店里人气最旺的“鸡肉咖喱”每天要提前准备 100 份，零售量屡创新高，连续几天都销售一空。

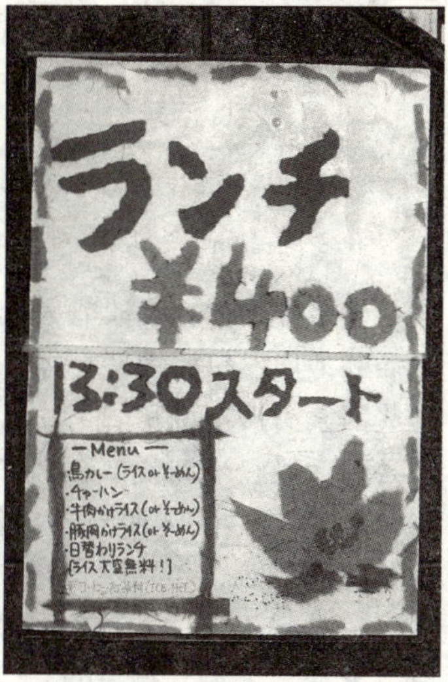

每天下午一点半，限时打折活动开始，餐馆门口排起长龙，套餐分量十足，价格实惠公道，吸引了大批附近的学生。

经典畅销的“鸡肉咖喱”（实物照片）。
午餐套餐，食客可以选择米饭或挂面作为主食。

003

顾客参与!"赛马竞猜"之趣味促销

让赛马"粉丝"成为餐厅"粉丝"!
参加"赛马竞猜",赢取餐饮券

▲ 回转寿司　内田

(东京,银座)

什么样的促销手段能为你的顾客创造"惊喜"?这需要根据餐饮门店的地段、目标消费群体、来店动机等因素决定。在综合考虑所有这些因素后做出调整的是一家叫"回转寿司内田"的餐馆。这家店位于各种高级料亭和餐饮店集中的东京银座区,从开业之初到现在已有20多年历史,该店面向来店消费的客人提供一项特殊服务——"赛马"打折优惠,得到顾客的一致好评。

赛马起初只是该店老板的一项业余爱好,距离这家店不远的地方有一家赛马"场外投注处"(WINS),很多光顾这家店的顾客都是赛马爱好者。针对顾客的这一需求,餐厅老板灵机一动,想出了上面的点子,从而成功抓住了老顾客的心。

这项活动的规则如下:在一场赛马比赛开始前,顾客对结果进行预测。猜中者将获得一张与赛马券等额的免费餐饮券。顾客需要在店内指定的表格上填写本人姓名和预测的第一名、第二名赛马的编号。竞猜活动于每周周末实行,投注对象是主流赛事等公众关注度较高的赛马比赛,而且无需支付参加费,任何人都能轻松参与。

赛事消息通常在比赛日的前一天公布,所以客人参加竞猜活动的时间一般从信息公布开始到次日比赛正式开始前的中午结束。尽管这项赛事的比赛持续时间较短,但参与活动的顾客每次都超过15名。自从该店推出这项特殊活动,来银座参加赛马竞猜的赛马爱好者们渐渐成为这家餐饮店的忠实"粉丝"。

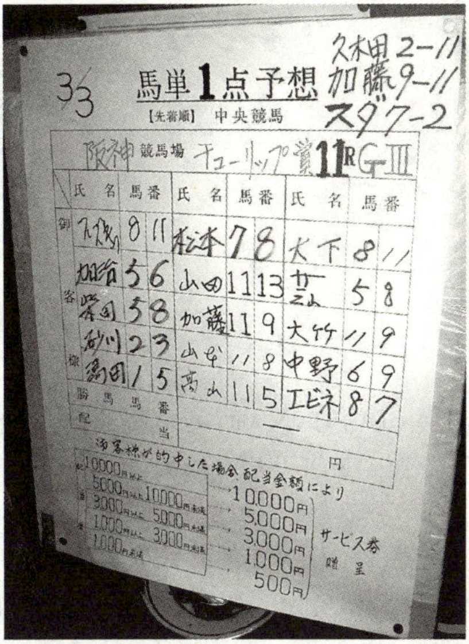

除了表格中预先设定的供15名参与者签名的空栏，栏外也有不少顾客的签名，可见每周参与这项活动的顾客人数之多。

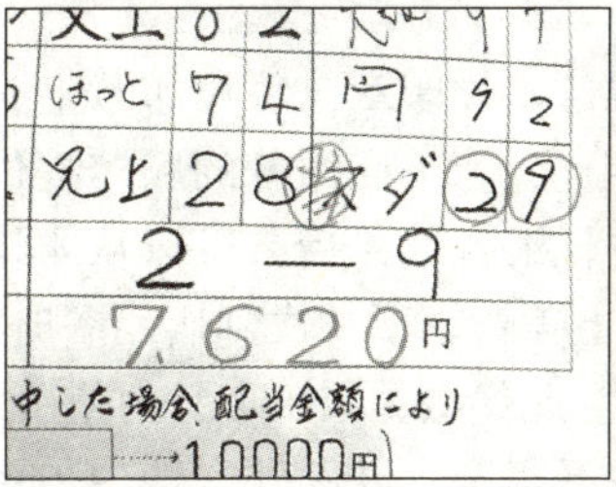

参与者猜中时，其签名栏上会被盖上一个“猜中”的印章，并在店内公告栏上张贴一个月左右。根据所投注的金额，参与者将获得从500到10000日元不等的餐饮券。

一边收看赛马实况转播，一边用餐的顾客们。店内气氛热烈。店内的墙上挂着店主收集的赛马照片等宣传品。

004

收银台上备4种印章，打折优惠各不同!!

任选一种收据盖章 “盖章券”受好评

▲ MODISH 新宿三井大厦店
(东京，新宿区)

让顾客自己选择需要的代金券（COUPON)，而不是提供固定优惠……针对顾客的消费心理，一家名为“MODISH”的餐饮店推出了一款特殊的“盖章券”。

这是一家隶属于“Royal 股份集团”、经营西餐的餐饮企业（Royal 股份集团在日本全国开展诸多餐饮业务，如名为“Royal Host”的平价连锁餐厅)。在过去的一段时间里，该企业在旗下的三家连锁店推出这一促销活动，得到了顾客的一致好评。

这项活动的规则是在店内收银台旁准备4枚印章，每枚印章上分别印有如“生啤免费”、“10%折扣”等字样，为来店用餐的顾客提供不同的打折优惠方式。客人用餐结束，在收银台结账后，可以从4枚印章中任选一枚，在当时开具的用餐收据上盖章。下一次到店用餐时，只要携带这张收据，就能享受相应的优惠。此优惠券限一个月内使用。

另外，前往不同门店消费，印章也各不相同。以白领女性中午用餐高峰时段经常光顾的新宿店为例，其印章分两种，分别针对午餐时段和晚餐时段。例如：午餐时段的印章是“甜品100日元折扣”，晚餐时段的印章是“晚餐九折优惠”(每单最多6名顾客可享优惠)。各门店所在的位置不同，印章的内容也会随之调整。

体验自己动手盖章的乐趣，正是该店推出“盖章券”活动的初衷，“体验自己动手盖章的乐趣，大人也可以乐在其中……”另外，顾客在用餐结束结账时，很容易以此为话题和店里的收银员聊上两句，这在无形中会加深客人对该店的印象。据说，这项活动最受女性顾客的欢迎。其中，来自郊区门店的顾客反馈更好。经常能看到带着孩子一起到店用餐的快乐“盖章客”的身影，一个小创意，为赢得客人的认可做出了不小的贡献。

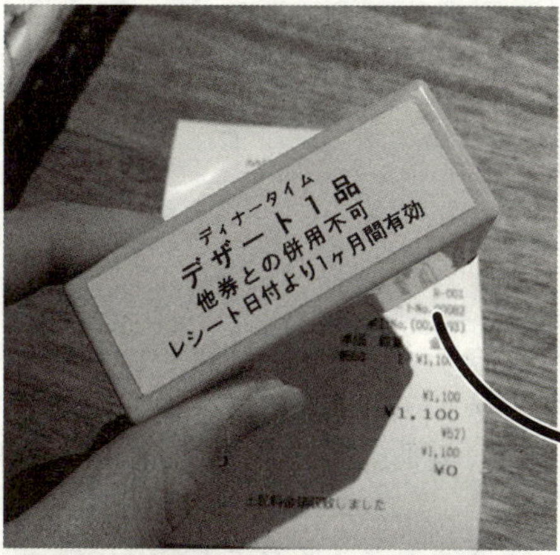

客人体验自己选择优惠盖章的乐趣，在女性和家庭聚餐客中最受欢迎。盖过章的用餐收据可作为下一次来店消费时的优惠券使用。

收银台上摆着4枚印章。结账后，顾客可以从中任选一枚盖章，而且顾客很容易以此为话题和店员聊上两句。

005

生活用品巧变促销工具，突出商家存在感

“台历”折扣券持续揽客术

▲ 伊酒家 红豆 涩谷店
（东京，涩谷）

怎样让到店一次的顾客成为回头客……促销的重点在于开展长期性或阶段性的促销，以此留住顾客。但是，打折或代金券等促销方式充其量只能在短期内发挥作用。

这里值得一提的是位于东京涩谷区、一家名为“伊酒家红豆”的意大利料理店推出的“折扣券台历”。

伊酒家红豆于2007年秋季正式对外营业，该店的做法是借开业为名，印刷了300份精美的台历。为了在同行竞争激烈的东京涩谷区取得一席之地、让顾客记住店名，该店以这种人们在日常生活中天天会用到的台历作为销售武器，派出四名店员前往附近的企业免费派发。

这种特殊的台历设计精美，每月的页面上都印着一张折扣优惠券。只要剪下来就能使用。例如：配合每年3~4月“欢迎送别季”的“宴会菜式九折券”；配合9月“金秋收获季”的“招牌酒券”；配合10月万圣节的“特别甜蜜糖果礼物”；配合开店周年纪念庆典的“九折~全额免单和抽奖活动”……各种应季优惠激起了顾客根据不同情况来反复享受优惠的欲望。譬如“这个月可以和哪些伙伴去消费”、“几个人去”等等。

另外，除了台历上印的每月优惠券，领取这种台历的人还会额外获得一张当日生效的餐饮券。台历背面印有该店推出的菜单和店铺照片；每月的台历页上还印着该店的营业时间、联系方式、意大利面和比萨饼等相关小知识……从每个细节向人们传递着其独特的魅力。

当然，与散发宣传单相比，印制台历的成本更高。但是，一次投资，其促销效果可以持续渗透一年，这不但有效地减少了人力成本，还有助于吸引顾客长期光顾。

剪下来后……

优惠每月不同，客人可以各取所好。

每天都能用到的办公桌台历，无时无刻不在强调商家的存在感。

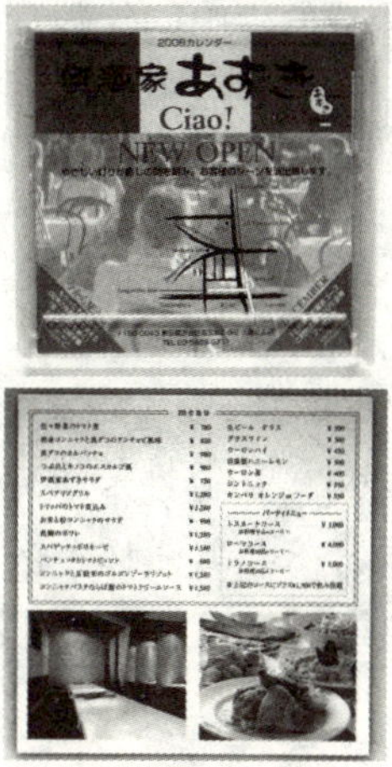

CD盒大小的迷你台历，尺寸精巧，以意大利国旗为主基调，依次由红、白、绿三色构成。正面是地图和即可使用的优惠券，背面印有该店的菜单等信息。

006

本次消费两杯，下次两杯免费

喝得越多，"下次越划算"。吸引回头客的"生啤券"

▲ 炭火烧烤 囲
（神奈川 藤泽市）

再次到店消费时可用的优惠券是吸引顾客来店的一种有效手段，如果在这种方式上增加一些新元素，效果就会翻番。

一家名为"炭火烧烤囲"的餐饮店为了吸引顾客上门，从 2007 年 6 月开始推出一项优惠活动。活动规则如下：凡夏季来店消费的顾客，本次消费几杯生啤，将获赠同等数量的"生啤券"，该券可在下次到店时使用，有效期一个月。每次消费不限券数，可多张券累计使用。

这种促销方式的重点是向顾客赠送与本次消费的生啤同等数量的"生啤券"。举个例子：本次用餐时点了两杯生啤，顾客就能得到两张"生啤券"，该券可在下次到店时使用。顾客收集的"生啤券"越多，则越划算。

同时，持有这种"生啤券"的团体客会经常带新客人光顾。这种促销方式不但留住了老顾客，还吸引了新顾客。

另外，"本次消费生啤"是促销活动的另一个重点。客人点餐时，服务生可以借机对客人进行口头宣传："本次您喝几杯生啤，下次就能免费喝几杯，您不妨多点几杯。"这样一来，客人"多喝几杯"的情绪一下子就被调动起来，无形中促进了生啤的销售。

15cm × 7cm
啤酒券

“生啤券”的尺寸为15cm × 7cm，印刷精美，纸质优良。从防止客人夹在钱包中忘记、强调存在感的角度出发设计。客人在收银台结账时，本次用餐点了几杯生啤，就能得到几张“生啤券”。

007

"迷你鸡蛋盖饭、油渣盖饭"原价 750 日元，现价 700 日元

小折扣提升外卖订单量！“限定超值菜单”促销

▲自制乌冬面、荞麦面，餐馆　满留贺本店
（千叶县松户市）

如今，兼营外卖业务的中小型餐饮店越来越少。在这种大环境下，有一家餐馆通过提供方便快捷的外卖服务，反而在一定程度上提高了销售额，这就是位于千叶县松户市的“满留贺本店”。

满留贺本店地处住宅区和工业开发区之间。凭借天然的地理优势，该地区的外卖市场存在一定比例的需求，但是与以前相比，外卖订单呈下滑趋势。对此，满留贺本店推出一项名为“〇〇月限定超值菜单”的优惠促销活动。活动规则如下：与平时相比，预订外卖时，可享受立减 50~200 日元不等的价格优惠。自从推出这项活动以来，该店的营业额迅速攀升，订单量大为增加。绝大多数外卖订单集中在限定菜单，外卖约占该店总销售额的 6~7 成。

“限定超值菜单”是以平时推出的外卖菜单为对象，每月从中挑选三款“主食”、四款“盒饭”，把这些列为促销对象。例如：原价 750 日元的“迷你鸡蛋盖饭”和“迷你油渣盖饭”，现价只需 700 日元。店员外出送餐时，把提前印好的次月菜单一起交给客人。这便是促销活动的宣传方式。

这一招果然奏效，在该店针对外卖订餐的潜在客户进行积极推广和宣传的努力下，该店的回头客率持续上升，外卖订单明显增加。另外，因为外卖订单主要集中在“限定菜单”，所以大幅提高了员工的工作效率和集中采购量。在此基础上，该店又新增了通过石臼研磨的荞麦粉制成的“自家手工荞麦面”，商品卖点的增加，使得订单量进一步增加。

2月の限定お得メニュー！

(平成19年2月1日～2月27日)

ごはんもの・麺類

◇おかめとじうどん(そば)…… 650円
◇とん汁定食………………… 800円
(野菜てんぷら付き)
◇日替わりごはん…………… 700円
(月曜：親子重　火曜：かつ重　木曜：牛丼　金曜：カツカレー)

セットメニュー

◇ミニたまご丼・たぬき ………… 700円
◇ミニいか天丼・たぬき ………… 750円
㊟ミニ若鶏照り焼き丼・たぬき …… 750円
◇かつ重セット(温そばもOK) … 1000円
※ミニ丼セットの麺類は、もり・温かいかけ・たぬき・きつねのいずれもOK！

うどん・そば・お食事処
満留賀本店
TEL047－392－8022

图中的限定超值菜单由店员在电脑上制作后打印出来。外出送餐时，将次月菜单交给客人，顾客可以直接下单。

平时使用的外卖菜单

店员外出送餐时，将提前印制的次月菜单当面交给客人。

“迷你鸡蛋盖饭、油渣盖饭”，原价750日元，现价700日元。

008

年终年初，满 4 人用餐免 1 人费用！用优惠保证预订量

争取宴会预订！
具有震撼力的超值大优惠

▲川奈厨房　向阳
（东京青山）

宴会的消费标准高，因此一向是餐饮企业争夺的主要客源。在众多同行绞尽脑汁、推出各种名目以吸引宴会预订的大环境之下，位于东京青山的“川奈厨房　向阳”针对预订宴会的顾客推出了一项极具震撼力的超值优惠促销活动。

该店是一家经营传统日式料理的餐饮店，该店价格公道合理，兼营居酒屋，为客人提供酒水和餐饮服务。每位客人的消费标准一般接近 4000 日元，季节宴会餐的标准一般 3000 日元起步。宴会餐的菜式等需要变更调整时，店方会主动积极地告知客人，并会提供各种相关服务。

过去，每到秋季，该店都会举办一场“新宴会餐试吃活动”，凡活动期间来店体验的团体顾客，每桌一位免单。当时一个月能接到 10 个以上的宴会订单。

另外，每到年末，该店会推出“赶早折扣”活动。活动规则如下：凡 12 月上旬之前向该店预订 12~1 月期间宴会的订单者，满 4 人用餐，免 1 人费用；满 10 人用餐，免 2 人费用；满 40 人用餐，免 10 人费用！

这项优惠活动的折扣幅度之大，前所未有。自从推出这项活动，生意最好的时候，两周内能收到 26 个宴会订单。活动细则通过该店的官网和宣传单公布。这种方便顾客预订的手段及力度巨大的优惠措施，取得了很好的揽客效果。

面向顾客详细公布季节宴会餐的调整方案和菜式内容，秋季另推出“宴会发起人免费”的折扣活动。

年终年初推出各种『赶早折扣』优惠促销活动。印制宣传单，经官网公布，以吸引团体宴客户。

009

优惠券上标编号，每月一次公布中奖名单

提高回头客率，优惠券上的“午餐抽奖”

▲EL BEBEDOR
（东京，中央区）

午餐时段是餐饮企业招揽顾客的重点时段，同行之间的竞争非常激烈。其中，为了吸引回头客，利用优惠券让顾客感受“再次到店的乐趣”不失为一种行之有效的手段。

以位于东京中央区小传马町的西班牙料理店“EL BEBEDOR”为例，该店推出一项优惠券“午餐抽奖”活动，成功地吸引了顾客上门。

来这家店用餐的顾客，结账时会收到一张印有“抽奖编号”的优惠券。该店每逢月末公布开奖结果，当月的中奖号码限额5个。中奖者二次来店消费时，只要带上印有中奖编号的优惠券，就能免费享用价值850或1000日元的自选午餐一份，每月理论上有5位顾客能获得一顿免费午餐。

中奖结果将于次月的一个月期间在店内公布，逾期中奖资格自动失效。

另外，顾客每集齐三张优惠券，能换取“软饮料”一杯或小甜点一份，每集齐十张优惠券，就能换取“西班牙煎蛋卷”一份。这项措施进一步调动了顾客的消费欲。此外，午餐获赠的优惠券还能在夜间时段使用，这一招成功地将日间顾客变成夜间客源。该店利用“午餐抽奖”和“优惠券”叠加促销，成功地吸引了大量回头客。

表

表

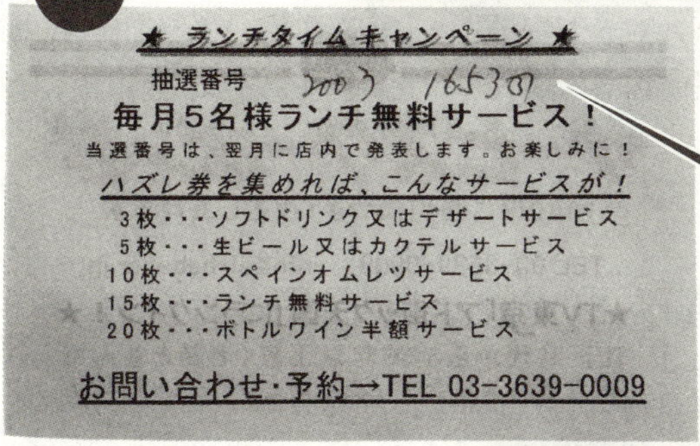

午餐时段到店消费的顾客，不限消费额，一律赠送优惠券。集齐一定数量后，还有额外惊喜等着你。

记录编号

月末抽奖

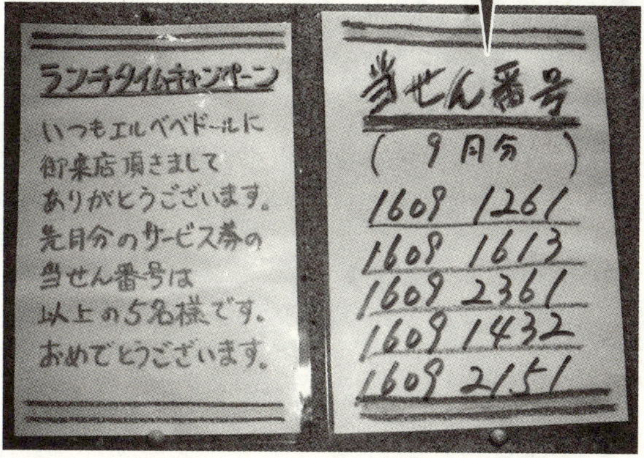

中奖号码于每月的月末通过掷骰子产生，结果则于次月的一个月期间在店内贴出。通过让顾客体验来店消费的乐趣，从而吸引客人。

010

每天 4 种优惠券，利用 POP 海报提升关注度

快速揽客！店前“每日优惠”

▲大豆家

（东京，吉祥寺）

时下，各类代金券、打折券铺天盖地，在商家这种盲目的宣传攻势下，消费者无所适从。针对这种情况，商家应该从“怎样让顾客花一样的钱，享受实实在在的优惠”上下工夫。

在这方面值得一提的是日式料理居酒屋“大豆家”推出的“每日优惠”活动。

大豆家采取的措施如下：每天预先准备 4 种代金券。比如：从写有本店招牌菜“鱼肉松豆腐”580 日元、“生啤”520 日元等菜品或酒水内容的 12~13 种代金券中挑选 4 种，作为每日优惠的对象。每次限选一种。夏天的优惠对象是冷酒或生啤，冬天的优惠对象是汤豆腐或烫过的酒……根据季节和天气灵活调整。

这种代金券的优点是即时使用，仅限当日有效。如果来店用餐的顾客不知情，服务生还会主动向客人说明。团体用餐时，每桌客人每次限用一张代金券。节假日到店消费，仅限“19：00 前进店消费的客人”。

代金券信息于每天 14：00 在店内公布。海报每天更新一次，上面还会附加诸如“雨停了，今天又是一个阳光明媚的日子”之类的语句，从而吸引了不少路人的注意。

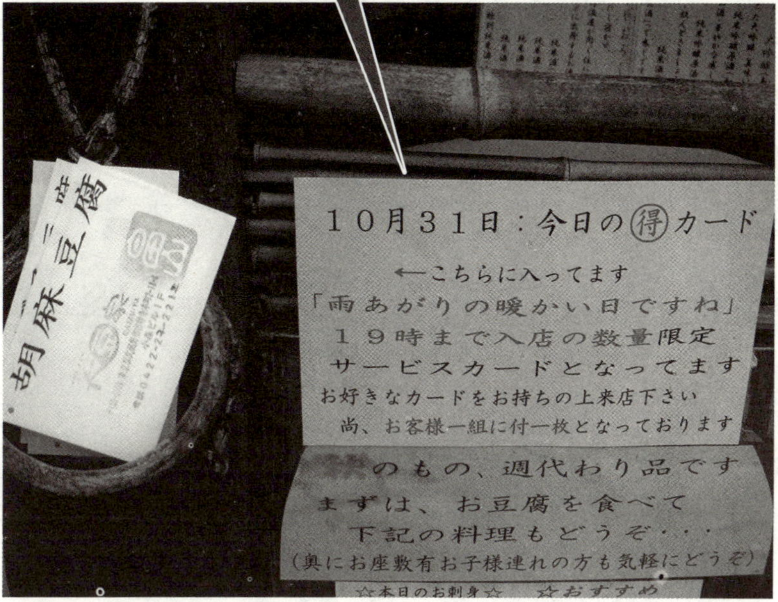

代金券的相关信息于每天14:00在店内公布。海报上还会附上一句话，吸引了不少过路行人的注意。

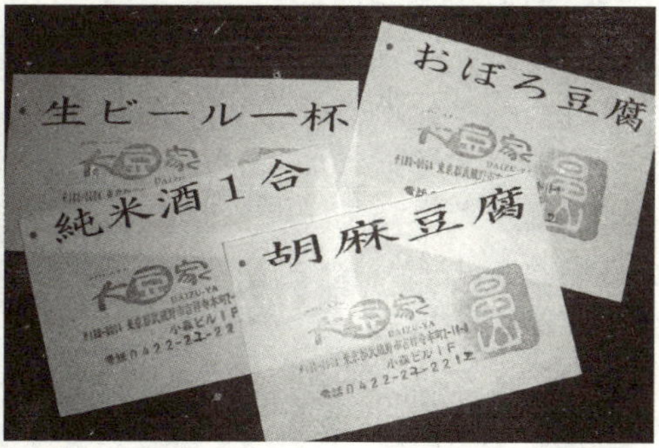

代金券共12～13种，每天从中选择4种。此外，店方根据进货情况，向客人提供限量日本酒等，其中最受客人欢迎的是鱼肉松豆腐。

011

当面赠送，人见人爱的折扣券

先行一步的“压岁钱”折扣券

▲Asian Kitchen
银座 CORRIDOR 店
（东京，银座）

餐饮企业开展促销活动时，同样是打折促销活动，只要在宣传时间和宣传策略上下工夫，收到的效果将大不相同。

从每年 12 月开始，创办“Asian Kitchen”等连锁居酒屋的大和实业集团股份有限公司就会面向到店消费的顾客推出一项赠送“压岁钱”折扣券的活动，该折扣券可在次年 1~2 月使用。逢年过节，以送压岁钱的方式搞促销的餐饮企业很多，Asian Kitchen 采取先行一步、先声夺人的营销策略，给消费者留下了深刻的印象。

这种促销方式的目的主要有两个：（1）答谢新老顾客；（2）在淡季 1~2 月吸引顾客进店消费。这种折扣券的设计别出心裁，一张主券含三张附券，呈折叠形排列，叠起来恰好是一张名片的大小。外观设计模仿装压岁钱的红包。店员会将这种精心印制的折扣券当面送给顾客。这一细节所体现的人文关怀成功地赢得了顾客的心。

客人结账时，收银台员工会将这种精心印制的折扣券当面送给客人。这种券的背面印有空栏，需要客人填写住址等个人信息，以便给客人发感谢函。

012

运用 HAPPY HOUR 经营策略争取目标消费群

“早折 & 晚折” 揽客术！

▲IRISH PUB KENNY's

（东京，调布市）

分时段优惠和按日优惠的好处是能给顾客留下深刻的印象。一家叫“IRISH PUB KENNY's”的酒馆新近推出一种“早折 & 晚折”双向促销活动，采取分时段按日优惠的方式招揽顾客，活动规则在店内宣传海报上公布。这招创意促销成功地吸引了众多消费者进店尝试。

这家店的做法是在上座率较低的周一～周五 17：00～20：00 期间实行“早折”优惠，推出人气菜“炸鱼薯条”原价 700 日元，外加“英国黑啤 Guinness”或“Kilkenny 啤酒”半品脱，二选一 500 日元组合餐，现价仅需 950 日元即可享用。这款组合套餐一经推出，立刻受到附近上班族的欢迎。

另外，“晚折”优惠主要针对外国客人上座率较高的周六晚上 22：00～24：00 推出。原价 900 日元的“惠比寿啤酒”1.5 品脱，现价仅需 700 日元。1.5 品脱的优惠价让不少外国客人心动不已。不仅如此，因为有机会和外国人交流，所以本土客人的上座率也大幅增加，效果可谓一石二鸟。

Happy Hour 是酒吧或餐厅术语。通常为一小时或更长的优待顾客时间，或者酒水减价，或者免费供应小吃。——译者注

醒目的“早折&晚折”海报能一下子勾起顾客的兴趣。早折促销深受女性顾客的好评。自制啤酒味炸鱼薯条最受食客的欢迎。

013

低成本 & 热议商品免费送

吸引顾客！“幕后菜”代金券

▲碳烤　樱田

（东京，台东区）

时下，为了吸引消费者，各商家纷纷推出打折返券等优惠促销活动。那么，怎样才能无须先期投入、轻松吸引消费者的眼球呢？“没有代金券，就不能享受优惠的限定商品”应该是一种行之有效的办法。

在这方面，一家名为“碳烤　樱田”的餐馆下足了工夫。该店想出了一个绝妙的促销方法——幕后菜，即菜单上一般见不到的“碳烤煎饼”。店里把这道菜列为优惠对象，同时在日本美食搜索网“GuluNabi”等知名网站上进行宣传，凡持代金券来店消费的顾客即可享受相应的优惠。

烤制过程中注意不要烤糊了。这种促销方式的好处是原料进货成本较低。

来这家店用餐的客人需要自己动手碳烤食物。“碳烤煎饼”的就餐方式有一个好处：顾客可以根据自己的口味亲自动手尝试烤煎饼。这种煎饼不加任何佐料，喜欢吃酱油味的，可以在煎饼上刷上酱油烤，一切选择都由顾客决定。

这种新颖别致的用餐方式受到很多客人的欢迎，很多没有代金券来此用餐的客人也强烈要求尝试。此外，这种方式的好处是成本低，而且其特色用餐方式很快就引发了热议，对于加深消费者对餐馆的印象也有一定效果。

014

可用可累计，累计越多，奖励越丰厚

午餐客最爱的优惠券

▲烤肉 KUS KUS
（东京，涩谷）

提高优惠券利用率的方法之一是增加优惠内容，满足消费者的“多样化需求”。在这一点上值得关注的是一家名为“烤肉 KUS KUS”的餐饮店推出的“午餐券”。

烤肉 KUS KUS 推出的促销活动如下：凡来店消费的顾客，均可获得该店赠送的“午餐券”1 张。此券累计 2 张，可兑换饮料 1 杯或午餐沙拉 1 份；累计 4 张，可兑换迷你石锅拌饭 1 份或烤肉 1 碟；累计 9 张，可免费享用铁板烧定食或韩式排骨泡饭等。根据顾客累计的餐饮券数量，可享受不同级别的优惠。顾客可以按个人喜好和用途选择其中一种。

例如，如果你想用较少的餐券兑换，可以单点 1 份午餐，用所得的 1 张优惠券兑换 1 份饮料或蔬菜沙拉。另外，累计 8 张以上，即可免费享受午餐 1 份，有的客人愿意选择这种兑换方式。这种多样化的优惠方式既提升了顾客对餐馆的关注度，也有效避免了顾客随手丢弃优惠券的可能，成功地提升了优惠券的魅力。

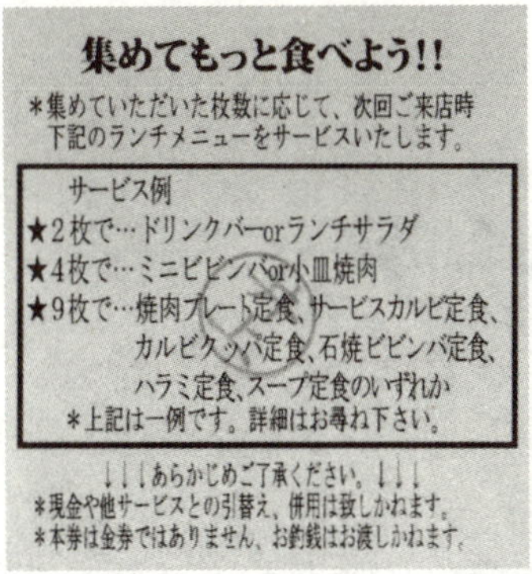
集めてもっと食べよう!!
＊集めていただいた枚数に応じて、次回ご来店時
下記のランチメニューをサービスいたします。

サービス例
★2枚で…ドリンクバーorランチサラダ
★4枚で…ミニビビンバor小皿焼肉
★9枚で…焼肉プレート定食、サービスカルビ定食、
カルビクッパ定食、石焼ビビンバ定食、
ハラミ定食、スープ定食のいずれか
＊上記は一例です。詳細はお尋ね下さい。

↓↓↓あらかじめご了承ください。↓↓↓
＊現金や他サービスとの引替え、併用は致しかねます。
＊本券は金券ではありません、お釣銭はお渡しかねます。

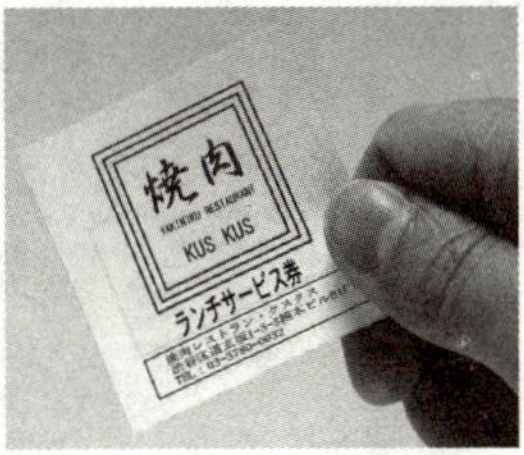

这种券的大小为 5cm × 5cm。设计精巧，夹在钱包里不占地方。很多老顾客都选择把它放在公司的办公抽屉里。

015

面向老年顾客的“关爱促销”，提高顾客进店率

65 岁以上享折扣的“白金卡”

▲KATSUKICHI
（东京，台东区）

电影院和公交设施等公共场所面向老年人实行持证优惠的情况比较普遍，与此相比，餐饮店很少实行这类优惠。位于东京浅草的 KATSUKICHI 针对这一市场空白，面对 65 岁以上老年顾客推出餐饮九五折关爱促销活动。这项名为“白金卡”的促销活动一经推出，立刻受到了老年顾客的好评。

KATSUKICHI 是一家有 40 多年历史的老字号炸猪排料理店。经常来此用餐的顾客中，除了到浅草一带观光时顺便用餐的游客外，还有很多是经常到这家店用餐的老年顾客。店里推出这项促销活动，除了答谢长年光顾的老年顾客外，也意在进一步吸引这些老顾客来店用餐。

这些持有“白金卡”的顾客中，日间来店人数通常为 2~3 拨。此外，凡团体客中有一名 65 岁以上老者，同组客人均可享受该优惠。自从该店推出这项关爱促销活动后，来这里用餐的老年顾客日渐增多。

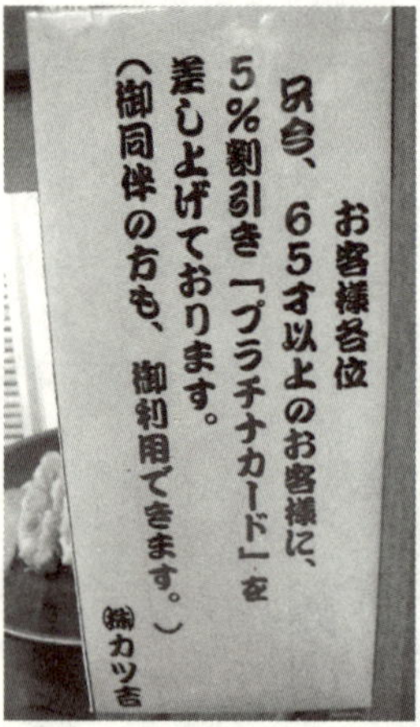

团体客人中有一名65岁以上老者，同组客人一律享受用餐打折。回头客对这项优惠措施的评价很高。

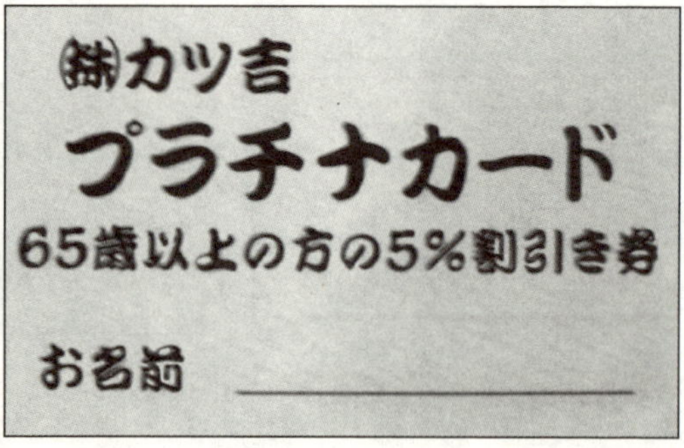

016

"PREMIUM 烧酒"，一杯 500 日元

淡季揽客之道——烧酒优惠

▲. COM

(东京，江东区)

餐饮经营如何度过淡季？方法之一是挑选一款最受顾客欢迎的招牌菜，通过打折减价吸引顾客到店。对于餐饮淡季如何突围的问题，位于东京门前仲町的". COM"曾经尝试着将一种"PREMIUM 烧酒"按 500 日元的超低价面向顾客提供。该店在店前贴出印有"号外"字样的宣传海报，成功地吸引了顾客的关注。

这家店的规模不大，店内面积约 9 坪（1 坪约等于 3.3 平方米），一次只能容纳 26 名顾客同时就餐。餐馆的经营收入大多来自包席预订（现在改为专营）。平时餐饮包席生意红火，没有预订时，餐馆会面向散客提供 500 日元即可享用的 PREMIUM 烧酒。

日本烧酒中，"魔王"平时价位在 1260 日元上下，"百年孤独"约 1580 日元，而且市面上一般买不到。对此，该店特别准备了 2~3 种名品烧酒，以每杯 500 日元的低价为来店用餐的顾客提供。满满的一杯烧酒，约 70ml。对顾客来说，这个价格绝对合算。而且每种烧酒每位客人限点一杯，很多人干脆一样点一杯，品尝各色美酒，感受舌尖上的酒文化。

不但如此，经常有路过的行人在看到店前张贴的海报后，进店向服务员询问活动什么时候开始。其广告效应可见一斑。

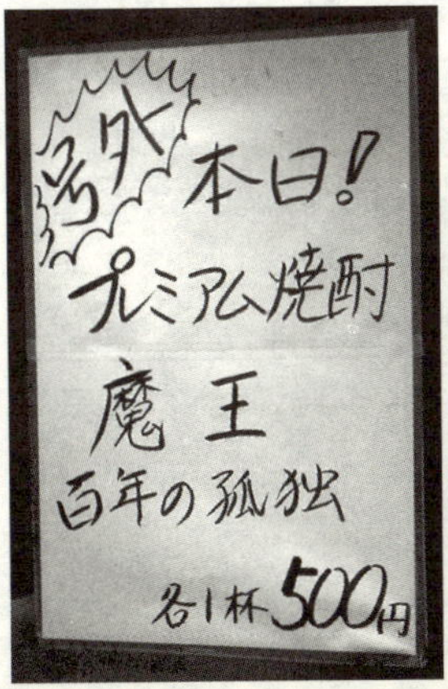

原价1000日元以上，现价只卖500日元。酒水种类随时调整，如"魔王""百年孤独""伊佐美"等。

017

采纳顾客建议，老店荞麦屋的口碑促销法

反响热烈！招牌菜折扣日

▲荞麦茶屋　文六

（福冈，中央区）

有的餐饮店推出的促销形式比较单一，但是能够积极采纳顾客的建议进行调整，结果收效显著。

位于日本福冈，旗下拥有 3 家连锁店的百年老店“荞麦茶屋　文六”从十几年前开始，利用店名谐音，把每月的“六号”定为面向顾客开放的折扣日。折扣日当天，店里最受顾客青睐、原价 730 日元一份的“盖饭套餐”，只需 520 日元就能买到。

折扣日消息见店内海报。在荞麦茶屋旗下的3家连锁店实施。减210日元超值折扣，深受顾客好评！

每到折扣日，来这家店用餐的客人激增，最多时可达平时的 2 倍。该店的面积约 20 坪，一次可容纳 34 人用餐。在折扣日，有时一天要接待 200 多位客人。其中 80%～90% 的客人会点盖饭套餐。一开始，每月的折扣日只有 6 号一天，在此基础上，现在又增加了两天，即每月的 16 号和 26 号，一个月共三天。

折扣日当天推出的盖饭套餐共 4～5 种，其中包括迷你盖饭、浇汁荞麦面或竹笼荞麦冷面（总店还可选乌冬面）、清汤、小碟菜、酱菜。起初，每日套餐只含一款盖饭，后来在顾客的建议下，盖饭改为多样可选。有炸猪排盖饭、炸虾天妇罗盖饭、鱼板海苔盖饭、鸡肉鸡蛋盖饭等，共 4～5 种。客人只需另加 100 日元，盖饭和荞麦面就可以改成大份。

018

面向商务宴请客的 10 种多选优惠！

好评如潮！10 种优惠

▲Sin.（真）GINZA
（东京，银座）

优惠活动的重点是加深顾客对餐馆的印象。以前，东京银座一家叫“Sin.（真）GINZA”的餐馆因面向团体宴会提供 10 多种优惠而名噪一时。

这是一家经营日式料理的餐馆。来此消费的顾客中，团体宴会客占很大比例。早在五年前，时值年末忘年会季节的十一月，该店为了吸引团体宴会预订，面向团体客推出了新的优惠措施。

例如，在 11 月 8 号前预订团体宴会的话，可享受价值 1000 日元的“提前预订 A”优惠。来店用餐的团体客人数是偶数时，可享受价值 500 日元的“偶数优惠”……店方通过调整优惠内容和优惠条件，设置了多达 10 种优惠。来此用餐的团体客符合多项优惠条件时，最大优惠幅度高达 7500 日元。对此，店方提前订制了一批海报，在海报上打出 10 种优惠的具体内容。结账时，收银员会给客人详细介绍这些名目繁多的优惠项目。来此用餐的团体客基本都会符合其中一项以上的优惠条件，个别客人还会享受到意外的优惠。客人们对这些特殊优惠项目评价很高，其中一部分成为了该店忠实的回头客。

译者注：忘年会是日本组织或机构在每年（西历）年底的传统习俗。一般以宴会形式在居酒屋举行，同事们一边喝酒，一边互相勉励并回顾过去的一年。这种习俗与日本的新年会一样，是日本传统年中活动的重要部分。

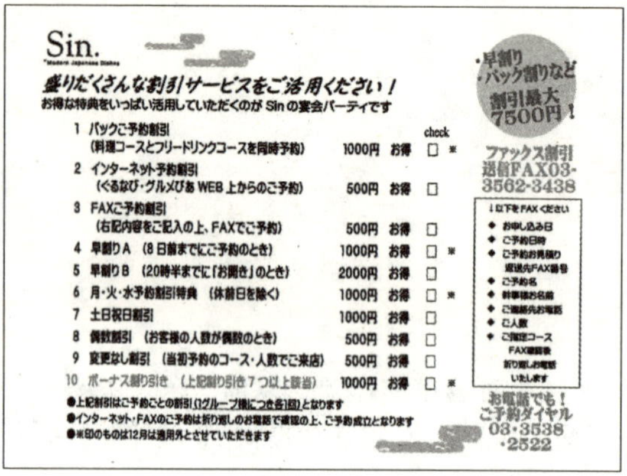

Sin.
Modern Japanese Dishes

盛りだくさんな割引サービスをご活用ください！

お得な特典をいっぱい活用していただくのがSinの宴会パーティです

				check	
1	パックご予約割引 （料理コースとフリードリンクコースを同時予約）	1000円	お得	□	※
2	インターネット予約割引 （ぐるなび・グルメぴあWEB上からのご予約）	500円	お得	□	
3	FAXご予約割引 （右記内容をご記入の上、FAXでご予約）	500円	お得	□	
4	早割りA　（8日前までにご予約のとき）	1000円	お得	□	※
5	早割りB　（20時半までに「お開き」のとき）	2000円	お得	□	
6	月・火・水予約割引特典　（休前日を除く）	1000円	お得	□	※
7	土日祝日割引	1000円	お得	□	
8	偶数割引　（お客様の人数が偶数のとき）	500円	お得	□	
9	変更なし割引　（当初予約のコース・人数でご来店）	500円	お得	□	
10	ボーナス割り引き　（上記割り引き7つ以上該当）	1000円	お得	□	※

●上記割引はご予約ごとの割引（1グループ様につき各1回）となります
●インターネット・FAXのご予約は折り返しのお電話で確認の上、ご予約成立となります
●※印のものは12月は適用外とさせていただきます

・早割り
・パック割りなど
割引最大
7500円！

ファックス割引
送信FAX03-
3562-3438

↓以下をFAXください
◆ お申し込み日
◆ ご予約日時
◆ ご予約お見積り
返送先FAX番号
◆ ご予約名
◆ 幹事様お名前
◆ ご連絡先お電話
◆ ご人数
◆ ご指定コース
FAX確認後
折り返しお電話
いたします

お電話でも！
ご予約ダイヤル
03・3538
・2522

在店内宣传海报上登出“节假日优惠”、“无变更预订优惠”等10种个性化优惠内容，客人可以浏览该表。符合条件者，结账时向收银员说明即可。

Chapter 2

留住“粉丝”的积分卡和会员卡

019

通过电子邮件发送甜品券和优惠券

成功招揽午餐客，注册数达2300人次的“午餐餐友”

▲ Restaurant Foyer
（东京，赤坂）

采用发送电子邮件作为营销方式的餐饮企业越来越多，有的商家在发行会员卡时，通过向会员定期发送电子杂志的方式成功地留住了顾客。

法式料理店“Restaurant Foyer”建立了一套新颖的“午餐餐友”顾客管理系统。针对填写电子邮件地址和会员名等个人信息的顾客赠送“午餐餐友卡”。顾客来店消费时，只需出示此卡，就能享受各种优惠。

这家餐饮店的周边分布着多家外资企业，日常工作中使用电脑的人很多。针对这种情况，该店面向“午餐餐友”会员定期（每周2~3次）发送电子邮件，通过邮件让客人了解最新优惠资讯。另外，在每月发送一次的“Foyer最新资讯”中，还配有优惠活动和季节时令菜等图文信息。这种促销方式的优点是与手机邮件相比，信息存储量大、内容全面。

申请加入“午餐餐友”会员的人很多，不需要刻意宣传，只在由于企业迁址等原因而导致会员流失时开展招募活动。外资企业的人员流动相对频繁，所以停止发送邮件的情况时有发生。一般情况下，店里每天需要发送2300份邮件，而注册会员的实际人数是邮件数的1.5倍。

该店面向“午餐餐友”会员提供的优惠种类很多。比如“午餐甜品优惠”“每周四鲜鱼料理全品优惠”“晚餐优惠”……客人来店消费时，只需从摆在餐位上的优惠卡中抽出一张，就能享受相应的折扣服务。午餐客中，将近1/3是会员。每到用餐时间，店里人气超旺。因为口碑好，所以这家店的知名度越来越大，每天都有人申请办理会员卡。

定员
2300名

BISTRO
foyer

No

有効期限

Lunch Mate Card

お名前

お誕生日　　月　　日

Tel.

お勤め先

●このカードは、ご本人のみご使用できます。貸与はできません。
●ご来店時にカードをご提示ください。特典が受けられます。
●有効期限が経過した場合いは、再登録で継続できます。

http://r.gnavi.co.jp/g829800/
E-mail:bistro.foyer@foyer.jp
Tel:(03)3585-2441

来店消费时，客人只需将此卡摆在餐位上。即使是用餐高峰时段，服务员也能很快了解客人的需求。

甜品服务

面向午餐餐友提供的优惠甜品每日更新。因为口感好、花样多而受到顾客的一致好评。左图是法式巧克力蛋糕“欧培拉”。

内容丰富的电子杂志

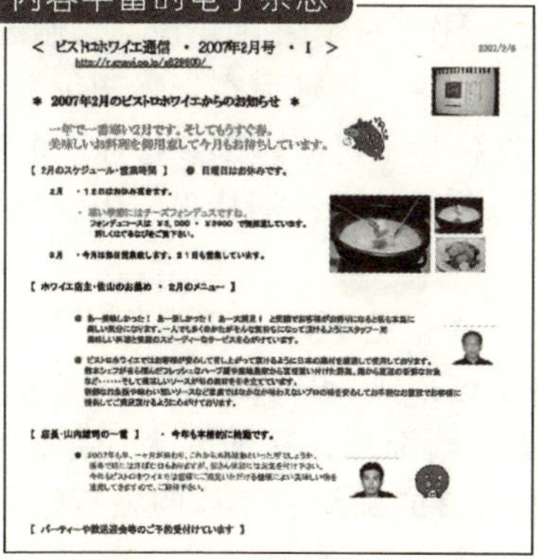

< ビストロホワイエ通信 ・ 2007年2月号 ・ I >

＊ 2007年2月のビストロホワイエからのお知らせ ＊

【 2月のスケジュール・営業時間 】 ● 日曜日はお休みです。

【 ホワイエ店主・佐山のお薦め ・ 2月のメニュー 】

每月发布一次的“Foyer最新资讯”。内容包括季节时令菜品和最新促销活动，图文并茂的菜肴介绍推荐。这种邮件资讯手机用户无法接收，仅限电脑用户。

020

实名杯的尊宠殊遇 & 独享优惠

让顾客“希望成为常客”的实名杯

▲ 小料理屋 东风
（东京，池袋）

怎样通过设计积分促销制度让头回客变成回头客？重点应该放在开展个人消费积分兑换的优惠促销活动上。商家需要做的不仅仅是提供形式单一的打折优惠，而是怎样让头回客变成回头客、让回头客变成常客。

这里值得关注的是位于东京池袋的“小料理屋　东风”面向老顾客推出的“实名杯赠品”活动。该店对每位来店消费的客人实行登记制度，到店消费一次得一分。集齐日间 50 分、夜间 20 分的顾客，将获得一只实名杯赠品。

这家店自开业两年以来，持有这种实名杯的顾客已突破 150 人。为了得到店方赠送的“常客证明”，有的客人专门挑选每周四来此消费，因为周四到店消费可以享受双倍积分。

这种实名杯为陶制，是店方向专门制作手工艺品的供应商订制的。每只杯子上都刻着专属客人的名字和座右铭，其魅力在于强调每个人都是世界上独一无二的存在。另外，这种杯子可以用来装掺冰块的烧酒，容量是普通杯子的两倍，价格却与普通的一杯酒持平，用意是答谢老顾客长期的支持与厚爱。

这家店的规模不大，面积仅 6 坪，由店主延嶋幸惠一个人打理。店主从培养回头客的角度出发，想出了这招实名杯促销法。实名杯由店方保管，摆在店内一角的收纳柜上。渐渐地，有的客人还带来了“专用筷”，交给店方一并保管。女性特有的细腻和小店的独特魅力，赢得了顾客的一致好评。

魅力一 实名

魅力二 容量加倍

每只杯子上都刻着专属客人的名字和座右铭。如果喜欢，客人可以带走。这种杯子的容量是普通杯子的两倍，价格十分划算（见图）。来此用餐的客人几乎人手一杯。还有一些客人带来了“专用筷”，交给店方一并保管。

由店方代为管理积分

针对晚间用餐顾客的管理，由店主延嶋女士在一个专门的笔记本上登记备注。对于第一次来店用餐的“头回客”，她会礼貌地询问客人的姓名等信息，把包括客人的特征在内一起写在本子上。客人下次来店时，就不必再问了。

021

“梅酒全国称霸!” 创新制胜

点餐率倍增!
“梅酒全国称霸” 盖章卡

▲ 美味烧烤居酒屋 炎丸 本八幡店（千叶，市川市）

近来，面向女性顾客和不擅喝酒的顾客提供梅酒的餐饮店多了起来。“美味烧烤居酒屋 炎丸” 本八幡店就是其中一家很有看点的店。这家店不但以各色梅酒著称，还推出一项梅酒盖章卡促销活动，使梅酒的营业额节节攀升（旗下的新小岩分店、龟户分店也纷纷效仿）。

“炎丸” 备有产自日本各地的知名梅酒（包括产自和歌山县的14种梅酒，其余各都道府县各1种梅酒），共计60种。每杯售价一般在450~750日元。梅酒促销规则如下：举个例子，如果客人点了一杯北海道产“千岁鹤梅酒”，就在一张印有日本地图的卡上相应的位置盖一个章。47个都道府县全部盖满章时，顾客可以从店内特制梅酒中任选一瓶绿茶梅酒或枫糖梅酒等免费享用。

客人需要在获得的梅酒赠品的酒瓶瓶身上签上自己的名字，交给店方代为保管。下次到店用餐时可以接着享用。另外，该店针对参与“梅酒全国称霸” 的客人发起纪念摄影活动。客人在（书写和歌、俳句等的）方形美术纸便笺上签名，和拍摄的照片一起在店内张贴展示。在这项累计梅酒章活动的刺激下，该店梅酒的销量节节攀升。

此外，梅酒章活动还适用于团体客。有的团体宴客一次就能盖满全部梅酒章，这项活动在团体客中获得极大好评。而且炎丸旗下三家分店推出的梅酒盖章卡互相之间可以通用，使得持有这种卡的客人增多。

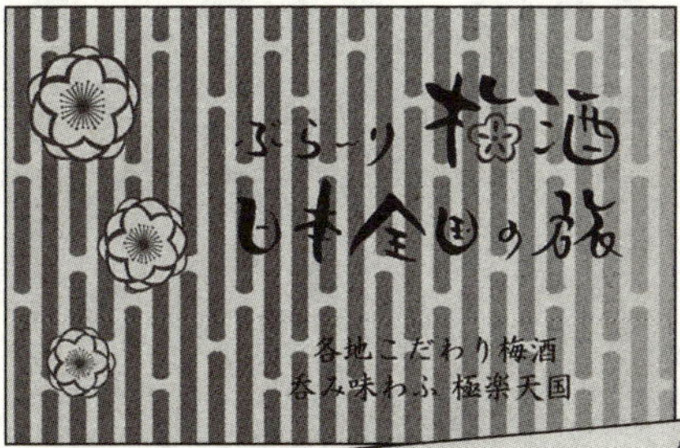

梅酒卡上有三条虚线，将日本地图上的区域一分为三。每“攻占”一个区域，免费享用梅酒一杯。

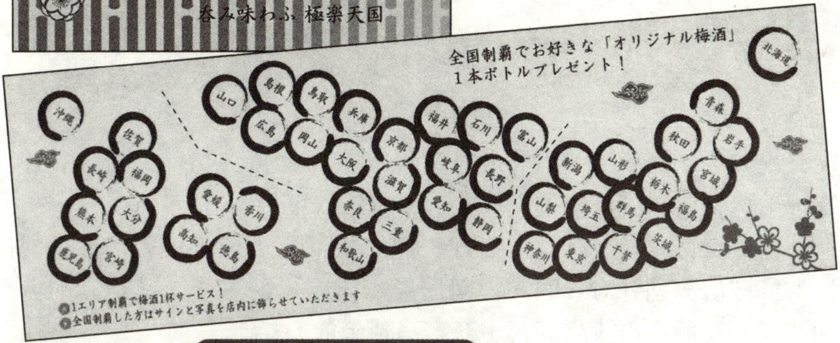

称霸全国者……

47个都道府县全部盖上梅酒章时，将获得一瓶店方赠送的梅酒。需要客人在梅酒赠品的酒瓶瓶身上签名，并交给店方代为保管。下次到店时可以接着享用。另外，还有机会在店内展示本人签名和参赛照。

022

盖章卡、积分卡分着用，加大优惠宣传力度

揽客效果大！“昼夜”双卡促销

▲ 吾照里　二子玉川店
（东京，世田谷区）

现如今，盖章卡和积分卡等名目繁多的打折促销铺天盖地。针对这种情况，商家应该把重点放在卡的用法和宣传上。

这一点可以参照韩式人气料理店“吾照里二子 玉川店”推出的促销卡。该店分别针对日间和夜间用餐需求推出两种卡，其绝妙的创意和让人心动的优惠价格赢得了众多消费者的心。

促销方式一：凡来店消费的客人，每次来店消费，在“午餐卡”上贴一个印花。集齐 5 张印花，所有午餐一律半价优惠；集齐 10 张印花，免费享用午餐。“午餐卡”根据平日档午餐设计，是一种简单的盖章卡。每张卡可以享受两次优惠。

促销方式二：提供多种优惠形式的“会员卡”，这是一种积分卡，按每 100 日元（不含税）积 1 分计。会员人数约 1.5 万人。这种“会员卡”在吾照里旗下各门店一律通用。二子玉川店晚间来店用餐者，每位客人平均花费 2500～3000 日元。来此用餐的团体客也很多，有时一次就能集齐所有点数。

另外，二子玉川店采用优惠分级制度——“消费满 100 点，赠送 500 日元餐券一张”；“消费满 500 点，赠送 3000 日元餐券一张”；消费超过 1000 点，除了赠送餐券，还有各种赠品供客人挑选。例如：消费满 5000 点，客人可以从价值 25000 日元的餐饮券、自行车、身体脂肪测量仪等豪华赠品中任选一种。积分从低到高，赠品种类多样，分别针对“希望早点领取赠品的客人”和“希望赚取豪华赠品的客人”设计，极大地提高了积分卡的揽客效果。

日间

通过方便易用的盖章卡吸引午餐客

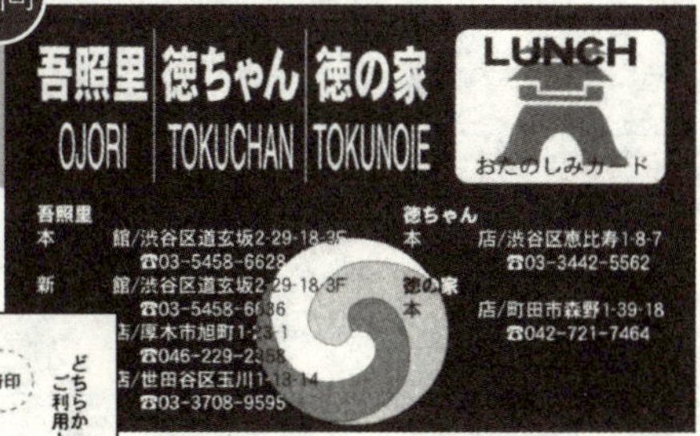

日间来店用餐1次，盖1个章。盖满5个或10个章，可享受不同级别的优惠。

夜间

用多种优惠活动吸引顾客

晚上用餐的会员卡是磁卡，用于记录积分。注册会员免费。实施优惠分级制度，积分越高，可兑换的商品越好。成为热议话题。

023

店主肖像和搞笑资格乐翻天！暖心好评促销

提升地区活力 & 老顾客的尊崇地位！超人气“大叔卡”

▲ 猪排 铃新
（东京，新宿区）

目前很多餐饮企业都面向顾客发放积分卡，这些卡的命运大都不了了之。其中有一种卡却受到好评，几乎所有得到它的人都对它给出了肯定的评价。这就是“猪排 铃新”（一家位于东京四之谷的餐饮店）推出的创意“大叔卡”。

大叔卡只针对晚间（17：00~21：00）来店用餐的顾客发放。卡的主色调为橙色，正面印着店主的肖像。其最大的亮点是申请此卡的客人，必须向店方申请有趣的“大叔”资格。

申请大叔卡的客人需要满足五个条件，比如“热爱大叔出现频率高的荒木町的商业街或餐饮店”、“参拜过金丸稻荷神社或津之守神弁财天”、“爱吃炸猪排”……凡符合五项条件中的一项者，即可获赠此卡。

来这家店用餐的顾客，每次无论消费金额多少，店员都会在这种卡上加盖一个章。盖满 5 个章，免享酒水 1 份（啤酒、烧酒、日本酒，任选其一）；盖满 10 个章，可（隔月一次）免费观看铃新亭的“车力寄席”单口相声表演。连该店使用的印章上刻的也是店主的头像，设计非常有趣。很多来此用餐的客人都是“冲着这种大叔卡来的，后来就成了这家店的常客”。

此外，大叔卡在提升地区知名度和活力方面也做出了一定贡献。这家店所在的四谷荒木町过去曾经是有名的烟花巷，到现在还保留着依稀可见的痕迹。在这里，10 坪规模的小吃店随处可见。为了“让更多人认识荒木町”，店主铃木洋一想出了这个大胆的构思——大叔卡。这家店的店内挂着小街的地图和风景照，餐席上还铺着绘有小街概貌的餐桌纸。其新颖的创意不但为小店晚间带来源源不断的客人，更牢牢地抓住了荒木町常客的心。

晚间来店用餐的客人，每次消费在卡上加盖一个章。该店使用的印章上也刻着店主的头像，设计非常有趣。大叔卡的背面是资格申请条件，字里行间处处洋溢着对小街的热爱之情，例如“热爱荒木町街和餐饮一条街”。

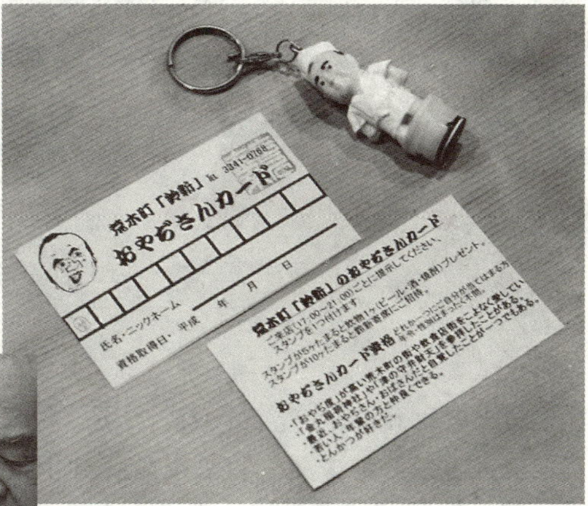

店内墙壁上挂着小街地图和风景照，在浅酌慢饮中诉说着荒木町昔日的风貌。

024

积分卡兼游戏功能，吸引回头客

让客人乐在其中！积分卡兼“宾戈”游戏

▲ 什锦烧 DOHTONBORI
（东京，福生市）

时下各种积分卡、会员卡满天飞，很多卡不是被随手扔到一边，就是被漫不经心地丢弃。为了提高各种卡的宣传力度，商家必须在卡的“趣味性”和“刺激感”上下工夫。

其中，以株式会社 DOHTONBORI 在日本国内创办的什锦烧连锁餐饮企业“什锦烧 DOHTONBORI”为例，该店多年前曾经推出一种“宾戈”会员卡，这种卡在各年龄段的顾客中均赢得了不错的口碑。

这种卡的设计初衷是为了推出一种能给顾客留下深刻印象的趣味卡，让客人乐在其中。正像它的名字一样，凡来此店消费的顾客，集齐所需积分，就可以享受参与宾戈游戏的乐趣，同时还能收集这种卡。

顾客每次来店用餐，店员都会在其所持的卡上盖章。卡的正面是一个 5×5 的方格，方格中随机填入数字和星期。数字为 1～9，星期为周一～周日。举个例子：假设顾客于“25 号，星期三”来店用餐，店员就在方格中的“2、5、星期三”三个位置分别盖章。以此累计，遵循宾戈游戏的玩法，凑齐一列号码者，可获得一张“香草冰激凌券”。凑齐五列号码者，可获得一张“什锦烧券”。凑齐全部号码者，即卡上所有方格全部盖满章的话，该卡就成了一张价值 2000 日元的折扣券。

利用这种促销方式，无形中激发了顾客的消费欲，从而吸引客人下次再来。而且很多客人会提前算好日子，做好“下一次几号去”、“下一次周几去赢宾戈”的计划。

这种卡在股份公司 DOHTONBORI 旗下所有的直营店和加盟店一律通用，在日本各地拥有大批各年龄段的忠实顾客群，“有趣”、“好玩”之类的评价众多。其中，闲暇时间较多的主妇和学生客所占的比例最大，可谓是一种比较好的吸引顾客的促销方式。

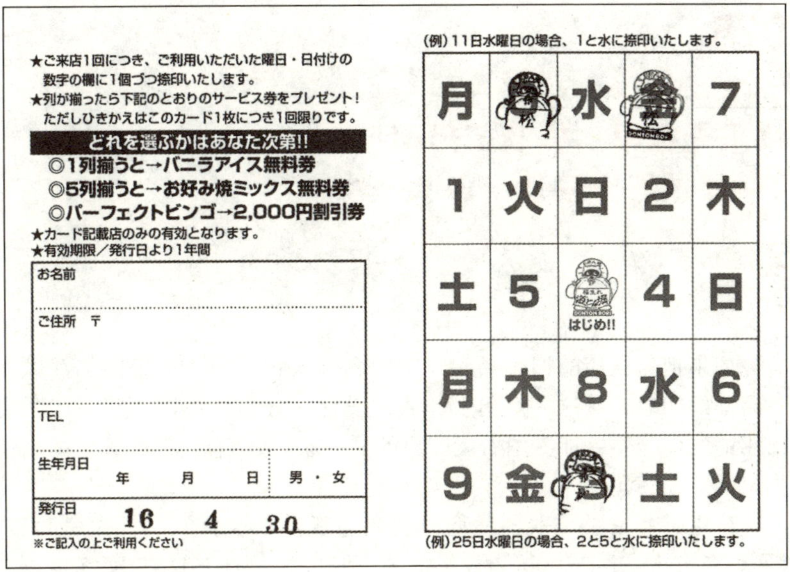

★ご来店1回につき、ご利用いただいた曜日・日付けの数字の欄に1個づつ捺印いたします。
★列が揃ったら下記のとおりのサービス券をプレゼント！ただしひきかえはこのカード1枚につき1回限りです。

どれを選ぶかはあなた次第!!

◎1列揃うと→バニラアイス無料券
◎5列揃うと→お好み焼ミックス無料券
◎パーフェクトビンゴ→2,000円割引券

★カード記載店のみの有効となります。
★有効期限／発行日より1年間

お名前

ご住所 〒

TEL

生年月日 年 月 日 男・女

発行日 16 4 30

※ご記入の上ご利用ください

(例) 11日水曜日の場合、1と水に捺印いたします。

月		水		7
1	火	日	2	木
土	5	はじめ!!	4	日
月	木	8	水	6
9	金		土	火

(例) 25日水曜日の場合、2と5と水に捺印いたします。

顾客到店用餐，可凭积分参与宾戈游戏。凑积分、赢宾戈，可获得免费餐券或价值2000日元的折扣券。这种促销方式的魅力在于根据客人到店的日期和星期计算，所享的优惠各不相同。

025

让玩家欲罢不能的“乐彩”！

快乐无极限！提高使用率！“东海道五十三注”&“醉过卡”

▲ 酒洛 弐番所
（东京，高田马场）

如果把餐饮店的招牌菜和经营理念融入积分卡，一定能加深顾客对店铺的印象。从这一点出发，通过设计一种与众不同的积分卡，突出店铺的趣味感、加深消费者印象的是一家叫“酒洛 弐番所”的餐馆推出的“东海道五十三注”和“醉过卡”。

该店是一家以日本各地特产酒和烧酒为卖点的传统日式居酒屋。“东海道五十三注”以该店提供的50种日本酒为促销品。顾客每点一杯日本酒，店员就在卡上盖一个章。卡的盖章面上印有“日本桥”、“品川”等地名，上面还印着关于日本江户时代东海道古驿站的相关知识。盖满30个章时，客人将获得从30种日本酒中任选一瓶一升装美酒免费享用的机会，或者领取一张相当于10杯日本酒的“酒水寄存券”。

如果卡上盖章的地名是“箱根”和“白须贺”，顾客还会获得一次抽奖机会。凡抽必中，奖品是店方提供的各式料理。这些料理中，除了烟熏三文鱼等传统日式下酒菜外，还有“时令刺身”等头彩赠品。有效地避免了顾客参与活动却中途放弃的情况发生。

另一方面，“醉过卡”是以烧酒为促销品的盖章卡。这种卡模仿东日本旅客铁道公司发行的“西瓜卡”设计。盖章的位置是山手线沿线的站名。顾客每点一杯烧酒，店员就在卡上盖一个章。盖满36个章，就可获得一张相当于10杯烧酒的赠券。

此外，这两种卡在酒洛集团旗下的各门店“酒洛 本所”通用。这种促销方式因用途广且新鲜有趣的优点为该店赢得了不少回头客。

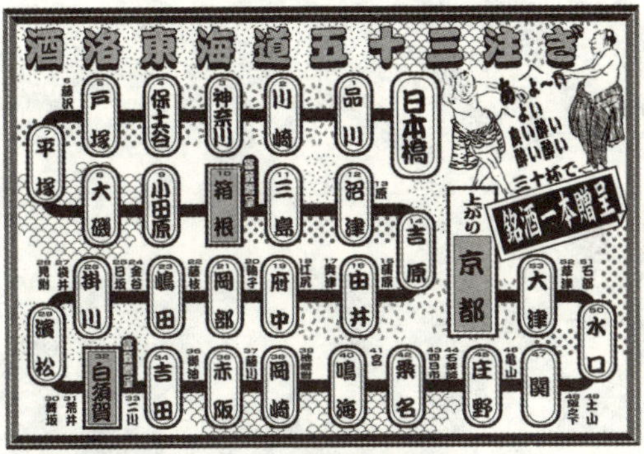

店方一般不对客人提供日本酒的存酒服务，所以很多客人选择领取“酒水寄存券”。这种赠券，团体客也能使用。有的团体客来此用餐一次，就能盖满全部章，当场享用赠品美酒。

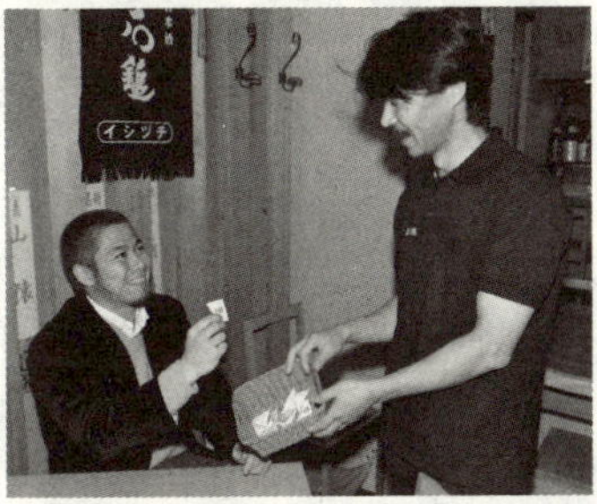

抽奖在顾客餐席进行，凡抽必中，奖品是各色料理。

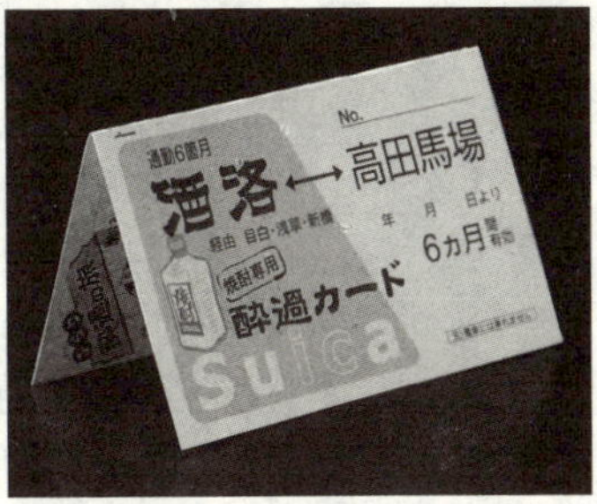

“醉过卡”的设计新颖别致。与“东海道五十三注”一样，顾客参与活动时，将获得赠品料理和酒水等。

026

发卡对象仅限“可能成为餐厅‘粉丝’的顾客”

争取回头客！
盖章卡之“次次优惠”

▲ 拉面豆藏 草加店
（埼玉，草加市）

怎样使顾客成为餐厅的常客？办法是为“老主顾”提供“不一样”的贴心服务。成功运用这一策略的是一家名为“拉面豆藏”草加店的餐饮店。该店在推出的盖章卡上下了一番工夫。从6年前正式营业开始，该店就订制了一种叫“满足卡”的盖章卡，通过满足客人的心理需求，成功地增加了客源。

该店促销的规则如下：客人每点一份拉面，店员就在卡上盖一个章。盖满10个章，免费享用拉面一碗。不仅如此，每次到店消费，客人只需出示此卡，就会获赠一份拉面配菜。

拉面配菜每天更新，每日三种。如“裙带菜”、“木耳”、“叉烧”等。由顾客任选一种。这种促销方式不但大大提升了持卡会员享受的优惠，在赢得老顾客的好评等方面也发挥着不可小觑的作用，而且这种卡可无限期使用。

另外，关于这种卡的信息会在店内海报上公布。发卡对象存在一定的条件限制，只有主动申请的客人才有机会获得，这一点也很特别。除此之外，那些在用餐后发自真心赞叹“今天的菜味道不错”，表示“下次还会再来”，或者把汤喝得一点不剩的顾客，才有机会获得。在服务生将卡递给顾客的过程中，也创造出与客人交谈的机会，从而进一步拉近了与客人的距离。这种卡的发卡对象仅限“可能成为本店‘粉丝’的顾客”。这一目标定位十分奏效，持卡消费者约占总客源的三成以上。

「今天的菜味道不错。」
「下次还会再来。」……
发卡对象仅限潜在的回头客！

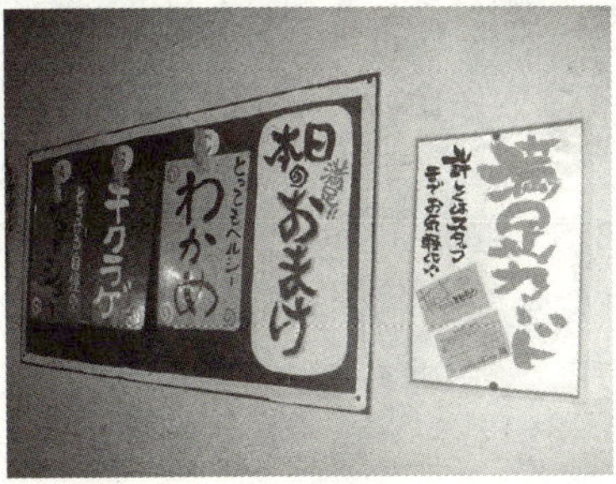

在店内宣传海报上公布“满足卡”的相关信息。发卡对象存在一定限制，只有主动提出申请的客人才有机会获得，这一点也很特别。向顾客免费赠送的配菜信息也张贴于店内的醒目位置。

027

忘带卡的顾客也能用，为顾客提供贴心服务

地方啤酒爱好者增加！新魅力和贴心服务“SEVEN CARD”

▲ J-BEER HOUSE 蔵 KURA
（东京，下北泽）

荞麦面通、红酒通……现如今，专门冲着某饭店的特色或招牌菜而光顾的美食爱好者越来越多。如果在“吃货们”经常光顾、菜式种类丰富的美食店推出会员卡等促销活动，一定能招揽更多食客上门。

位于东京下北泽的“J-BEER HOUSE 蔵 KURA”从 2004 年起面向来店消费的顾客派发一种叫做“SEVEN CARD”的会员卡。自从该店推出这项举措后，很快就吸引了大批会员到店尝试。此后作为一种吸引餐厅“粉丝”的促销方式逐渐固定下来。

申请 SEVEN CARD 的顾客每年需要缴纳 500 日元会费。每月一次，可按 3150 日元（周末 3675 日元）的低价从该店提供的地方产啤酒中任选 7 种享用。与这些啤酒平时的价格相比，最多可节省 1900 日元以上。因为一次能品尝到 7 种超值地方产啤酒，所以受到爱好者的一致好评。这种卡入会当日就能使用，但如果连续三个月不用，次月“会员资格中断一次”。反之，如果一年之内每个月都有使用记录，将获得“全勤奖”资格，次年会费全免。

另外，这种卡的留底备份由店方保管，也等于是顾客的花名册。即使客人来店消费时忘记带卡，也能享受会员资格。而且根据来店日期，还能享受不同种类的优惠。

在为顾客提供这些贴心服务时，该店还准备了 7 种售价 5000 日元的大桶装地方产生啤酒，除了 3 种固定每日提供的之外，还备有时令啤酒和限定啤酒。极大地吸引了顾客来店消费。

该卡有效期一年。卡的背面是顾客来店消费的次数记录。忘记带卡的顾客也能使用，从而大大方便了顾客。

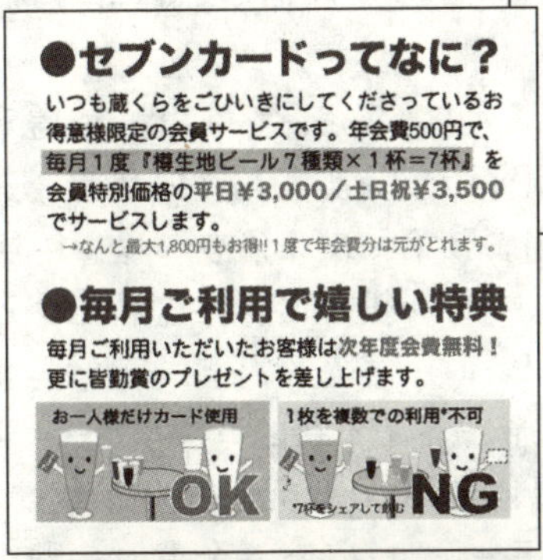

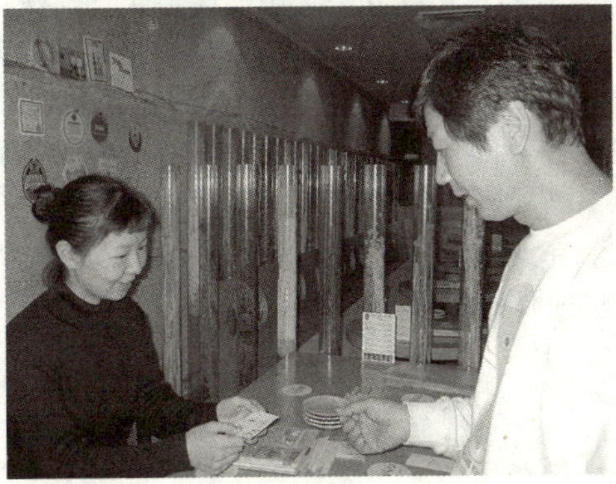

点单时出示此卡，入会日即可使用。

028

二次来店享九折优惠……来店次数越多，优惠越大

盖一个章的“即时”优惠！吸引回头客的积分卡

▲ Dining Bar Artema
（东京，高田马场）

在日本，采用盖章卡搞促销活动的餐饮企业很多，但如果获得赠品所需的时间太长，一部分客人可能因为感觉乏味而中途放弃参与，从而导致促销活动的效果大打折扣。

对此，位于东京高田马场的“Dining Bar Artema”推出一种盖章卡。这种卡的特点是再次来店消费的顾客能享受实实在在的优惠。这种卡不论客人消费金额多少，凡进店用餐，第一次来店盖一个章。再次来店时，顾客可以享受用餐九折优惠。与一般餐饮店要盖满几个章才能享受优惠的情况相比，来这家店用餐时，客人只需盖一个章，就能当场享受实实在在的优惠，因此为该店赢得了不错的口碑。

另外，盖满两个章时，顾客将获得“免 1000 日元餐费”的优惠；盖满三个章时，顾客可任选“美味比萨一份”；盖满五个章时，顾客可享受“用餐八折优惠”。只要进店消费，顾客都能享受到不同层次的优惠，从而成功地吸引了回头客进店。

除此之外，顾客需要在这种卡的背面填写住址、姓名、生日等个人信息。卡回收后，店方会根据顾客提供的信息，在生日当天向客人赠送一瓶香槟酒或一份蛋糕。在这些促销措施的叠加作用下，前来体验的顾客络绎不绝，其中近三成是这家店的老顾客。

盖一个章，即可享受优惠哦！

個室感覚の本格的BAR お酒に合うぴざ！
和・洋酒あわせて500種、カクテル300種
お酒の飲めない方も安心 ノンアルコールカクテル多数♪
貴女だけのオリジナルカクテルお創り致します!!
4名～14名様の宴会 お一人様3000円～ご予約受付中

1 お会計 10%OFF
2 お会計より1,000円OFF
3 お好きなピザ1枚サービス
4 生ビール又はオリジナルカクテルサービス（人数無制限!!）
5 お会計20%OFF

1	2	3	4	5

＊他のサービスとの併用不可、割引上限5000円まで
＊現金でお支払いの場合のみ適用
＊4のサービスはお一人様2杯以上飲まれた場合のみ適用

ちょっと良い事あるかも!?
お名前
住所
お誕生日
月 日 血液型 型

Dining Bar
あるてま
新宿区高田馬場2－17－4
菊月共同ビルB1F
ご予約・お問い合わせ
TEL 03－3202－3280
OPEN 18:00～翌朝5:00
(L.O 4:30)

推出五种优惠方式，内容随时调整。维持促销成本和揽客效果之间的平衡。

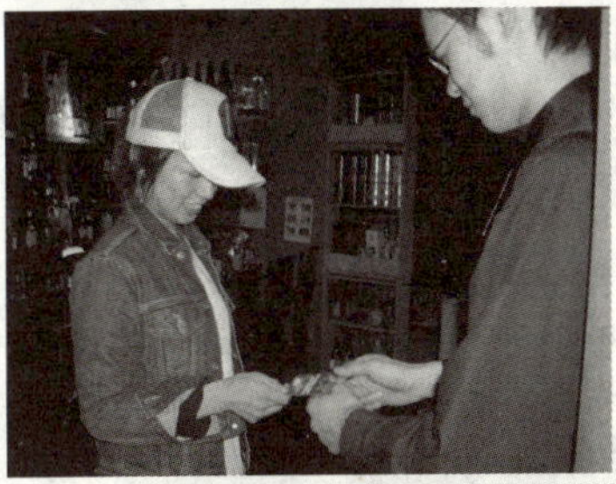

积分卡在客人结账时赠送。优惠的魅力吸引了更多的顾客来此用餐。

洗手间墙壁上挂着积分卡介绍图，魅力宣传无处不在。

029

店墙上的“会员企业名录”展示，突出会员尊崇感

资格延续的“承办商”餐厅！
揽客力超群的“法人会员”优惠

▲ 烤肉 Dining 辛子亭 新宿店
（东京，新宿）

餐饮店周边有企业或政府机关等设施时，在那里工作的上班族和公务员很容易成为店里的常客。如果能定期接到商务宴请或团体用餐预订，对提高餐厅营业额有很大好处。因此，怎样吸引住这些顾客，让他们成为餐厅的忠实常客，就显得非常重要。

但是，日本企业的员工经常存在轮岗或职位调动等情况。为了稳定和留住企业客源，餐饮店需要在促销的方式上多下工夫，创造出与众不同的服务特色。

东京新宿区有一家名为“烤肉 Dining 辛子亭”的餐饮店。这家餐厅是其中一个运作成功的例子。该店把实行优惠活动的对象定位为“法人”，而不是“个人”。以吸引一组顾客为起点，将其所属的企业整体作为目标消费客户。

这家店的店墙上挂着一排“会员企业名录”。优惠对象仅限企业名录下的员工。顾客点餐时，服务生首先会询问对方是不是会员企业的员工。如果是，就向客人索要一张名片。用餐人数满 2 名、消费满 5000 日元以上，可享受用餐九折优惠。

如果不是法人会员，可以当场申请加入。所以，几乎所有来此用餐的顾客都在优惠对象之列。该店推出的这项举措，意在突出对企业会员的贵宾级待遇。既巧妙地迎合了顾客的心理，又满足了其优越感。

另外，因为拥有法人会员身份，这家餐厅很容易成为该企业的“承办商”餐厅，而且在该企业就职的所有员工一律享有在该店用餐时的 VIP 待遇。现在，加入该店“法人会员”的企业已将近 180 家，在承办忘年会、欢送会等商务宴请上发挥了很大优势。

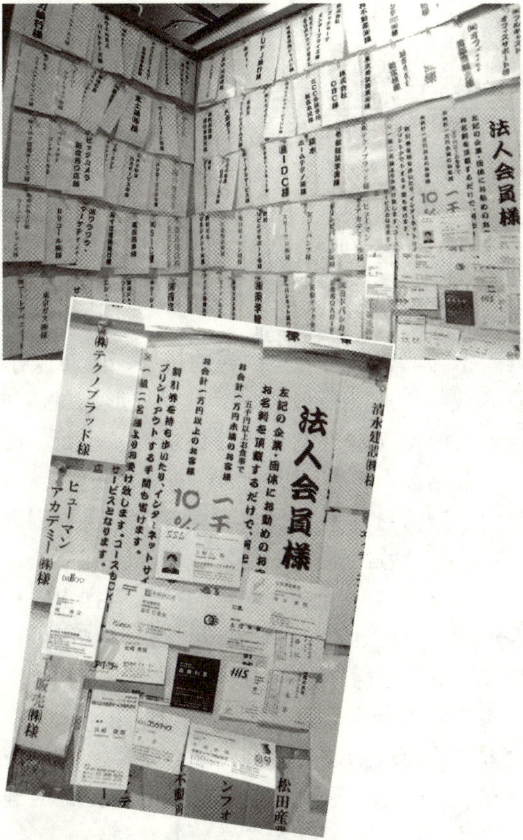

店内墙壁上挂着形形色色的“会员企业名录”，不但体现会员地位的尊崇感，还是收集顾客名片的有效手段。

030

面向 Email 会员的定期优惠，留住顾客的心

参与竞猜，猜中赢折扣。
仅限会员的“有马纪念竞猜游戏”

▲ 日式文字烧 什锦烧 童

（东京，练马区）

作为搭建餐馆与顾客之间情感沟通的桥梁，面向顾客征集“Email 会员”的餐饮企业如雨后春笋般涌现。其促销形式是通过吸引顾客登录官网，进行个人信息（输入电子邮箱地址等）验证。根据相应的验证信息，向每个普通会员定期发送电邮广告和 DM 宣传单等优惠信息。

但是，单向发送信息的方式很难吸引客人进店。因此餐饮店必须从为 Email 会员提供“另类体验”上下工夫。

一家叫“日式文字烧 什锦烧 童”的餐饮店推出一项新举措。该店面向 Email 会员实行一项趣味促销活动，成功地吸引了公众的眼球。

该店设置了一种“童俱乐部”Email 会员专享制度，面向登录本店官网的客人发送电子杂志。每月向参与当期电子杂志竞猜问答的中奖者赠送餐饮券，从而成功地搭建起一座与顾客之间情感交流的桥梁。

另外，面向 Email 会员开放的参与活动之一是该店连续八年推出的一项传统竞猜活动——“有马纪念竞猜游戏”。

有马纪念竞猜在每年年末与日本中央竞马会举办的“有马纪念锦标赛”同时进行。游戏参加规则与赛马比赛相同，即预测马匹到达赛道终点的顺序。采用猜中每场第一名和第二名赛马的马号连胜制度。顾客通过电子邮件发送投注马号。投注中奖者，其中奖资格截至次年一月末，来店用餐即可享受与投注奖金金额相等的餐饮券一张。中奖信息通过电子邮件告知。有的人选择押宝冷门赛马，有的人选择押宝优胜候补马，每名活动参与者的心态各不相同，每次一般产生 7~8 位中奖者。

申请参加有马纪念竞猜的人很多，既有该店的常客，也有偶尔来此用餐的客人。这种促销方式还成功地吸引了一些距离该店生活圈较远的客人，有利于该店的长期经营规划。

通过企业博客公布

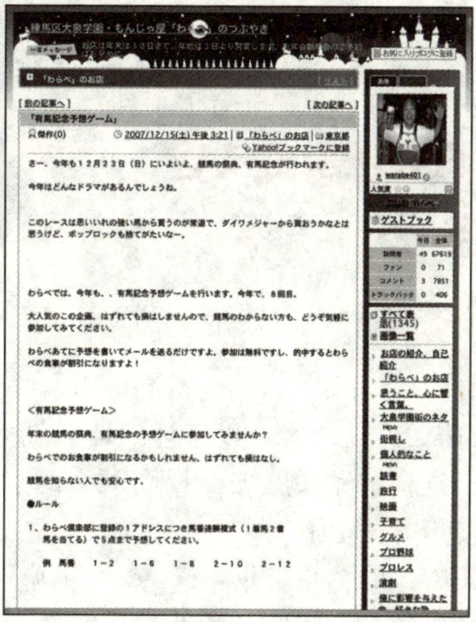

中奖信息通过电子邮件告知中奖者，同时在企业博客上公布。中奖者须打印中奖信息，来店用餐时出示。

031

将变化多样的意大利面食的魅力作为宣传工具

用富有童趣的内容吸引回头客“宾戈点餐”卡

▲ 虫之巢 est
（东京，世田谷区）

“各种美食盛宴来袭，让顾客难以忘怀的佳肴魅力”。作为一家餐饮企业，怎样设计出这样的菜单？怎样提高顾客的点餐率？其实，商家可以从盖章卡的使用方法上下工夫。

以位于东京世田谷区的“虫之巢 est”餐厅为例，该店在推出的盖章卡上做了一点巧妙的改变，将宾戈游戏融入盖章卡，还给这种卡起了一个有趣的名字——“意大利面食宾戈卡”。让客人在用餐的同时体验游戏的乐趣，为餐厅赢得了不少回头客。

这种卡的尺寸设计精巧，正好能夹在钱包里。卡的一面是一些方格，方格里是数字 1~25。卡的另一面是 25 种“意大利 BINGO 面食”。顾客结账时，收银员在客人所点的意大利面食的对应编号上盖一个章。凡凑齐横向、纵向或斜向一列者视为优胜。

活动规则如下：凡凑齐一列号码者，免费享用饮料一杯；凑齐两列者，免费享用甜品一份；凑齐全部号码者，用餐享半价优惠。这项优惠于顾客再次来店时生效，客人可以根据个人喜好，选择提前享受凑齐一列的优惠，或全部凑齐之后享半价优惠。

自从推出这项优惠活动后，客人每次来店，都会点不同的意大利面食，对店里提供的各种意大利面食起到了很好的宣传作用。这种促销方式最受该店周边生活圈的女顾客和家庭用餐客的好评，很多客人都喜欢来这儿体验宾戈游戏。

25种特色意大利面食，供来此用餐的顾客挑选。这种卡成为该店意大利面食推广的一种手段。

在客人点的意大利面食上盖章。

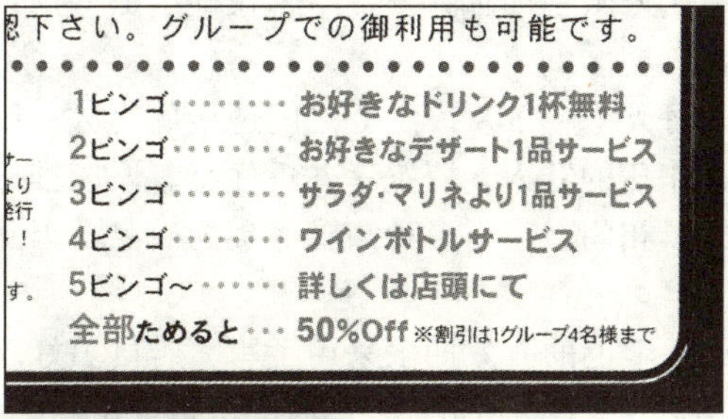

每项优惠需使用新卡，从开始盖章累计。

032

当面将优惠卡送给公务接待或交换名片的客人

“手写”有效期
抓住优质客户的“法人卡”

▲ 猪肉料理 Alacarton
（东京，有乐町）

“某位客人今后可能还会预订宴会餐或团体餐”，“某位客人今后可能会带其他人来店”……怎样吸引这类优质客户，把他们作为重点顾客，针对他们推出灵活可变的促销活动，诱导这类顾客消费呢？餐饮企业在推出会员卡等优惠促销活动时，应该在这方面多下工夫。

东京有乐町有一家叫“猪肉料理 Alacarton”的餐厅。这家店设计了一种针对特殊顾客群的“法人限定优惠券”店卡，仅赠给那些预定商务宴或交换名片的优质客户。

具体优惠内容如下：凡每天 17：00~19：00 之间进店的客人，用餐享八折优惠；19：00 以后来店的客人，用餐享九折优惠。该店推出的店卡设计精美、主色调红黑相间，透出一种高雅尊贵的气息，因此赢得了不少回头客。

此外，这种店卡的特点是卡上的有效期限采用手写，店员填好后当面交给客人。有效期可以灵活调整，所以促销的时限可短可长。

举个例子，每到年末等餐饮业旺季时，店卡的有效期限一般填写为至次年 1~2 月，目的是吸引客人在餐饮淡季来店消费。另一方面，对于在该店周边企业工作的上班族等特定人群，店方也会把他们纳入常客之列，并适当延长店卡的有效期。服务生将店卡交给顾客的过程中，还会通过交流加深顾客对本店的印象，从而起到加强沟通和争取潜在客户的机会。

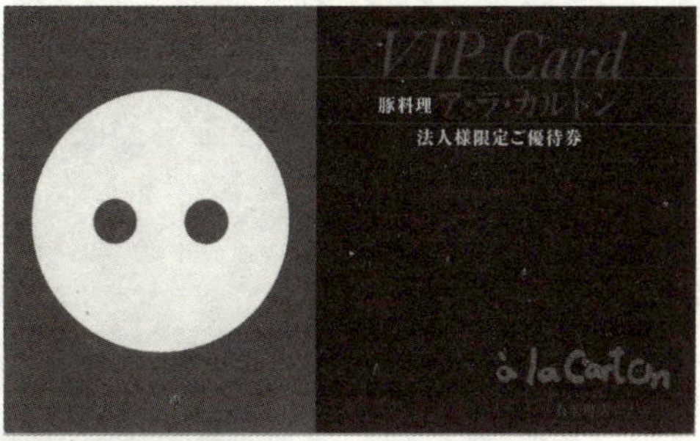

卡上的有效期限需要手写，还可用于淡季揽客！

卡的正面注明『仅限法人』，突出尊崇感。背面的有效期栏由店员手写。

Chapter 3

皆大欢喜，赠品促销

033

解决厨余垃圾处理的热点举措

汤底残渣变“肥料”。获得地区客的好评，还能降低成本！

▲ 雷文
（东京，町田市）

一直以来，餐饮业产生的大量厨余垃圾被视为垃圾处理的一大难题。近年来，日本以减少餐饮业产生的厨余垃圾为目的，颁布并实施了一系列法律法规，厨余垃圾越来越受到公众的关注。

在这种情况下，一家叫“雷文”的超人气拉面店推出一项新举措，该店将店里每天产生的厨余垃圾收集起来，经过处理制成有机肥料，无偿提供给来店消费的顾客。这项对供需双方都有好处的创意得到了人们的普遍赞誉。

“雷文”把店里每天做拉面汤汁时剩下的残渣收集起来，经过处理制成有机肥料，用来种花和给自家菜园施肥，还无偿提供给来店消费的顾客。这家店在制作拉面汤汁时，需要用鲣鱼干、鸡骨、猪骨、海带等 29 种食材。每天餐馆打烊后，店员统一对拉面汤汁进行过滤，然后把剩下的残渣集中到一起，沥干其中的水分。

接下来，等残渣彻底冷却、水分沥干，对残渣进行集中处理，制成有机肥料，然后分装到塑料袋里送入冷库保存。第二天清晨，再把制好的肥料分装在专用袋里。这种把汤底残渣制成肥料的方式，不但有效地减少了店里产生的垃圾量，还得到了当地人的广泛好评。

在日本，餐饮业产生的厨余垃圾一般作为产业废弃物处理，业者需要缴纳一定金额的垃圾处理费。因此，这种“变废为肥”的做法在一定程度上节省了店里的运营成本。

这家拉面店的老板叫宇都宫节子，这项举措早在十多年前就开始了。在店主节子看来，很早以前就觉得丢弃汤底残渣“太浪费了”。之后，一个偶然的机会，节子在走访一家同行时，发现那家店对汤底残渣进行回收处理后制成肥料使用的做法。于是节子当场决定引进。她先试着把经过处理的肥料撒在自家店前的花坛里，不久就发现施过肥的植物长得格外茂盛。

此后，节子又陆续把这种肥料用于店内的观赏植物，还主动向当地政府提出申请，在店前的街道上贴出推广这种有机肥料的宣传广告。她在积极投身于处理厨余垃圾问题的过程中，不但与当地人加深了交流，这项举措还受到郊外住宅区同行的大力支持。

“即使不起眼的小事，也应该从保护环境的角度出发思考”。这是店老板宇都宫节子的观点。

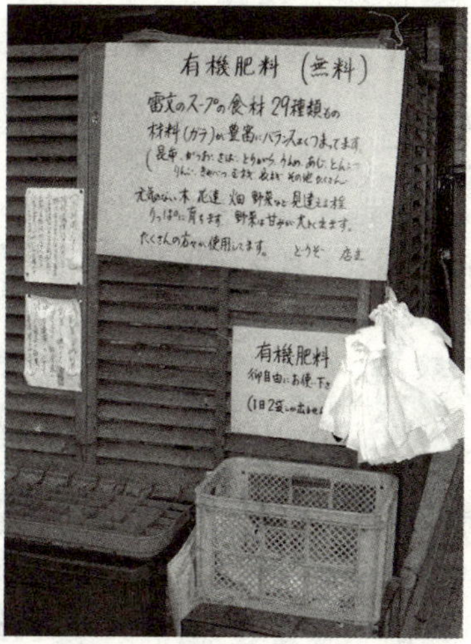

店前是成排郁郁葱葱的花草树木，所用的肥料均来自“雷文”。每天清晨店员把制好的肥料放在店前的一只筐子里，一般到中午就没了。

034

"饮料一杯"获得"一个数字"，促进饮料消费

高于成本的效果！
点餐率 & 揽客的"万元奖金"促销

▲ American Dining Bar Koki' s House
（东京，吉祥寺）

商家举办有奖销售活动时，促销活动的方案是重头戏。方案越有新意，就越能让顾客产生新体验。另外，还有利于长远发展，并为餐馆吸纳人气。

值得关注的一个例子是位于东京吉祥寺的"Koki' s House"。这家店从开业到现在已有十年。十年来，该店推出的一项促销活动一直受到广泛关注，活动的亮点是奖金一万日元，当场兑现。

该店从每天 17：00 推出晚餐档，主食、饮料一律以 399 日元的超低价提供。与点主食的顾客相比，点成本更低的饮料的人却更多。该店饮料销售量高的秘诀是什么呢？很简单，因为点饮料的顾客可以参加店里推出的宾戈摇奖游戏。

首先，服务生给客人上饮料时，会同时交给客人一张宾戈卡，同时说明参加这项促销活动的规则。这种卡与来店用餐的顾客人数无关，每桌客人仅限一张。饮料杯垫的背面有一个数字，服务生给客人上饮料时一起提供。客人找到卡上对应的数字后进行标记。凡凑齐一列 BINGO 者，现场领取奖金一万日元。店里上座率少时，凑齐 BINGO 的概率低，因此店方会事先在卡上任选一个方格，剪开一个洞，以提高中奖率。

对于产生的幸运中奖者，店员们马上聚在一起，为客人送上热情的祝福，同时把现金一万日元当面交给客人，然后一个人手举店内自制的中奖公布牌，另一名店员拍照留念。

一般情况下，每月有 10 组幸运中奖者。虽然店里每月需要投入近 10 万日元的活动成本，但是来这里用餐的"主流顾客"是学生和 20 岁上下的年轻人，对他们而言，一万日元的高额奖金相当诱人，在顾客中的反响很大，是确保该店高销售额的动力源之一。

宾戈游戏获胜者，会获得全体店员送上的热情祝福。不但有一万日元现金领取，还能拍照留念。

BINGO！游戏获胜者，可领取奖金。

杯垫上赫然印有宾戈卡的数字！

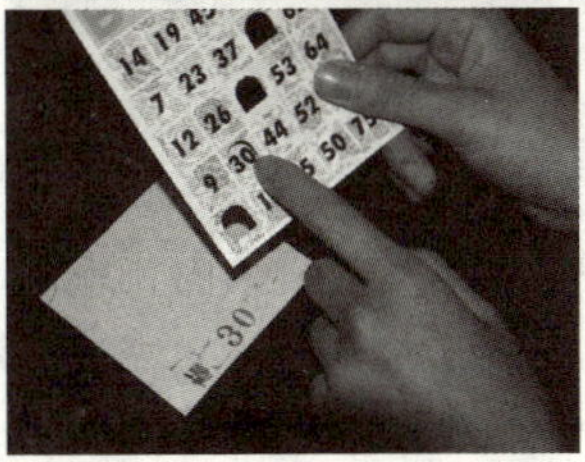

服务生给客人上饮料时，会同时说明参与游戏的规则。由客人在杯垫背面找到与卡上对应的数字。

035

利用电脑合成，赠送特制专辑 CD

小成本，大感动！圣诞节还有“特制专辑 CD”赠送

▲ 炙烧 乐群
（广岛，广岛市）

从网页制作到菜单设计，计算机在餐饮企业的用途很广。此外，商家还可以试着用电脑进行营销策划和具体实施。

日本广岛市有一家叫“炙烧 乐群”的烤肉店，这家店就是一个具有代表性的例子。很久以前，该店在圣诞节期间推出了一项答谢新老顾客的酬宾促销活动——面向圣诞节期间来店消费的顾客赠送本店特制专辑 CD，取得了前所未有的成功。

这种特制专辑的赠送对象仅限预订圣诞限定晚餐（每位消费 5000 日元）的情侣客。专辑的曲目委托广岛的学生乐队制作，主题是与圣诞节相关的叙事声乐曲。

CD 制作全部利用电脑。首先购入市售 CD-R（音乐和数据可读写 CD 光盘)，安装完成后，将曲目刻录到光盘上。CD 的封套设计也通过电脑完成。另外，封套上印有顾客的头像合影。客人来店消费当日，由服务生现场拍摄，然后交给店内负责计算机的人。经过合成处理，将印有客人头像的特制专辑 CD 赠送给顾客。这种方式进一步提升了这项促销活动的魅力。自从推出这项活动后，在短短两天内，该店的 50 组圣诞晚餐全部订满。由于大部分专辑制作流程在电脑上完成，既有效地控制了制作成本，又获得了情侣客和夫妇客的赞誉，可谓一举两得。

购入市售CD-R，安装完成后，将曲目刻录到光盘上。CD的封套设计和打印均在店内完成，有效地控制了制作成本。

服务生为用餐的客人现场拍照。

用餐的客人等待上甜品的时候，服务生为客人拍照，然后交给主管电脑的店员进行合成处理，封套上印有客人的合影。

在电脑上读取图像后即时打印

客人离开时，赠送特殊纪念品

036

奖品实惠，游戏快乐，让客人离开时留下好印象

一等奖：实名“专用筷”！增加回头客的轮盘赌促销

▲ 炖烩家 Engine
（东京，涩谷）

日本料理店有一条不成文的规定——客人用餐结束后，服务生会恭恭敬敬地目送客人上车或离开。此时，店员一般会赠送给客人一张本店优惠券，希望以此给客人留下好印象，以后“再次光临”。但是，这种促销方式大都千篇一律，收效甚微。如果商家在服务内容和赠送优惠券的方式上有所创新，就容易给客人留下深刻的印象。

最能说明问题的一个实例是位于东京涩谷区一家叫“炖烩家 Engine”的餐饮店推出的促销活动。活动对象限来店消费 5000 日元以上的顾客，以组为单位，客人离店前可以参加一种“Engine 轮盘赌”游戏。根据转盘停止后滚珠指向的数字，分别设置 1~7 个级别的奖品，凡参加者，必有惊喜奉送。

奖品发放方案如下：2~6 等奖赠送人气菜品一份，7 等奖赠送粗点心一份。最有吸引力的当属头等奖——顾客“实名专用筷一副”。这份奖品由店员手工精心制作而成，由店方代为保管。摆在店内一角专设的筷子盒中，呈一字排开。该店通过在店内的专属位置摆放顾客实名筷，让客人登门时有“宾至如归”的优越感。专用筷的中奖几率为每周 1~2 次。很多来此消费的客人都是冲着赢取这种筷子来的。

在参加轮盘赌和赢取奖品的吸引下，自从推出这项活动后，前来用餐的回头客激增，连续几天占全体顾客的 7~8 成。

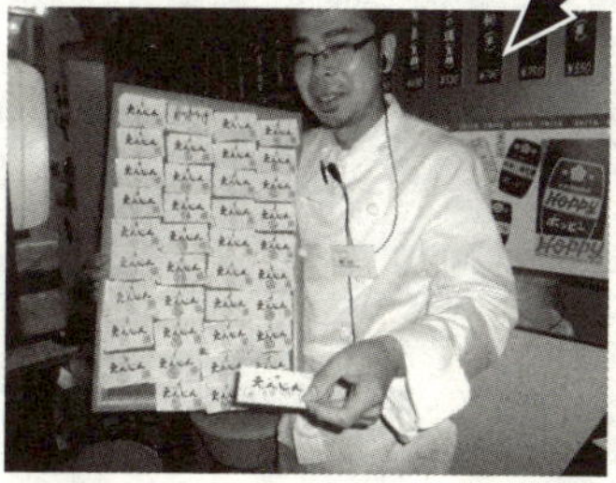

赠券是印有奖品名称的店卡，可以很方便地放在钱夹里。

轮盘赌的编号从0～38。客人选择下注，店员转动轮盘，根据转盘停止后滚珠指向的数字，向客人送出相应的奖品。

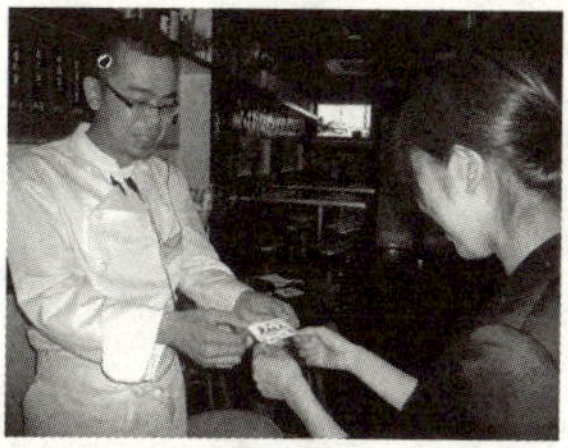

店员微笑着把赠券递给客人，对奖品进行说明。让客人感受意外的惊喜。

轮盘赌奖品	
1等奖	客人专用筷
2等奖	刺身拼盘
3等奖	烤串拼盘
6等奖	炖杂烩
7等奖	粗点心

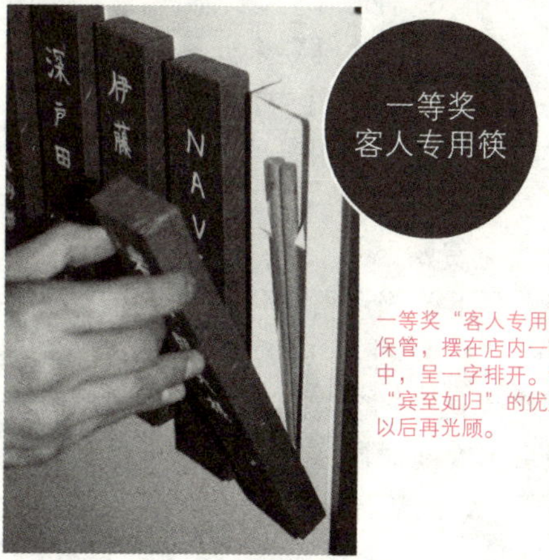

一等奖“客人专用筷”由店方代为保管，摆在店内一角专设的筷子盒中，呈一字排开。让客人登门时有“宾至如归”的优越感，使其愿意以后再光顾。

037

饮料 & 甜品任选，免费提供

增加“柜台席”的上座率
超值礼品促销

▲ Abare 大森店
（东京，大田区）

近来，随着敞开式厨房的流行，餐饮店柜台席的人气随之高涨。但是，柜台席的缺点是不够舒适，很少受到客人的青睐。

对此，位于东京大田区的居酒屋“Abare”大森店从很早开始，就以夜间营业时段（17：00~23：30）柜台席的顾客为对象，免费向每位柜台席客人提供饮料或甜点一份，成功地增加了上座率。

这一举措的出发点是面向“向选择不够舒适的柜台席用餐的顾客表示答谢”。相关信息在店前和柜台席的显著位置张贴。

该店向柜台席顾客免费提供饮料或甜点一份。一般来说，给男性顾客提供饮料，给女性顾客提供甜点。当然，女性顾客也可以选择饮料。

该店提供的饮料种类丰富，共计 65 种之多。顾客可以从菜单中任选一种，整瓶装饮料除外。丰富的饮料品种得到来此用餐的顾客的一致好评。另外，顾客对甜点的反应也不错，其中还有“Abare 特色芭菲”（650 日元）可供选择。这项活动让来此用餐的顾客感受到实实在在的超值服务。

另外，为了掌握所提供的“免费赠品销量”，店方制作并推出一种优惠券。客人可以在这张券上写下希望免费享用的单品名，结账时一并免除。推出这项措施后，该店的 9 张柜台席的日间利用率高达 9~11 次，成功地吸引了一批希望享受优惠的老顾客。此外，午餐时段来店用餐的客人在看到宣传海报后，晚间时段还会再来。不但来店消费的顾客多了，而且成功地吸引了一大批常客。

店内的柜台席共9张。在店前和柜台席的显著位置张贴着醒目的宣传海报，成功地起到了向午餐客宣传的作用。海报的内容极具诱惑力——“柜台席独享优惠……”

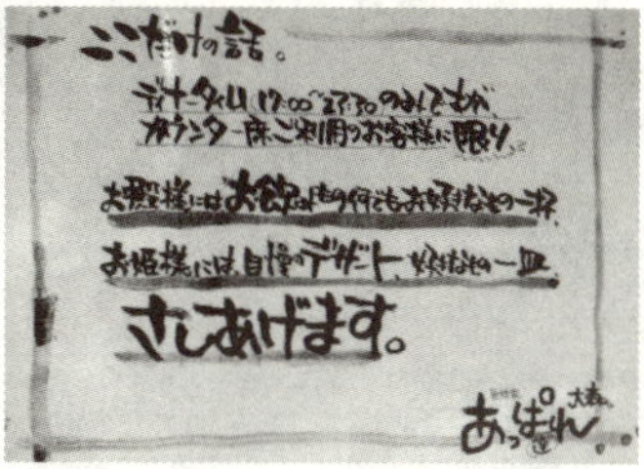

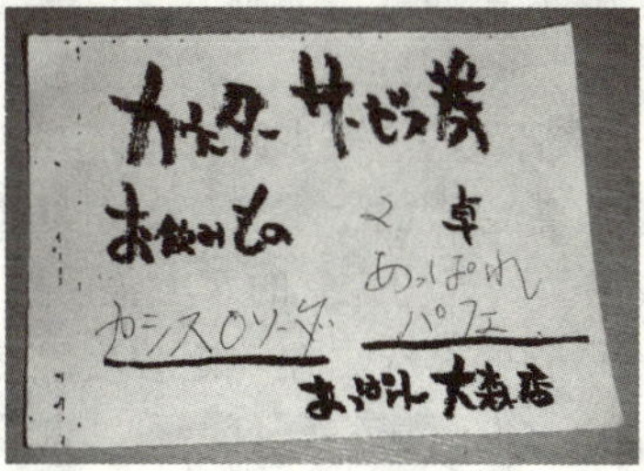

为掌握所提供的『免费消费量』，店方制作并推出一种优惠券。客人可以在这张券上写下希望免费享用的单品名，结账时一并免除。

038

点招牌菜，赠精美小礼品

别致创意，收获好评！特色招牌之“迷你饭勺”

▲ 一夜一夜 东京丸商务楼店
（东京，丸之内）

送给客人的赠品应该选择那些能够体现餐馆独特魅力、附加值高的商品。

“一夜一夜”东京丸商务楼店面向点“白米饭”的客人，每人赠送一只精美小巧的“迷你饭勺”。这个代表餐馆特色，且附加值高的小物件得到顾客的一致好评。

“一夜一夜”有一名经验丰富且很有实力的“白米饭蒸饭师”。每次拿到客人的订单，他都会严格按照步骤一碗一碗地蒸出香甜可口的米饭，然后让服务生端给客人。这家店蒸出的米饭人气很旺，来此用餐的顾客几乎每人都会点一碗品尝。另外，店方赠送的迷你饭勺由服务生端上饭碗时一并送给客人。

每只迷你饭勺上印有一个编号。这个编号用平假名和数字标注，是蒸米饭时所用的锅的年份编号。符号“い”代表一年，“ろ”代表两年，以此类推，平假名表示“一夜一夜”的开店年份，数字代表“当年出锅的第几锅米饭”。另外，凡凑齐 10 只迷你饭勺的客人，可获得店方赠送的一张价值 2000 日元的餐券。凑齐 5 只迷你饭勺的客人，可获得价值 1000 日元的餐券。这项举措为该店赢得了不少回头客。

这种迷你饭勺的设计精致有趣，只有普通人的手掌大小，很好地起到了宣传推广的作用。看到如此精致可爱的饭勺，有的客人很羡慕，于是得到饭勺的客人有时会把它送给没得到的客人，在一定程度上增进了陌生客人之间的交流。迷你饭勺是店方向厂家特殊订制的，前期需要投入一定成本，但饭勺人见人爱的设计，不但加深了顾客对餐馆的印象，还有助于吸引回头客。

迷你饭勺设计精巧，只有7cm长，勺柄部有一个小孔，有的人会把它挂在钥匙链上或当作手机挂饰。

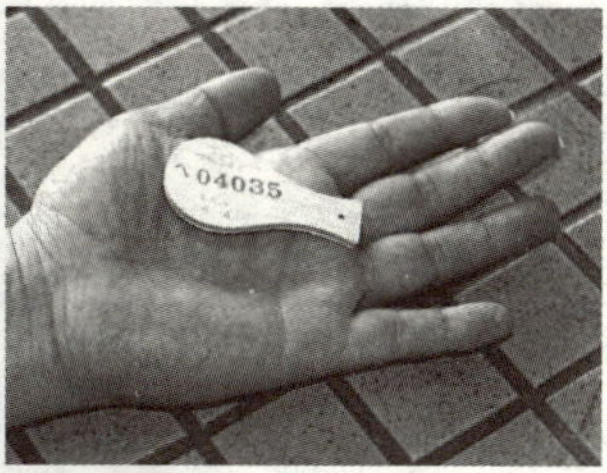

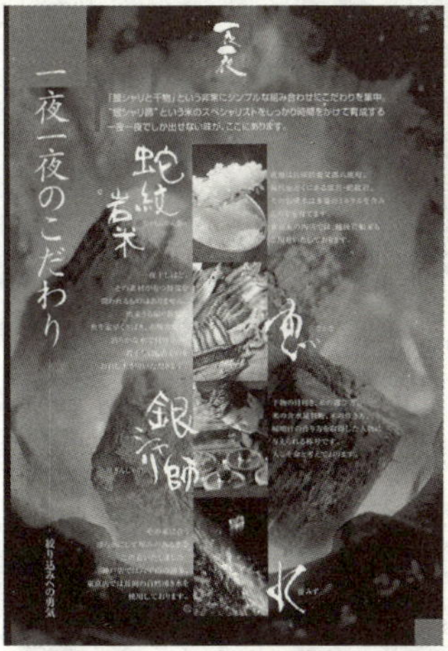

大米品质优良，天然河水灌溉。蒸熟需30～40分钟，是这家店的“招牌米饭”。

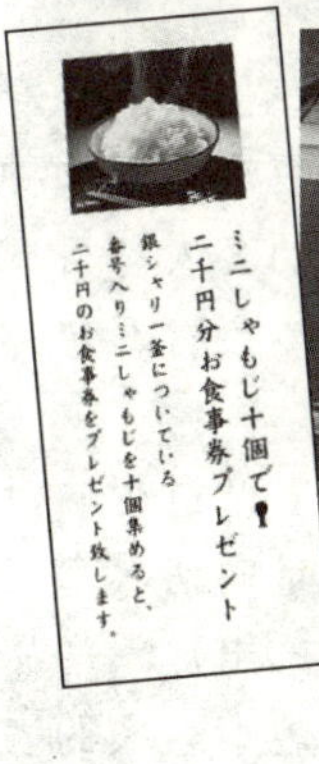

菜单上写着“凡集齐10只迷你饭勺的客人，可获得2000日元餐券”。另外，还有一项“隐藏优惠”——“集齐5只迷你饭勺，赠送1000日元餐券一张”。由服务生口头告知。

039

寿司达人展示厨艺，博人眼球！

出其不意的赠品！
让顾客感动的“精制寿司”

▲ 寿司处 江户翔
（东京，荒川区）

同样是赠品，一份突如其来的礼物，会让顾客感到不一样的惊喜。对于经常在外用餐、对形形色色的赠品和名目繁多的优惠活动已经司空见惯的现代食客来说，“出其不意，攻其不备”或许是一个不错的方法。

出其不意的赠品，最适合那些运作模式相对灵活的私营餐馆和小型餐饮店采用。最有说服力的例子是位于东京平民住宅区荒川的一家小店——“寿司处 江户翔”，其面向来店用餐的客人赠送精制寿司。这家店的店主叫渡部昭彦，每当客人凝神屏息看他制作寿司时，他就会突然冒出一句：“怎么样？这么精美别致的寿司，您要不要尝尝？”然后慷慨地递给客人一个。

该店制作的传统寿司造型主要是“水仙”、“仙鹤”，另外还有诙谐有趣的“圣诞老人”。几乎所有看过该店寿司师傅手握寿司刀制作寿司过程的客人，都会不约而同地发出感叹。在日本传统寿司中，精制寿司是一门流传百年的美食艺术。想做出精制寿司的花样，要求寿司师傅必须具备高超的手艺。现在，在一般寿司店已经很难看到这种外观精美别致的传统美食了。正因如此，才让来此用餐的客人耳目一新。加之出其不意的馈赠，望着如此造型精美的寿司，体会着寿司师傅的一片心意，往往令客人感动不已。

如今，能够亲眼看到寿司师傅现场制作精制寿司的复杂过程的机会并不多。但是为了让来店用餐的客人眼前一亮，特别是向初次来店的顾客提供视觉和味觉的双重享受，这正是这家寿司店推出这一赠品服务的初衷。寿司师傅在制作寿司的过程中，会时不时观察客人的表情，根据情况适时送上一份精美寿司，从而促使客人成为本店的常客。

瞧，还有如此精
美别致的寿司。

店主渡部先生是一位有丰富料理制作经验和热忱待客之心的精制寿司师傅。该店的传统寿司造型有“水仙”、“仙鹤”，还有诙谐有趣的“圣诞老人”等。别说吃，光看起来就已经让人垂涎欲滴了。

一份出其不意的纪念日馈赠！

从与顾客攀谈的过程中，如果得知这天恰好是顾客的生日或有特别意义的纪念日的话，店主就会向附近的花店订购一束花，将这份意外的礼物送给客人，以示祝福。

040

寿司碟上的秘密，让顾客自己检查

空闲时段的优惠 & 开心促销！好评如潮的“中奖碟免费”

▲ 回转寿司 若贵 池袋阳光60大道店
（东京，池袋）

怎样在空闲时段增加上座率？以此为目的实行优惠促销的餐饮店很多。如果想做到与众不同，就需要在“趣味”二字上下工夫。

其中，利用回转寿司的经营特点开展促销活动的一个代表性的实例是位于东京池袋的“回转寿司 若贵”池袋阳光60大道店。

“若贵”推出一项优惠活动，于工作日每天14：00~17：00期间，实行“中奖碟免费”活动。凡此期间来店用餐的顾客，从传送带上挑选的寿司碟（每碟136日元）底部印有“中奖”字样者，该碟免费。这项促销活动以前在池袋总店推出时，一经推出便受到顾客的欢迎。于是，“若贵”积极推广这种促销方式。来此用餐的顾客可以体验自查寿司碟的乐趣，这个主题特色吸引了众多消费者。

发现自己中奖的顾客结账时需要主动告知店员，由店员当场回收中奖碟。这样一来，店员无须再清点碟数结算账单。印有中奖字样的寿司碟随机摆在传送带上，一天的中奖数平均为20~25盘。

另外，中奖碟并不是只在优惠时段摆在传送带上，而是贯穿整个营业时段。但一天之中，仅限14：00~17：00期间有效。所以，如果顾客发现所选的碟“中奖”，而时间还没到14：00的话，服务生一般会善意地告诉客人：“请您再耐心等等，美好的事情即将发生！”而每当有客人中奖时，店员都会大声欢呼，使店里的气氛顿时高涨起来。

从 14:00 ~ 17:00，仅限工作日空闲时段。

优惠活动通过店头招牌和宣传告示公布。在空闲时段，告示会摆在传送带上，起到宣传的作用。

041

随身携带水珠花纹、淡蓝色、粉色物品者，饮料免费

提升揽客力！促进交流！一石二鸟的“雨天优惠”

▲ 月之雫 新宿大道店
（东京，新宿）

在下雨天推出各种优惠名目的餐饮企业不断增加。为了吸引顾客上门，商家的促销手段多样但新意不足。其实，只要商家在促销方式上多花一点心思，就能加深顾客对店铺的印象。

在这方面运作成功的例子是股份公司“SANKOFOODS”的居酒屋连锁餐饮店——“月之雫”推出的雨天贴心服务。“月之雫”推出一项名为“下雨天，水滴日”的活动，凡下雨天进店用餐的客人，随身携带水珠花纹图案、淡蓝色、粉红色等物品者，免费提供饮料一杯。符合条件的物品可以是粉红色的手绢或水珠图案的领带等。只要符合条件，物品不设限制。这项活动的重点是只针对符合条件的顾客，而不是面向所有顾客。

另外，这项活动的目的主要是通过服务增进与顾客之间的互动交流，而并不是增加雨天的上座率。实际上，在客人寻找符合条件的物品时，会自然而然地与服务生交流，有助于拉近与顾客之间的距离。

这项活动以海报的形式在店内公布，为了让宣传在下雨天更醒目，店方进行了一番精心设计。另外，降水概率大于70%时，说明当天下雨的可能性大，店方会通过发送电子杂志提醒会员。在店里对顾客提供的种种贴心服务的推动下，该店的知名度大幅提升。下雨天来店消费的顾客中，80%的人享受了该项优惠。

顾客就座后，服务生向客人说明活动规则和内容。客人一般都能找到符合条件的物品，在客人向店员询问『这个算不算』的过程中，有效地拉近了餐馆和顾客之间的距离。

该店宣传海报张贴在店外墙壁上，路过的行人都能看到。另外，集团总部在旗下的“黄金之藏”、“东方见闻录”等居酒屋也推出了类似的活动，各店的附加条件各不相同。

042

吃尽盘中餐，惊喜等着你

童趣引热议！
“碗底”中奖＆川柳

▲ 拉面一会
（东京，大田区）

如果商家在顾客用餐过程中增加一点生动轻松的元素，就能让客人在用餐中和用餐后加深对餐馆的印象。在这一点上，东京大田区的“拉面一会”推出的“拉面碗底”趣味酬宾活动可谓金牌促销的典范。

“拉面一会”店的拉面碗分三种。一种碗的碗底印着店标；一种碗的碗底印着一句打油诗，如“烦心事撂一边，先吃它一碗拉面”等与拉面相关的诗句。这些诙谐幽默的短诗成了店里一道独特的风景，为顾客就餐增添了一丝欢快的气氛。

另外，还有一种碗的碗底印着一根面条形“中奖”标志。拿到这种碗的幸运顾客将获得店方送出的拉面一碗或饺子一盘。中奖拉面碗一天投放数只。

客人点“鲜虾味噌拉面”（售价 780 日元）时，这种拉面的汤汁浓稠，不喝完拉面汤就看不到碗底到底印着什么，所以很有趣味性。从三年前该店开业之初推出这项活动后，很快就成为街头巷尾热议的话题，有效地吸引了顾客上门体验。

拉面碗底深藏不露的“机关”，让用餐的客人开怀一笑！

这种拉面碗向厂家专门订制，诗句主要采用女性作品。顾客只有喝净碗底的拉面汤，才能看到碗底的内容，所以常常博得食客开怀一笑。

对于中奖的幸运顾客，将获得店方送出的免费餐券一张。该抽奖活动由服务生点菜前向顾客说明。上图为“鲜虾味噌拉面”。

043

“幸运雪人”北海道一品奉送

杯垫“即席”赠品

▲ 烤羊肉 雪人
（东京，涩谷）

即使最简单有效的促销手段，也能加深顾客对餐馆的印象，成为人们热议的话题。位于东京涩谷区的“烤羊肉 雪人”新近推出一项杯垫促销活动。在所有印有雪人图案的杯垫中，凡拿到“红脸蛋”雪人杯垫的幸运顾客，将获得店方提供的每日特色菜品一份。

创办这家餐馆的是一家北海道企业，所有店员都是北海道人，店内到处悬挂着各种雪人艺术品、札幌和函馆地方的图志和装饰品。餐馆的主打特色是北海道风情。

所以，这家店提供的赠品也富有浓郁的北海道特色，比如酱油盐渍鲑鱼子、干鲑鱼、鲱鱼、白色恋人（北海道名牌糕点）等。没有北海道特色菜品时，改用葡萄酒或果子露冰激凌等代替。

在经常来此用餐的老顾客中，有的客人还会自己涂一个红脸蛋开心。对于这些富有童心的客人，店方也会赠送一份美食，从而有效地促进了餐馆与顾客之间的情感沟通。店内宣传单上印着“拿到快乐雪人杯垫的客人，请立刻告诉服务生”的语句。

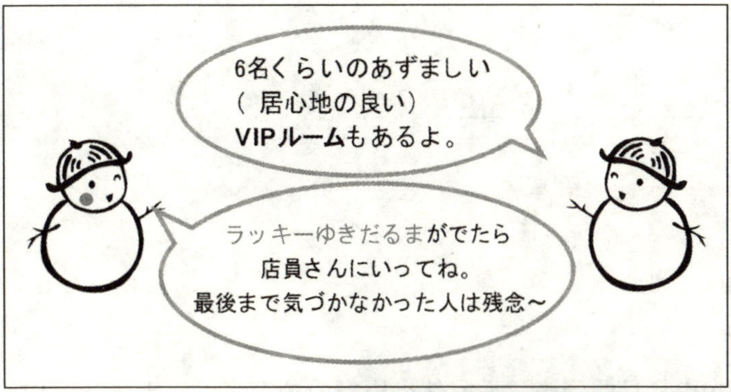

“快乐雪人”是杯垫上印有红脸蛋的雪人图案。具体见店内的宣传小册子。

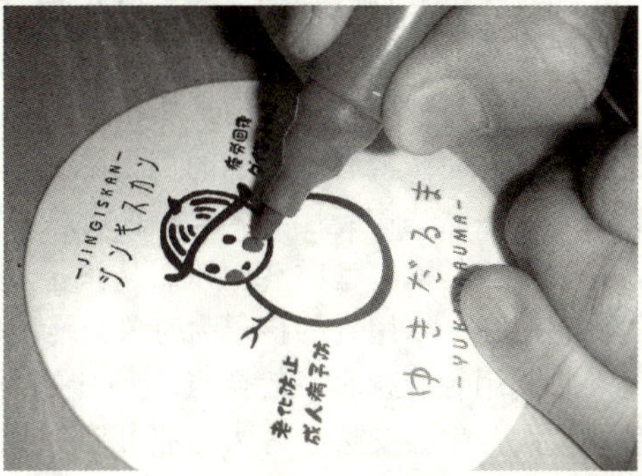

北海道特色派送

赠品主要是北海道特色菜品。上图是北海道直送的酱油盐渍鲑鱼子。

拿到快乐雪人杯垫的客人需要自己告诉服务生。这里的店员清一色是北海道人，店员们头戴统一的帽子，帽子上印着特色“雪人”图案。

044

店内悬挂各种玩具赠品，打动孩子们的心

点套餐必中！
儿童限定“抽奖会”

▲ 烤肉花园 Big Boss 森崎总店
（神奈川，横须贺市）

随着炎炎夏日的到来，举家外出用餐的顾客多了。于是，怎样让用餐的小客人高兴，成为顾客挑选餐厅的关键。推出受小客人欢迎的促销活动，与吸引顾客上门密切相关。

在这方面做得有声有色的例子之一是位于神奈川横须贺市的一家烤肉店——“烤肉花园 Big Boss 森崎总店”。经常光顾这家烤肉店的客人绝大多数是家庭型顾客。该店从很早以前开始，推出一项 7 月限定的优惠活动，以用餐的孩子为对象，推出“大抽奖活动”。

来此用餐的顾客一般会点一种什锦拼盘套餐（有六种），客人点餐时，服务生会交给小客人一张儿童用抽奖券。抽奖活动在确认客人点餐后正式开始，而不是用餐结束结账时，抽奖活动在店内举行。

抽奖现场设在店内最显著的位置，意在吸引其他顾客的关注。参加抽奖活动的孩子们大都欢呼雀跃，开开心心地举着奖品回到大人身边。其他顾客在这种气氛的感染下，往往会加入点套餐的行列。

另外，店内悬挂着各种奖品实物，既能吸引孩子，又避免了由于“奖品实物与想象中的差太多”而导致孩子失望的情况发生。

这家店在不同季节还会推出不同活动，每年举办 3~4 次。一般夹在报纸杂志中向附近的小区投放广告。活动期间，来店消费的顾客比平常多 1.2 倍。

客人点套餐后……

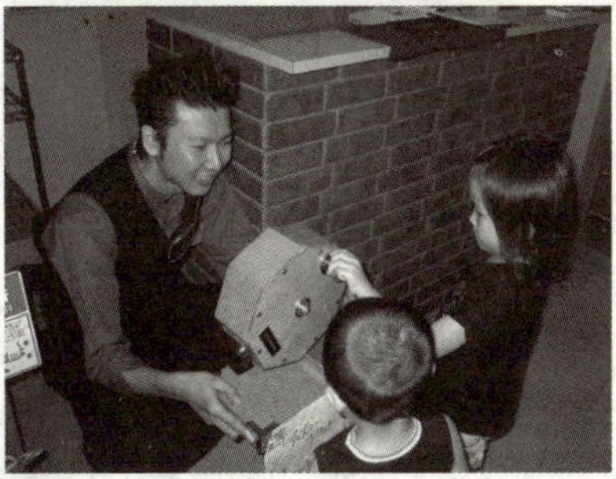

店内悬挂着各种玩具

中奖率100%，末等奖是一份“迷你冰淇淋”。店内悬挂着各种玩具，中奖后立即取下交给孩子。

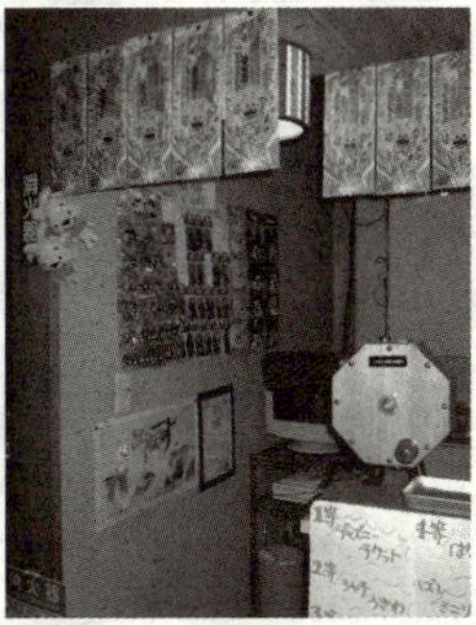

045

用黑醋加工的“山葡萄醋”，餐后清爽饮品

健康功效之餐后好服务

▲ 猪排和猪肉料理 平田牧场

（东京，日本桥）

一份免费赠送的餐后甜品，往往令顾客对餐馆印象倍增。如果这份赠品对健康有益，更会为餐馆加分！其中，位于东京日本桥的“猪排和猪肉料理 平田牧场”为来店用餐的顾客免费提供一种健康饮品——“山葡萄醋”，赢得了顾客的好评。

这家店的招牌菜是三元猪肉炸猪排和山形特色料理，来此用餐的女性顾客很多，不少客人在吃完油炸菜品后会觉得油腻。对此，餐馆推出了这款消除食物油腻感的免费“山葡萄醋”，并在菜单上进行特别标注。“山葡萄醋”的原料为精选的山形产山葡萄，与健康食材黑醋混合后，经过精心自酿而成。每位客人免费提供一小杯。

自从该店推出这项晚间服务后，不但受到女性顾客的欢迎，还受到健康意识高涨的中老年顾客的推崇。

菜单上特别注明“山葡萄醋（免费提供）”字样。这种饮品经过精心自酿而成，盛放在一个个精致的小玻璃杯中，提供给来此用餐的顾客。

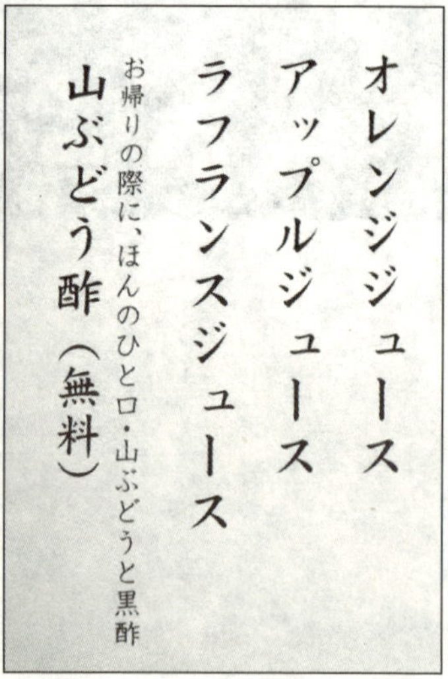

046

关注环保的绝妙创意

好评！持“专用筷”到店消费的环保优惠

▲ CANTIK

（东京，涩谷）

在日本，以咖啡店和餐馆为中心，随着餐饮企业的环保意识日益提高，各种“环保袋”和“专用筷”活动如火如荼地进行着。

以餐饮业发起的响应抵制森林乱砍滥伐行为的“专用筷”为例，有的餐饮企业因为推出顾客“专用筷”而成为热议的话题。另外，还有一些照常提供一次性筷子的餐饮店面向持“专用筷”来店消费的顾客实行优惠打折服务。

其中，位于东京涩谷区的咖啡主题餐厅“CANTIK”针对持“专用筷”来店消费的顾客免费赠送“环保礼品”，因此受到20~30岁之间热衷环保的女性顾客的一致好评。

赠品每月更新，有的是企业赞助，有的是自制赠品，在一定程度上起到了控制成本的作用。另外，该店近期开始销售“专用筷”，呼吁更多人使用“专用筷”。

餐厅宣传海报（如图）在店内墙壁上张贴或在网页上公布。日间和晚间的礼品有所调整，再加上口口相传的“口碑效应”，顾客利用率很高。

047

注重实用性，提升关注度的赠品
“书签”店卡

▲ 面屋 宗 SOU
（东京，高田马场）

如今，在各大餐饮店几乎都能看到形形色色的店卡。其中，绝大多数店卡模仿名片设计。而这些赠送顾客的店卡不是被随意丢在名片盒里，就是躺在钱包里被渐渐遗忘。对此，位于东京高田马场的“面屋 宗 SOU”在提高店卡的实用性上做了一点改变。

该店设计的店卡与众不同，这是一张长 12cm，宽 2.8cm 的细长形卡片。其设计初衷源于有人提出把店卡作为书签使用的创意，结果受到来自顾客的意外好评。

这种外观典雅的店卡由服务生在空闲时段送出，同时真诚地向客人提议将它当成书签使用。另外，餐厅入口和收银台上都摆着这种卡，供客人随意取用。

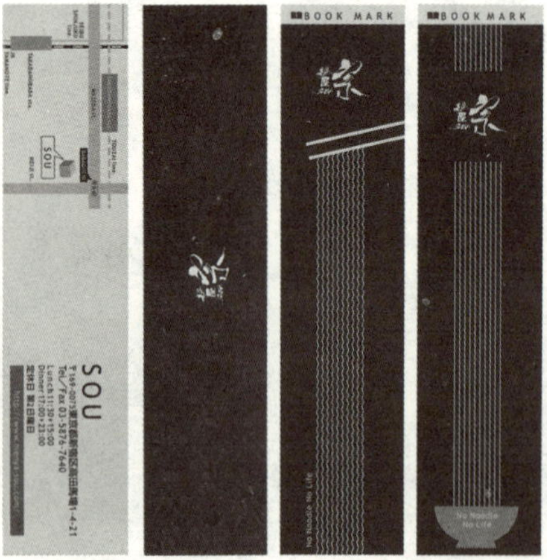

精致简洁的设计，内容包括店址、官网网址等信息。并有多个版本。

048

通过店员和顾客的口碑传播，热议不断！

超人气赠品之“幸福铃铛”

▲ DA I KO MEN

（东京，下北泽）

一片口香糖、几块糖果……很多日本料理店在顾客结账时，都会送上一份小纪念品，让客人感受贴心的服务。其中，因为赠品引发热议的是一家位于东京下北泽的日式什锦烧店——“DA I KO MEN”。这家店的收银台上摆着一个小盒，盒里放着很多精致的小铃铛，喜欢的客人可以随便拿。这种铃铛有一个好听的名字，叫作“幸福铃铛”。

幸福铃铛由来已久，它在这家店已经存在了 17 年，现在早已成为该店的招牌象征。其最初是面向女性顾客和孩子们赠送的小纪念品，有的客人一直精心收藏着它，有的客人甚至专程赶来更换变旧的铃铛。店员们给它起了一个好听的名字，叫作“幸福铃铛”。只要喜欢，每个客人都可以带走一个。

幸福铃铛呈独特的四角形，很多客人都对这个“稀罕”的小物件爱不释手。看到的人几乎都忍不住拿一个。这样一家仅有 20 张餐位的小餐馆，每个月准备的铃铛竟多达 2000~3000 个，可见人气之旺。带走铃铛的客人中，有的后来果然交上了好运，于是特地跑来致谢。在很大程度上加深了餐厅与顾客之间的联系。

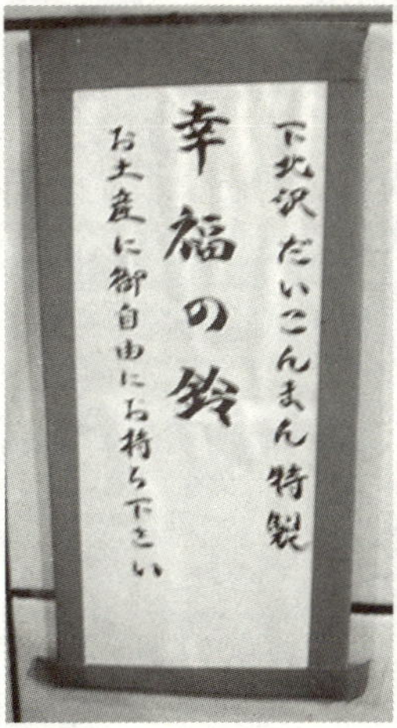

金色的铃铛上系着红、黄、紫等各种颜色的绳子。『难得一见』的四角形设计受到顾客的一致好评。

049

特制玉米茶和薄荷糖大受好评！

印象加分！餐后清口服务

▲ 韩国烤肉 CHOL
（福冈，中央区）

为顾客餐后提供一碗清茶或糖果清口不算新鲜，但有的餐饮店在这个细节上稍加改变，因此赢得客人的赞誉。

福冈中央区有一家韩国烤肉 CHOL（JAL Resort Sea Hawk Hotel 福冈内），这家店为来店用餐的客人餐后免费提供一杯特色“玉米茶”，受到客人的广泛赞誉。这种玉米茶口感清爽，采用上等材料精制而成。吃完烤肉后，来上一杯，顿时感觉神清气爽，精神为之一振。

另外，店内的每张餐座上都摆着一盘装薄荷糖的小碟，客人可以随意品尝。很多客人对这种糖果的味道赞不绝口，经常有人询问服务生在哪儿能买到这种糖果。这时，服务生一般会善解人意地把糖果装在一个精致的小袋里送给客人。糖果袋的包装也很别致，上面印着英文报纸图案。新颖的设计更为这家店赢得了好评。

1.餐后赠送清新爽口的玉米茶。
2.餐位上摆着精致的糖果。
3.4.对于喜欢糖果的客人，服务生会用一只精致的小袋包好糖果后送给客人。这项服务尤其受女性顾客的欢迎。

050

招牌地方特产土鸡。用细节感动顾客！

送客人离店时的“答谢饭团”

▲ DINER’S ONO
（福冈，中央区）

日本餐饮业有一条不成文的规定：客人用餐结束后，服务生会将客人送到店外，这时是加深顾客对餐馆印象的好时机。有一家叫“DINER’S ONO”的餐馆抓住这个难得的机会，为即将离店的顾客送上一份小礼品，从而牢牢地抓住了顾客的心。该店在送客人离店时，通常会送给客人一份自制特产饭团。

这样做的目的是向来店消费的顾客表示“诚挚的谢意”，这项活动从该店创办之初一直沿袭至今。制作土特产饭团的食材取自店里饲养的土鸡，在蒸饭过程中加入骨汤和切得细细的鸡丝，经慢火炊制而成。这种特产土鸡饭团吃到嘴里满口留香，在顾客中评价很高，为该店赢得了不少回头客。另外，为了对因客满而无法用餐的顾客表示歉意，店方也会送出土鸡饭团。

赠送客人饭团的时机很重要，一般是当客人出店后，服务生追上去送出，之后再目送客人远去。如此周到贴心的服务，让很多来此用餐的顾客感动不已。

包括其他分店在内，每天需要准备150多个答谢饭团，让送客人离店的服务更贴心。

Chapter 4

欢乐揽客术&
玩转游戏促销

051

载歌载舞……感谢和微笑的演出，让所有顾客感动

每月揽客千人！全体店员送出的生日祝福

▲ 纳屋桥 DRAEMON

（爱知，名古屋市）

当客人们坐在餐厅里浅酌慢饮时，突然，随着一阵欢呼声响起，一曲熟悉的生日祝福旋律和着热闹的欢呼声流淌在你的周围，全体店员配合着音乐节拍载歌载舞。用餐的客人们也纷纷拿起身边的手鼓，随着优美的旋律，用手指有节奏地敲打。无论是这天过生日的客人，还是其他在座的客人，店里处处洋溢着欢乐的气氛，到处是一张张欢乐的笑脸……这样的情景您经历过吗？

爱知名古屋市有一家叫“纳屋桥 DRAEMON”的餐厅，这家餐厅有一个别名叫“生日居酒屋”。顾名思义，这是一家以举办别具一格的生日祝福活动而闻名的餐饮店。该店面向预订生日套餐（售价3000日元）的客人推出隆重的生日祝福活动。这项活动几乎每天都举办，平时的日预订量为20~30人，周末的预订量更多，每天可达50人次。人气火爆，单月预订量甚至突破千人。

这家店的魅力在哪里呢？那就是演出编排的巧妙。在载歌载舞、充满激情的欢乐氛围下，主持人当众为在座的顾客介绍当天过生日的客人，然后一一宣读其亲朋好友、恋人等送出的感人祝福。与此同时，一名店员郑重地捧着生日蛋糕走向这位客人所在的餐席，店员们齐声为他送上诚挚的祝福。

在活动的最后，主持人还会发表一段结束致辞，例如“请允许本人代表过生日的客人向亲爱的爸爸妈妈说声：‘你们辛苦了，谢谢你们！在你们的精心呵护下，我才能拥有今天这样一个难忘的时光。’……”通过向人们传递本店推崇的“生日感恩父母”的思想，来唤起人们的共鸣，让在座的客人在感受快乐的同时领会更深层次的含义。在店里举办生日祝福活动的过程中，有的客人甚至会流下激动的泪水。最后，所有店员一起回到开放式厨房，手拉手一起跳起欢快

的舞蹈，空气中流淌着优美的音乐，生日祝福活动在人们的欢呼声中宣告结束。

该店举办生日祝福活动之初，形式相对简单，后来在员工们的建议下，逐渐演变成今天的形式。但是，由于活动过程中店内营业活动暂时中断，有的客人曾经表达过不满。对此，店方加以改善，面向所有客人提前通知活动开始时间，在生日祝福活动开始前，对有需求的客人口头告知或提前结账，确保完成所有点餐、上菜工作。店员之间在相互提醒的同时配合进行，成功地解决了可能出现的问题。

生日祝福活动最后载歌载舞的热闹场面。活动时间一般设在晚间20:00之后进行。即使一天举办两场，因为活动开始时间较晚，所以可有效提升上座率。通过提前上菜，也能兼顾其他用餐客的需求。店内沉浸在欢快的氛围中。

052

大奖“八海山”，末奖“一口牛奶”，差距也让人开心！

日点餐率达百次！名物“骰子彩”

▲ 居酒屋 diner 丸八 高田马场总店
（东京，高田马场）

将趣味游戏融入菜单设计，让游戏和促销更加夺人眼球。通过给既定菜单增加“附加值”，活跃店内氛围，激发店内活力，就能达到吸引顾客的目的。

具有代表性的实例之一是“居酒屋 diner 丸八”高田马场总店推出的“爆裂！骰子彩”380日元促销活动。骰子彩其实是该店菜单上的一道菜品。凡点骰子彩的客人，服务生会当场把一个空碗和骰子一起端到指定餐席。每次可抛掷两次，根据掷骰子的结果提供酒水。

游戏用的骰子为10面体数字骰子，上面的数字组合多达55种，这是促销的关键。每张餐位都备有骰子数字和奖品的对照表。由客人自己从55个格中找出所掷数字对应的奖品。

此外，抛掷结果的巨大落差也是这个促销活动的特点之一。举个例子，“7·7”的数字对应“八海山·大吟酿”这样的名酒，售价2800日元；而掷出末奖数字的客人，只能得到“一口牛奶”等价值100日元的奖品。所以，大多数客人会一边掷骰子，一边忐忑不安地期待着，结果往往在一喜一忧之间。

现在，该店“骰子彩”的日点单量约为100人，有的人为了赢取高额奖品反复尝试，有的人刚刚就座就迫不及待地喊服务生点“骰子彩”。有时，一起来此用餐的学生客中诞生幸运中大奖者的一刻，现场立刻爆发出一阵欢呼声；中末奖的则大笑，整个餐馆洋溢着欢乐的气氛。“骰子彩”做出了巨大的贡献，成为吸引顾客源源不断上门的招牌名菜。

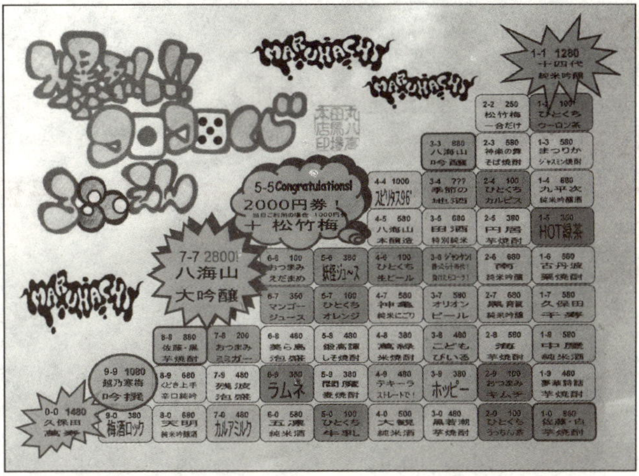

骰子彩的头奖是“八海山·大吟酿”，售价2800日元。此外还有通过猜拳方式决定的饮料和再次来店时使用的餐券……店方在骰子彩的趣味性上下了一番工夫。

游戏用的骰子为10面体数字骰子，放在一只空碗中掷，掷后看结果。服务生站在旁边确认结果后，当场兑现奖品。

053

每月一次，店前金枪鱼现场分割即卖会！

店前祭！
承办融入当地生活的“早市”，赢得好评

▲ 桃太郎寿司 练马店
（东京，练马区）

对普通日本人来说，一提到盛大的节日，一定会联想到热闹非凡、人流如织的“祭”或“缘日”（庙会）了。如果餐饮企业把举办“祭”或“缘日”运用到营销策划中，一定能加深餐馆与当地居民之间的联系。

东京练马区有一家“桃太郎寿司”练马分店。这家寿司店每月一次，在其停车场举办早市庙会活动。前来参加的人主要是家庭客和夫妇，参加人数多达100人，获得当地居民的极大好评。

早市庙会由九家餐饮店共同承办，在“桃太郎寿司”集团旗下，依次在有活动场所的三家分店（练马店、西一之江店、驹泽店）进行，每周一店，周日举办，入场免费。持续时间一般从8：00～10：30。

早市庙会上充满浓郁的节日气息，亮点之一是“生金枪鱼现场分割即卖会”，由专业厨师现场操刀分割新鲜金枪鱼，然后按超低价格销售，深受顾客的欢迎。有的店还推出“蛤仔鲜虾，能抓多少拿多少”的海产品、蔬菜、水果、炒面、饮料等各色商品的特卖活动。由练马店负责举办活动时，早市上还有同行鳗鱼店和烤肉店推出的丰富商品，比平时更热闹。吸引了众多带孩子来逛的顾客。每逢暑假，举办“战队英雄秀”等活动时，更是人声鼎沸、热闹非常。

承办早市庙会活动，不但拉近了餐馆与当地居民之间的距离，还加深了顾客对店铺的亲近感，从而吸引更多人来店消费。此外，与同行门店的员工一起举办活动时，还有效地增进了不同门店员工之间的信息交流，激发了员工的工作热情。

亮点之“生金枪鱼现场分割即卖会”

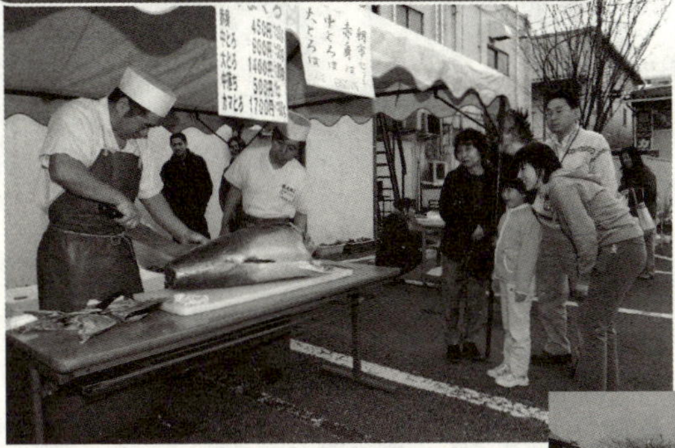

平时难得一见的新鲜金枪鱼现场分割即卖，让顾客看得津津有味。金枪鱼红刺身两块，中肥刺身一块，特肥刺身一块，拼成一盒，早市售价650日元（在餐馆点时需花费900日元）。每次开售都生意火爆，需要排队。

摊位也火爆!

负责进货的店员经验丰富，为逛早市庙会的顾客带来各种超低价鲜活海产品。

054

语文、数学、地理共九种考试，考试合格即赠餐饮券！

体验应试学生的生活!?
吸引回头客的“螃蟹中心考试”

▲ 螃蟹道乐 中国四国 BLOCK
（冈山店）

通过有奖竞猜等手段吸引消费者的餐饮企业很多，而把有奖竞猜搞成真“考试”，且收效不错的是一家叫“螃蟹道乐”的中国四国BLOCK店推出的“螃蟹中心考试”。

“螃蟹中心考试”的试题内容围绕与螃蟹有关的知识设置，分语文、数学、地理三个科目，考试题目有客观题和主观题两种。每个科目设置初级、中级、高级三个难度不同的级别，考试分九次进行。

希望参加考试的客人需要向餐馆申请报名。餐馆对参加考试的“考生”发放“准考证”，从各科中各取一张考卷交给“考生”。答题在客人用餐前后进行，由服务生评分，最后在收银台公布考试结果。及格者（70分为及格线），在其考卷上盖一个合格章，当场赠送一张价值1000日元的餐饮券。每次来店只能参加一场考试。参加过九场考试，且考试成绩均合格者，赠送一张“合格证书”和一张价值3000日元的餐饮券。

试题内容丰富，有的很难。例如“螃蟹体内含有一种叫甲壳质的成分，请写出该成分的化学式”等。对于不及格的“考生”，餐馆会赠送一本叫“蟹本”的参考书，着实让来此用餐的顾客过了一把“考试瘾”。这种新奇的促销方式在团体宴会的用餐过程中尤其引人注目，专程前来参加考试的家庭型顾客也很多。

这项促销活动的宗旨是面向大众宣传螃蟹的魅力。最初在中国四国BLOCK旗下的5家分店推出时，一个月的注册申请人数竟达3000人。其中不乏全科目及格的优秀“考生”，这项活动在吸引回头客上可谓功劳不小。

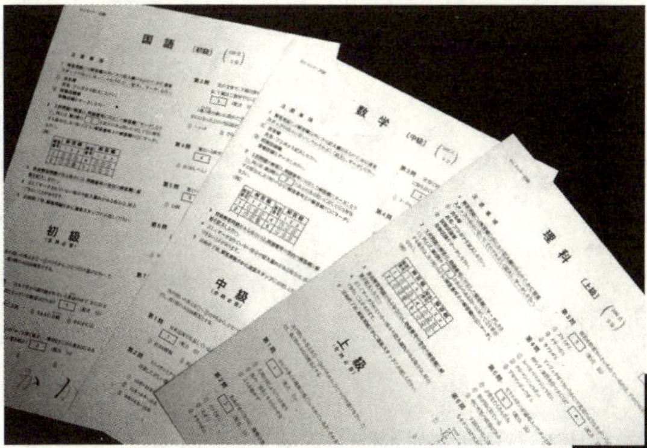

对于初次来店用餐的客人，服务生一般会向其推荐参加合格率为90%的初级考试。全科目合格者颁发“合格证书”。店内另外备有参考书，模拟出真实的考试情景。

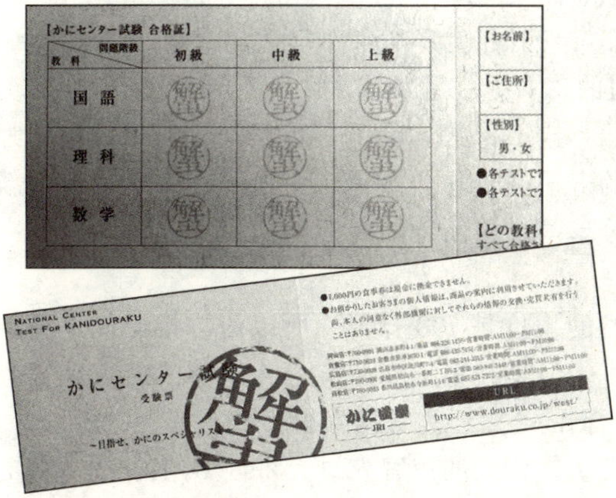

每通过一科，就在准考证的背后盖一个章，并赠送一张餐饮券。不合格者可反复重考。

055

"捞竹荚鱼"一次 100 日元。现场烹饪，免费加工

快乐实惠的"捞竹荚鱼"让家长孩子都满意！

▲ 丰洲渔港 寿司常 市场内店
（东京，江东区）

让来店用餐的小客人快乐用餐，是吸引家庭型顾客不可缺少的手段。其中，值得关注的一个实例是一家名为"丰洲渔港 寿司常 市场内店"的餐馆。

该店位于某大型商业设施"城市码头广场"（URBAN DOCK LaLaport TOYOSU）内，这里有很多供孩子们参加各种特色娱乐活动的儿童游乐场，目标顾客群是举家外出游玩的客人。借助这一天然优势，店方在店头设置了一只大鱼缸，在鱼缸里投放了一批竹荚鱼。面向来店用餐的顾客推出一次 100 日元、每次限捞一条的"捞竹荚鱼"活动。这招"促销法"最受以低年级孩子为中心的小客人的欢迎。

"捞竹荚鱼"时使用的工具是一张大渔网。孩子们捞鱼时，店员会寸步不离地守护在旁边。捞上来的竹荚鱼被当场送到后厨，由厨师现场烹饪，加工成美味的寿司或生吃的鱼片。由孩子们亲手捕捞的新鲜竹荚鱼，与父母一起分享。这招新奇的促销法博得家庭型顾客的一致好评。

这种竹荚鱼饭团平时的售价是 198 日元，所以店方推出的这项促销活动需要投入一定成本。但是其集趣味和实惠为一体的特殊促销方式不但抓住了家长和孩子们的心，还为餐馆赢得了回头客。

目前，参加"捞竹荚鱼"活动的小客人每天将近 10 名，周末就更热闹了。该活动为吸引顾客来店消费做出了很大贡献。

餐馆店员会寸步不离地守护在孩子身边，在确保孩子安全第一的同时满足他们的好奇心。捕鱼用的渔网很大，但是想真正抓到一条鱼还得费一番工夫。自己的劳动果实最甜!

捞上来的竹荚鱼，现在成了美味寿司!

捞上来的竹荚鱼被当场送到后厨烹饪，根据客人的要求加工成美味的寿司或生吃的鱼片，口感肥而不腻，价格更是实惠。

056

实习结束，品红酒+面包的快乐午餐

专业的味道，家庭制作！超充实的“烹饪教室”提升了人气

▲ La Ricetta
（神奈川，座间市）

最近，一些私营餐饮店面向普通市民开设烹饪教室。怎样利用烹饪教室吸引顾客呢？关键是充实授课内容和提供丰富的试吃品，让学员们在轻松快乐的氛围中掌握烹饪技巧，满足他们的需求。

位于神奈川座间市的 La Ricetta 于七年前开设了一个烹饪教室，每月授课 1～2 次。如今，这家餐厅在当地声名大噪，为当地居民所熟知。

烹饪教室的授课地点设在 La Ricetta 的后厨和餐席，一般于周日上午 11：00（该时段餐厅不对外营业）开始。与普通烹饪教室聘请专业讲师现场展示的形式不同，这家餐厅的店主兼主厨——稻垣圭介创办这所烹饪教室的目标是“让普通人实现在家里制作美食的梦想”。采取学员现场实践的小班授课模式，这一点独具特色。

授课开始，首先稻垣主厨在全体学员面前公开烹饪一道菜，然后 4～5 人为一组进行实践。每次授课人数仅限 20 人。人数少，授课更到位。

授课的烹饪食谱分两种，一种是该店面向顾客提供的菜品；另一种是意大利家常菜。为了让学员们完善厨艺、真正掌握制作家庭美食的方法，每次授课，主讲老师只讲授两道菜。授课的内容涉及面广，从冷餐、意大利面、主菜到甜品，各种美食应有尽有。每次授课的内容都不一样，连续参加 2～3 次者，就能完全掌握套餐的制作方法。

实践结束后，学员们会把做好的食物端到餐位上，大家围坐着一起品尝。这时，餐厅会免费为他们提供主食面包。学习制作甜品时，餐厅还会额外准备美味菜品。根据授课的食谱，有时还会提供葡萄酒，为了让围坐在一起的学员们能够在学习之后享受快乐的午餐，店方的考虑可谓细心周到。

这家餐厅开设的美食课程因其丰富的内容受到学员们的推崇，现在慕名而来的学员期期爆满，声名大噪。

烹饪教室每次授课收费3000日元。学员们在实践结束后进行试吃时，虽然餐厅提供的葡萄酒有时为厂家提供的试销品，但授课时使用的食材和发给助手的补贴等成本也很高，基本上没有可赚的地方。但是，通过开设烹饪教室，店主稻垣不但能再次确认自己的烹饪水平、将所掌握的烹饪技艺传授给年轻一代，还能很好地向学员们展示餐厅清洁的后厨和完整的食物制作过程。有的学员起初在朋友的推荐下报名参加，学期结束后，还会带着亲朋好友来这里用餐，最后成了这家店的常客。所以说，该活动在开拓新客源等方面发挥着不小的作用。

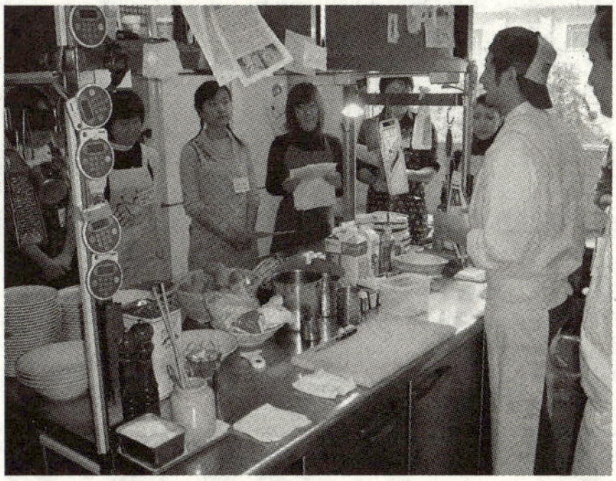

授课过程中老师认真讲解和精心制作，轻松愉快的试吃令这家餐厅声名大噪，许多对烹饪感兴趣的人慕名而来，烹饪教室盛况空前。大多数学员是20～50岁的女性，也有夫妻一起来的。据说，在家庭聚会上用得上的菜品烹饪法是学员最为好评的教学内容。

教学结束后，在烹饪教室制作美食的过程和食谱会在餐厅网页上详细登载，这在很大程度上提高了知名度。

057

四成食客发起挑战，提升揽客力的“思维训练”

席间气氛热烈
“IQ 益智游戏”折扣促销！

▲ 食・彩・BAR 月之和
（长野，松本市）

让顾客轻松用餐的手段之一——益智游戏促销近来成为不少餐饮企业的“新宠”。这种促销方式容易操作。其中，在出题内容上采用新近流行的“IQ 益智游戏”的代表性例子是一家名为“食・彩・BAR 月之和”的餐馆。该店对猜中答案的客人实行餐饮九折优惠，所谓“一招鲜，吃遍天”，利用 IQ 益智游戏，该店不但打响了名声，还吸引了大批顾客上门。

智力游戏题目在店前的宣传栏上登出，同时登出的餐饮打折优惠经常吸引过路行人驻足，其中不乏进店尝试者。另外，餐馆入口处摆着一沓印有相同问题的纸，有兴趣的客人可以随便拿。来此用餐的客人可以在等餐期间向问题发起挑战，热衷答题的客人比比皆是。来此消费的顾客中，约四成人表示愿意挑战智力问题，猜中率高达 90%。餐饮折扣在顾客结账时一并核算。

这些智力题每周更新两次，主要是从难度不大的益智问题集锦中挑选出来的。答题正确的顾客中，既有与事前不知道这项活动的朋友一起来此用餐的人，也有主动要求解答新题的人。

这项促销活动最初是在服务生与客人闲聊的过程中提出来的。原先的促销方式是在客人面前表演魔术，加深与客人的沟通。后来，有人发现与魔术相比，采用 IQ 益智游戏的方式似乎更容易拉近与客人之间的距离。客人点餐时，服务生会额外问候一声：“怎么样，您知道答案了吗？”而顾客会回复说“知道了”或“有点难”等等。从而促进了交流。

对于回答正确的客人，服务生会当面微笑着表示祝贺。这种方式有助于进一步加深顾客对餐馆的印象。

由店方出题

智力题为餐馆和顾客之间架起沟通的桥梁。受到20～40岁之间的男性及女性团体客、情侣客以及参加联谊活动的顾客的欢迎。

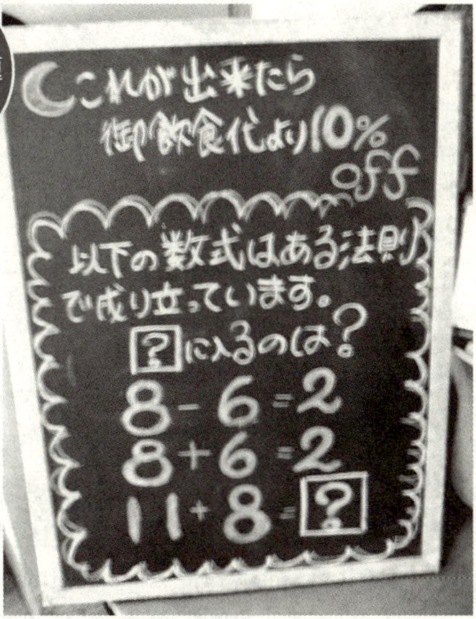

店内准备的手写题

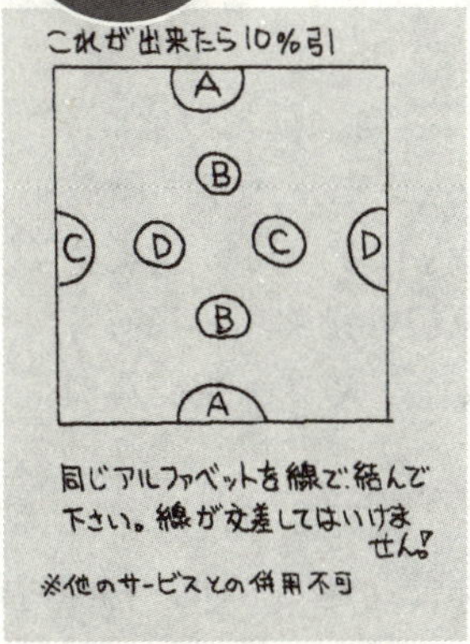

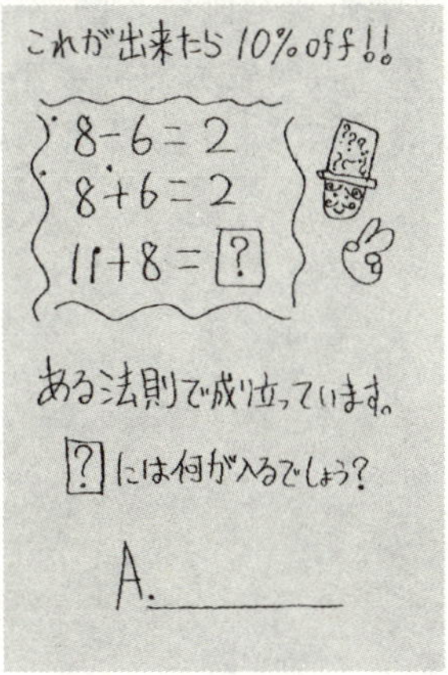

058

让活动参与者和其他顾客都感动的活动！

大好评！“可爱宝贝”摄影大赛

▲ 文字烧·什锦烧 童
（东京，练马区）

当陌生的客人聚在一起时，最爱谈论的话题往往是孩子。从“养育子女的辛苦”，到“炫耀自家孩子的优点”……一旦打开话匣子，人们常常变得滔滔不绝，沉浸在幸福之中。

根据顾客这一心理需求推出相应的促销活动、满足顾客的需求、在餐馆与顾客之间搭建起沟通桥梁的例子是位于东京大泉学园的“文字烧·什锦烧 童”。这家餐馆举办的活动名为“童，可爱宝贝摄影大赛”。可爱宝贝摄影大赛划分为不同组别，每组各设奖项，没有孩子的人也可以报名参加，提交自己童年时代的照片。大赛作品征集时间长达两个月。

顾客提交的摄影作品可以是洗好的照片，也可以通过电子邮件发送图片，最后选出 18 幅参赛作品。由店员组成大赛评审团，将经过筛选的作品在店内进行张贴展示，所有作品下方都附有一段短小的评论。经常有参加者以外的顾客申请参加下一届大赛，店内展示的摄影作品为这家店营造出一种家的氛围，更为其获得“宝贝暖心餐馆”的美誉。

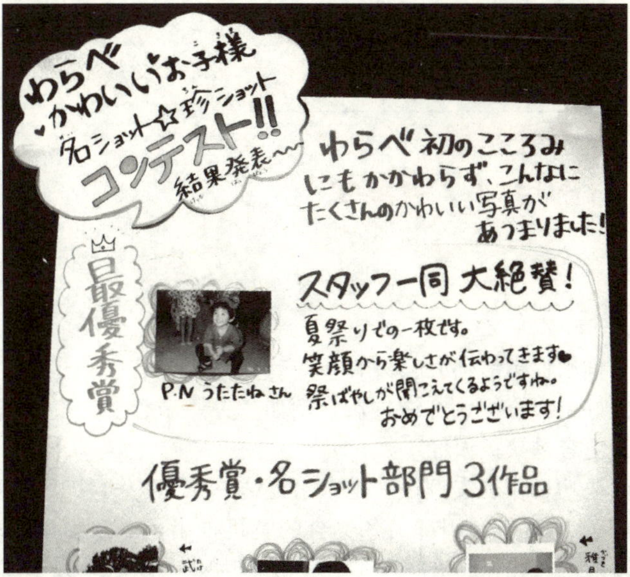

店内一角张贴着所有参赛的摄影作品。来店参观的参赛者络绎不绝，连没有参加的客人也被热情的气氛感染。

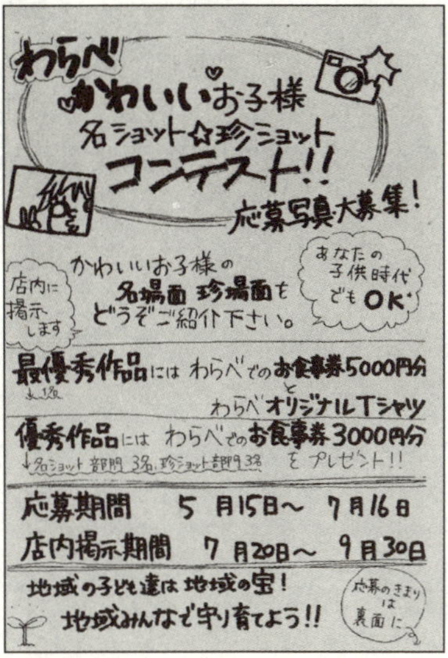

作品征集活动详见餐馆官网，征集期为两个月。

一等奖（1名），奖品是该店提供的5000日元餐券一张和特别订制的T恤一件。另设“名”作品组和“珍”作品组优秀奖（各3名），奖金是该店提供的3000日元餐券一张。

059

分设泡盛烧酒等三个组别的“美酒盛典”活动

报名参赛者络绎不绝！
长达一个月的自助“酒奥会”

▲ 梦酒 月桃
（东京，丰岛区）

餐饮企业推出促销活动时，只有在应时应季等内容上下工夫，才能激起顾客的好奇心、把顾客请进店。例如举办季节促销、健身活动促销等方式，更容易聚拢人气。

在这方面成功运作的实例之一是东京池袋一家名为“梦酒 月桃”的餐馆。该店于2006年利用都灵冬奥会的契机推出了一项促销活动，还为这项活动取了一个响亮的名字——“酒奥会”。该活动以形式的创新和趣味性得到顾客的好评。

该店举办“酒奥会”活动期间，将评选出酒量最大的人。赛事分设泡盛烧酒、日本酒、梅酒组别，各组的入场券为男性2500日元、女性2000日元。缴纳参赛费的顾客于一个月内，无论什么时间来店消费，均可免费畅饮申请参赛组别的酒水。活动期间，累计饮酒量最多的客人，将获得店方提供的奖品。

三个奖项组别中，梅酒组的参赛选手主要面向女性，奖品内容也针对女性设置。

其中，泡盛烧酒共48种，日本酒中的地方酒计18种，梅酒计23种，各种美酒应有尽有，深受消费者的欢迎。

另外，参赛选手共设60名，这种酒水自助模式需要先期投入一定成本。但是，随着参赛者来店的频率增加，在活动当月，餐馆的销售额均高于上年同期。

日本酒、泡盛烧酒、梅酒三个组别

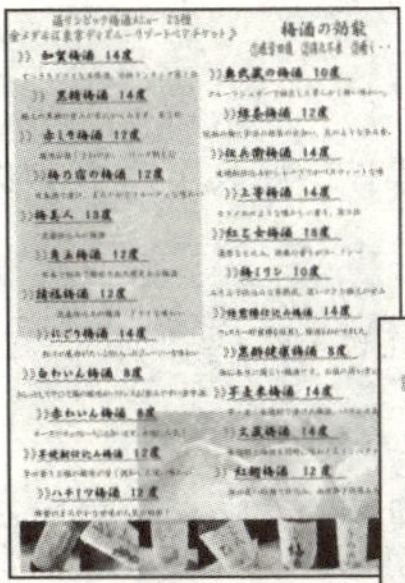

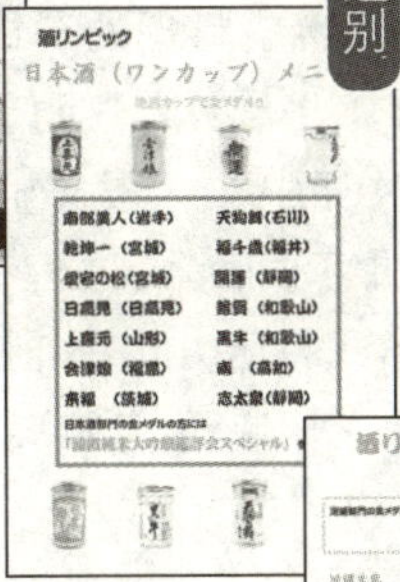

泡盛烧酒组的优胜者喝了53杯；日本酒组的优胜者喝了28杯；梅酒组的优胜者喝了75杯。杯装酒和梅酒也受到女性顾客的青睐。

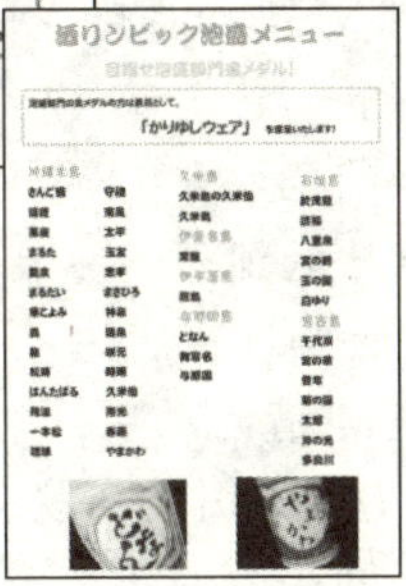

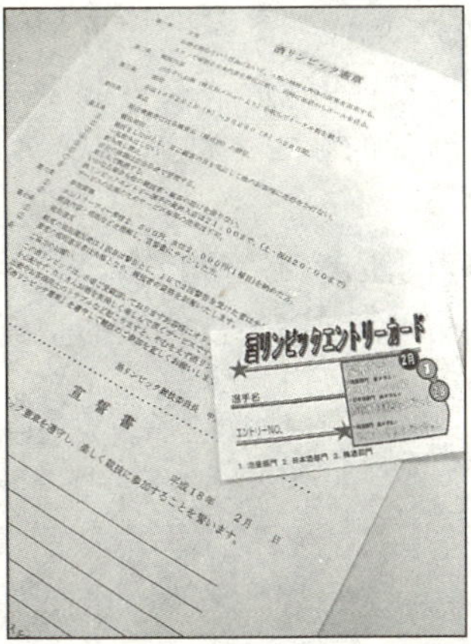

要求申请参赛的顾客填写的“宣誓书”。既能充实顾客的信息资料，又能事先提醒顾客切勿饮酒过量。

060

设置高难度问题，求解吸引回头客

午餐客增加 20%以上！大获成功的有奖竞猜→享饮料免费

▲ Spyro’s 六本木店
（东京，六本木）

什么样的促销活动最能吸引顾客？其实，与促销的内容相比，形式更重要。下面介绍的促销案例就很好地说明了这一点。

“Spyro’s 六本木店”是一家经营希腊料理的餐馆。该店推出一项“有奖竞猜卡”饮料优惠活动，使前来就餐的人数明显增加。

这项活动的规则是顾客在点餐过程中，在服务生的提示下，参与回答餐位上的有奖竞猜卡的问题。回答正确者，将获得店方提供的饮料一杯。有奖竞猜题目采用三选一形式，店方提前准备 40 道与希腊相关的问题，例如：“喝完希腊咖啡后，杯底沉淀的咖啡粉能用来做什么？”（正确答案是“占卜”）等。

这些有奖竞猜卡提前摆放在 11 张餐桌上，共计 40 种。每张餐桌上的问题都不同，难度从低到高，答错的客人不少。其中，怀着“下次一定能答对”的想法而再次来店的客人不在少数。

自从推出这项有奖竞猜活动后，来此就餐的午餐客平均增加了 20%~30%。趣味有奖竞猜卡引发热议，很多常客携亲带友一起来用餐。现在，该店每到午间高峰时段，进店消费的顾客人数就会很多，下雨天的上座率也很稳定。

另外，这项活动为拉近餐馆与顾客之间的距离创造了机会。一些午餐客在晚间时段也会来店，有的还会预订聚会宴请餐，餐馆的生意日益兴隆。

创造沟通机会
↓
为餐馆赢得大批“粉丝”

有奖竞猜为餐馆与顾客之间架起一道沟通的桥梁。来此用餐的顾客与热情豪爽的店主（照片右）之间的交流为餐馆赢得了大批“粉丝”。有奖竞猜卡也是店主的杰作。

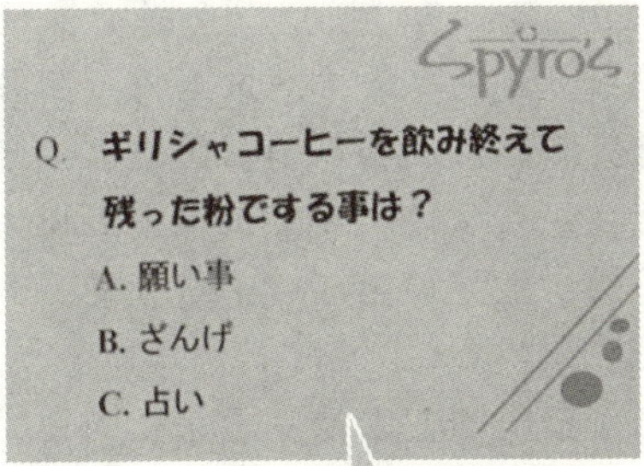

与希腊相关的有奖竞猜问题成为街头巷尾热议的话题！

061

南京玉竹帘、钱太鼓……传统表演令席间气氛高涨！

免费观赏的顾客参与型 宴会杂耍表演，赢得回头客

▲ 和食厨房 松
（东京，台东区）

餐馆员工在来店用餐的顾客面前表演魔术，在客人生日等有特殊纪念意义的日子送上一份精心准备的礼物……这种带有表演性质的促销方式能够展示店铺“独此一家”的亮点。而且，店方还能探讨推出更多让顾客快乐用餐的创意。其中，位于东京上野的“丸谷宾馆”内的一家名为“松”的日本料理店就面向来店用餐的顾客推出了一项免费观赏的“传统表演”。该活动作为团体宴的助兴节目，受到顾客的一致好评。

“松”面向团体宴客人推出的传统表演主要是“南京玉竹帘”和“寿狮子舞”等。根据宴会目的和消费群体推出不同节目。这项本来需要花钱才能欣赏到的杂耍表演，现在免费就能看到。加上上野得天独厚的地理优势，成了参加修学旅行的学生和该店周边上班族的一个好去处。

考虑到控制成本的需要，店内表演杂耍的艺人清一色是在同集团旗下丸谷宾馆上班的内部员工，店方初期选派专人送到文化学校学习杂耍表演，学习结束后返回餐厅表演。个别杂耍项目还会邀请客人一起参加，令席间的气氛更加活跃。

宴会表演主要面向每桌满 8 名以上的团体宴预订者（按酒水自助分 4800 日元和 6000 日元），最受预订庆祝酒会的企业客户的青睐，举家来此用餐的回头客也很多。每逢宴请高峰，表演杂耍的店员来回于各间包厢，席间热闹非常，为餐馆赢得了大量回头客。

宴会杂耍表
演之一
南京玉竹帘

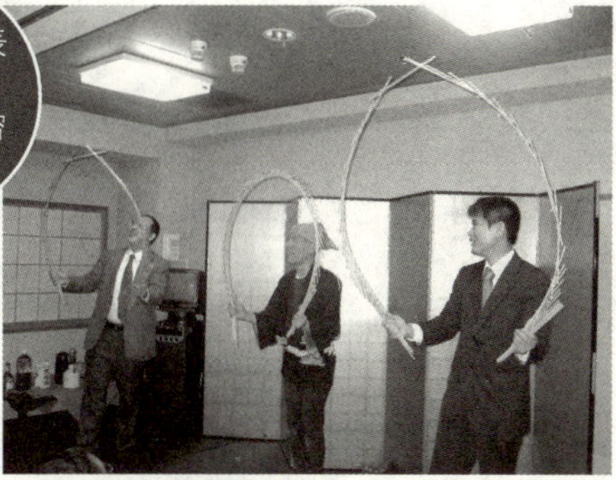

宴会杂耍
表演之二
钱太鼓

宴会杂耍
表演之三
狮子舞

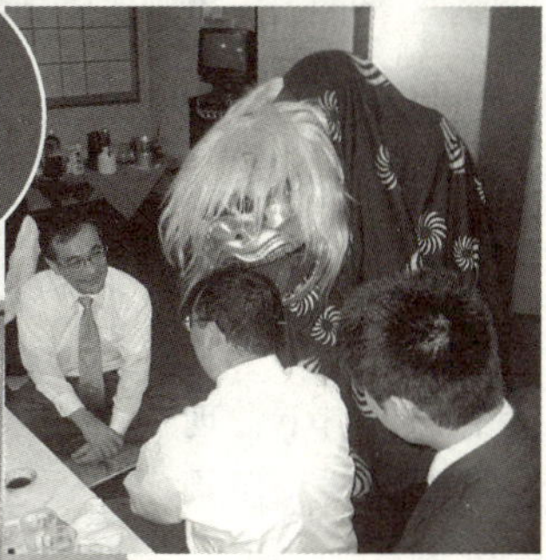

狮子脖子上挂着铃铛，跳舞时叮当作响。根据宴会目的和消费群体推出不同节目。

062

男女顾客共四种优惠，雨天用餐也开心！

口口相传，扩大人气！超充实的“雨天用餐优惠”

▲ 六本木 BAR DEL SOLE 总店
（东京，六本木）

为了增加雨天的上座率，推出各种促销活动吸引顾客的餐饮店很多。其中，有一家餐饮企业制定了一套完善的揽客方案，这项“雨天招牌优惠”活动在顾客中有着极大的知名度。这就是经营意大利本土料理的“BAR DEL SOLE”。该餐饮集团在东京都内一共开设了四家分店，各门店一律实行同一优惠促销活动。

这项“雨天优惠”一般在午餐时段推出。活动最大的亮点是对雨天进店消费的顾客提供四种优惠。其中一种是数字抽签，两个骰子掷出同数的顾客可享受用餐折扣。这项活动的中奖率并非百分之百，但最高达50%的优惠幅度相当吸引顾客。

另外三种优惠是来店顾客都能享受的。其中一种是一杯免费饮料，例如该店自制的浓缩咖啡或平时售价 600 日元的大杯生啤，不少午餐客都喜欢点这种生啤。

另一种优惠是午餐甜品——自制意大利冰激凌 Gelato，随便吃不限量。这项优惠最受女性顾客的好评。最后一种优惠是大份午餐加量不加价。自从该店推出这项优惠活动后，下雨天来此用餐的男顾客也开始增加，其中 80%的人会点大份午餐。

在多项雨天优惠措施的吸引下，现在雨天来此用餐的顾客甚至比平时还多。尽管店方从不做宣传，但是凭借顾客的口碑传播打出了名气。以该店周边企业的上班族为中心，每到雨天，人们第一个想到的就是这里。近来，该店又开始准备推出新的促销活动。

掷中即享折扣!

掷骰子促销。顾客掷出的数字不同，享受的折扣也不同。服务生把折扣卡当面交给客人，结账时一并核算。

意大利冰淇淋Gelato，随便吃不限量!

在下雨天推出午餐甜品——自制意大利冰淇淋Gelato，随便吃不限量。共8种，顾客可以品尝到各种口味。

063

回顾餐馆历史，引发热议的答谢促销

传递“答谢”情，提高关注度！餐馆20周年纪念活动

▲ 汤屋　涩谷店

（东京，涩谷）

餐饮企业通过举办“周年庆典”等庆祝活动向广大新老顾客传递答谢之情。这是扩大自身影响力、重新加深顾客认识度的良机。

位于东京涩谷区的“汤屋”是策划这类周年庆典并取得成效的典范。2004年，该店在举行创业二十周年庆典活动之际成功地推出了一系列丰富的促销活动，引起人们的广泛关注。

“汤屋”家的秘制汤品在当地堪称一绝，最受以女性顾客为中心的“吃货”青睐。这家店地处餐饮业竞争激烈的涩谷区，长年受到食客们的推崇。该店人气长盛不衰的秘诀除了各种美味汤品，（截至2004年）还先后举办了14届“汤名征集”活动，并推出系列有奖竞猜活动。也就是说，这家店一直致力于构建顾客与餐馆之间的互动体系，邀请客人参加店方推出的促销活动。时值餐馆迎来20周年店庆，在综合以往各种活动精华的基础上，该店又推出新的系列活动以回馈新老顾客。

首先，该店推出了系列怀旧汤品，从5月份开始，每月提供三道。除了营造怀旧氛围外，还意在增加点餐率。在此基础上，又推出“汤屋征文”和“奖品收藏”活动。征文活动头等奖的奖金高达3万日元，每月投稿超过200份。

其次，店方专门制作了一本汤屋“大众传媒20年史”。这本制作精美的画册收集了杂志上登载的所有与汤屋相关的文章报道。在每张餐桌和每家门店都能看到。

此外，该店将以上三种促销宣传内容和画册装订成书，书名就叫“20年菜单”。这本书因封面设计精美、装帧考究，受到顾客的一致好评。

以上这些促销活动不但受到常客的欢迎，还让不少头一次来此消

费的顾客大开眼界。在这个经营历史悠久、充满传统韵味的店里品尝美食，其独特性吸引了一批新客，其中还有举家前来体验的人。

菜单花样经常翻新，推出系列怀旧菜单。重现过去的人气菜单，每月提供三道。

促销1
怀旧菜单

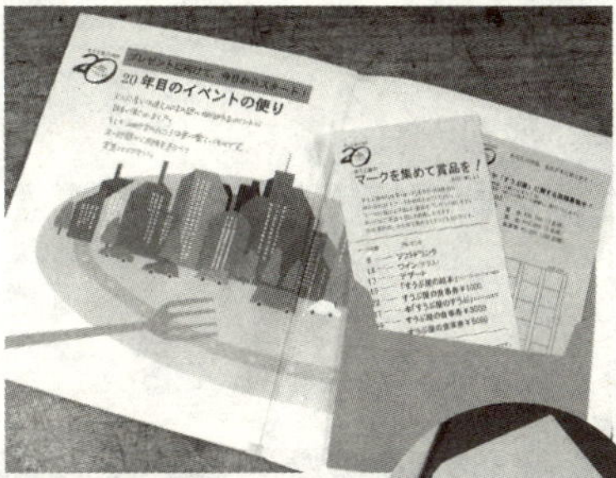

将20年间推出的三种促销宣传内容整理装订成书，书的开本很大，设计模仿菜单制作。

促销2
征文&奖品

“汤屋征文”大赛头等奖奖金为3万日元。每月收到的稿件数达200份。

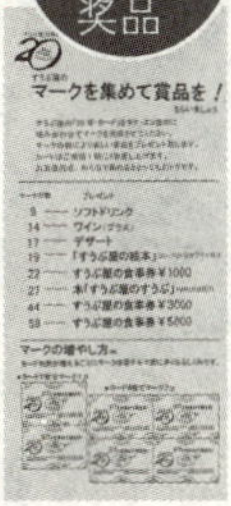

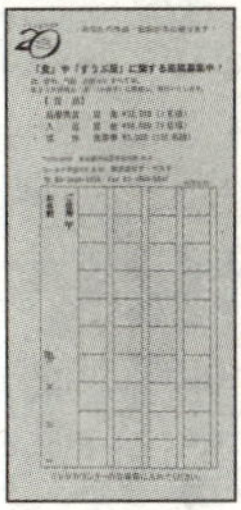

每次用餐时，效仿“盖章拉力赛”的方式收集图章留念，并领取奖品餐券。

这本制作精美的画册收集了杂志上登载的所有与汤屋相关的文章报道，是回顾餐馆创业历史的好机会。

促销！
大众传媒20年史

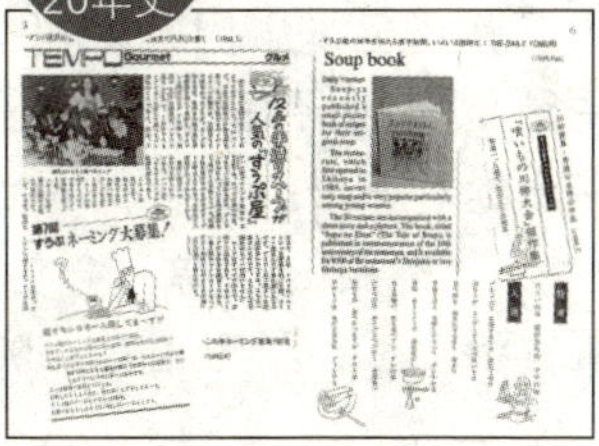

064

披盔戴甲，大碗喝酒！！

“战国武将穿越！？”的生日盛宴

▲ 个室乃世 大河之舞

（东京，新宿）

举办促销派对的餐饮店很多，但是与促销活动的主题相比，商家应该在活动的内容上推陈出新，从引导刺激消费和活跃现场气氛上着手。

生日蛋糕上写着客人的名字。一杯酒下肚，兴奋之余，是不是有一股战国儿女所特有的豪情壮志呢？20～40岁之间的上班族顾客最愿意体验这种别样的感受。

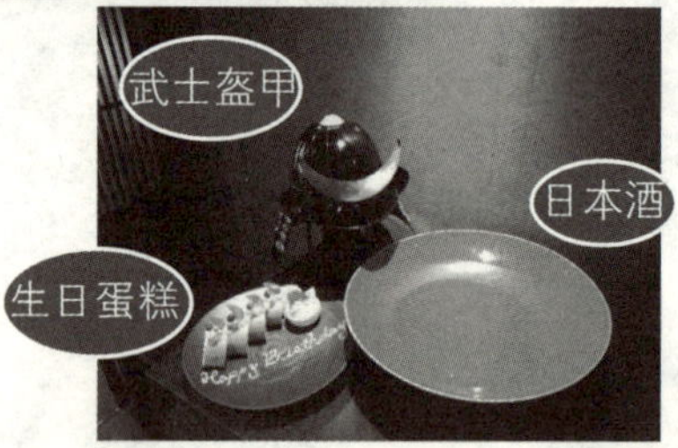

有一家店很有特色，店内随处可见古代士兵用的盔甲和长枪等。该店的特色主题是“战国时代”。在这家名为“个室乃世 大河之舞”的店里，有一个绝对新奇的生日祝福活动：面向来店用餐的客人提供“武士盔甲”“盛日本酒的容器”“生日蛋糕”三件一套的生日套餐。这种生日套餐售价不贵，只需花费1500日元。在这项“另类”促销活动的吸引下，每周生日套餐的预订量多达 10 组。

凡预订这款生日套餐的顾客，男性要头戴武士盔甲，端起一只直径达 50cm、盛日本酒的红色大酒盅豪饮。怎么样？头戴盔甲，大碗喝酒……是不是有一种战国人才有的豪情壮志呢？这么好玩的生日庆祝，不但让现场宾客感到有趣，席间的气氛更是热到爆棚。不但受到年轻顾客的追捧，连 40 多岁矜持稳重的上班族也玩得很开心。

065

章鱼烧店推出“创意调味汁”

邀请顾客参与的创意征集活动

▲ 第八蛸华丸 AQUA CITY 台场店
（东京，港区）

面向社会公开征集创意食谱。商家采用这种促销方式时，只要在操作方式上加以创新，一定能收到意想不到的效果。专营章鱼烧的“第八蛸华丸”店每年年末都会推出一项名为“创意调味汁征集”的活动。参加征集活动的人数年年递增，收到了良好的效果。

迄今为止，从这项征集活动中脱颖而出的创意调味汁包括“柚子醋”、“味噌黄油”、“番茄蛋黄酱”等。每一种都是该店的特色限定品，而且各门店均有供应。这些创意配方不但赢得了大众口碑，而且人气火爆。参加征集活动的顾客先在明信片上填好推荐调味汁的配制方法，然后通过邮寄方式发出。

这种明信片的重点在于，参加征集活动的人需要在明信片上贴邮票，因此在游戏的基础上多了一丝严肃认真的意味。当然，作为承办方，“第八蛸华丸”征集的作品绝对有模有样。

作品被采纳者自不必说，而即使是作品未被选用的客人，也提高了对该店的关注度。该店通过举办这项活动，不仅对提高知名度起到了很好的口碑宣传作用，而且吸引了众多顾客到店消费。

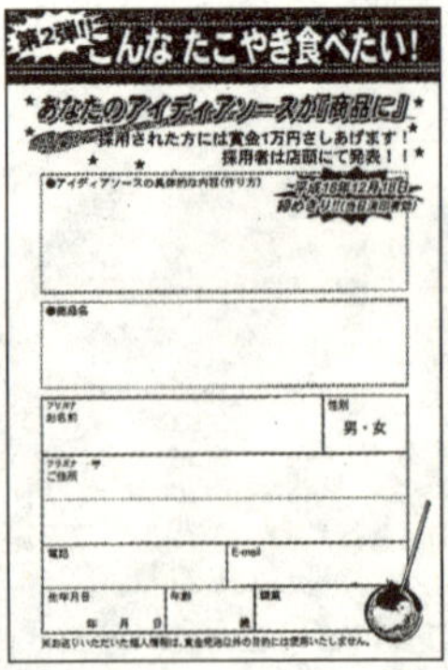

066

体验“COSPLAY”扮装快乐，餐馆人气火爆！

话题！中国旗袍变装秀

▲ 一口饺子 姑娘
（东京，港区）

怎样让顾客吃得开心？好的创意来自大胆的构思。有这么一家餐馆，该店为进店消费的顾客营造并提供了一种新鲜的用餐体验，成为热门话题。

在这家名为“一口饺子 姑娘”的店内，每到周六，都会推出一项特殊预约服务——为来店消费的顾客免费提供中式服装。店里的服务生统一穿着中式服装，为就餐空间营造出与众不同的氛围。穿中式服装，体验“扮装秀”，这招奇特的经营方式，果然引得食客盈门。

该店向顾客提供的“扮装”服务中，为女性顾客准备的是“中式旗袍”，为男性顾客准备的则是“中式长袍”。旗袍款式多样，花色各不相同，共计30多款，可供客人任意挑选。

客人在这里消费期间，身穿中式服装，享受美酒佳肴。很多客人都喜欢用数码相机或手机拍照留念，场面相当火爆。

餐馆为女性顾客准备的旗袍款式多样，花色各不相同，共计30多款，可供客人任意挑选。另外，还备有中国扇子等精致的小饰品。

067

玻璃球一把抓，抓多少送多少章鱼烧

提升菜单魅力的“一把抓”

▲ 异国屋 摩诃奇异餐厅
（东京，池袋）

餐饮企业若想在菜单上出奇制胜，突出特色是关键。

这方面最典型的例子之一是位于东京池袋的居酒屋——“异国屋 摩诃奇异餐厅”推出的“章鱼烧　顾客一把抓”530 日元促销活动。凡点这道菜的顾客，服务生会立刻端上一只装玻璃球的小篮供客人抓取，一次抓到多少玻璃球，就可享受多少章鱼烧。

这些玻璃球有大有小，有的顾客一把抓下去，大部分都从指间漏掉了。对于抓得少的客人，服务生还会半调侃地打趣道：“啊，就这么点啊。”于是，不少客人纷纷要求加点，再挑战一次。对于一次抓得多的客人，服务生会当场表示祝贺——“真厉害，您一把抓了 10 个!”这样的场面常常引起店里其他客人的注意，于是很多客人都表示要追加参与。

这家以趣味菜单著称的餐馆以好玩有趣的“一把抓”活动吸引了众多年轻顾客和团体客的光顾。

『玻璃球一把抓』可不是件容易的事。对于抓得少的女顾客，另有好吃的章鱼烧赠送。

068

“日本独有的‘道具’”，本土创意吸引外国客

“日本武士服”摄影留念

▲ 赤坂 时代屋
（东京，赤坂）

现在，很多日本本土料理店相继推出来店用餐纪念照拍摄服务。其中，一家叫“赤坂 时代屋”的餐馆推出的纪念照因形式新颖、场面火爆，引起了热议。

这家餐馆的特色是环境舒适雅致，富有浓郁的东瀛情调，深受外国客人的喜爱。该店的周边分布着一些外资企业，因此经常需要接待外宾。餐馆老板为了吸引外国客人来店消费，面向这些特殊的消费群体免费提供古代武士佩戴的假发、配饰、仿真战刀等本土传统服饰，来此用餐的客人可以穿戴这些服饰拍照留念。相关信息通过餐馆官网公布，因此前来体验异国风情的外国人很多。

此招一出，不但对餐馆起到了宣传推广的作用，还成功地吸引了一批外国客人到店消费。而且不仅限于外国人，在本土顾客中也获得好评。对于不知情的顾客，服务生会主动告诉他们店里有纪念照活动。很多客人都乐于体验。

每天来此用餐的外国人约3～4组，很多外国人都乐于体验扮成武士拍摄纪念照。另外，本土顾客在此举办宴会时，日本武士服也是一个调动现场气氛的优秀“道具”。

Chapter 5

提升待客力和改善力！
调动员工积极性

069

喇叭叫卖，吸引眼球的表演

新鲜豆腐叫卖
一天 60 份，超人气“豆腐坊营销”！

▲ 炭火烤鸡肉串和海鲜料理店 甍之波 要町店
（东京，丰岛区）

让服务生一边推着餐车，一边向店里的客人挨个推销的方式最容易吸引眼球。在此基础上，如果在推车营销的形式上加一点表演成分，还能让员工“在待客中获得乐趣”。采用这种推车营销模式并一举获得成功的实例是在东京都内开设了两家分店的餐饮集团——居酒屋“炭火烤鸡肉串和海鲜料理店 甍之波”。

该店自称“豆腐坊”，店里有一道特别菜式——自制鲜豆腐（每份售价 330 日元），推车叫卖。不但这家店的店名让来此用餐的顾客眼前一亮，其上菜方式也别具特色。这道“人气招牌豆腐”的日点单量高达 60 份。

招牌豆腐于每天的 18：30、19：30、20：30 开卖，恰好是传统豆腐贩子出门做买卖的时间，相关信息在餐馆菜单上公布。因为受到食客的好评，现在，每天 21：30 追加供应一次。每天四次，“豆腐小贩”闪亮登场。

制作豆腐的原材料选用北海道产大豆，用店内配备的豆腐机制作。每次一般能出 15 份豆腐。每当新鲜豆腐做好时，餐馆服务生就把豆腐放在推车上，一边推着车，一边在店里来回叫卖。

每次正式开卖前，店内就会响起传统豆腐坊那令人熟悉的喇叭叫卖声。该集团旗下的两家分店规模都很大，每次可容纳上百人同时用餐，因此服务生先通过喇叭在客人面前广播新鲜豆腐出货的消息，接下来，一名服务生一边推着装豆腐的餐车向前走，一边挨个向每个餐位的客人询问要不要来一份。在这种带有表演性质的现场销售的推动下，加上眼前热气腾腾的新鲜豆腐，看到的人没有不动心的。第一次来店的顾客几乎都会点一份品尝。

另外，喜欢这种“豆腐坊”销售方式的回头客也很多，不少团体客还会按人数点这种豆腐。因为一次最多只能制作 15 块豆腐，所以往往供不应求，一售即空。餐馆的生意相当红火。商家借豆腐之力，使食客乐在其中，销售量节节攀升，该店声名大噪。

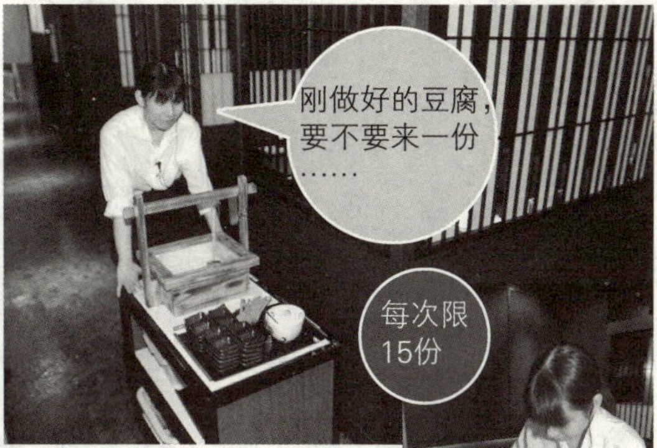

装在竹筒中的白嫩豆腐，上面撒一点蒙古岩盐，尽享其美味和醇厚的口感。

服务生一边推着豆腐车，一边挨个向客人推销。有客人点单时，立刻舀出一块豆腐端给客人。

070

独家菜式，每周一换，轮番上档

制造话题！提高厨艺！
五位大厨各显身手的“竞争午餐”

▲ 银座 香季庵
（东京，中央区）

餐馆推出的菜式需要定期调整。每天一换或每周更新，菜式要常换常新，避免顾客喜新厌旧，这是餐饮业经营的常规做法。其中，不仅做到菜式新颖，还突出自身“个性”特色，引得众食客纷至沓来、大快朵颐的是一家名为“银座 香季庵”的餐馆推出的“大厨竞争午餐”950 日元活动。

这家餐馆用了什么绝招呢？说白了就是请来五位掌勺大厨，每周一位，为上门消费的顾客提供各色“独家菜式”。来此用餐的食客们不但能尝到五种风味的美味，其促销的方式也堪称一绝。

这种“轮番上档的竞争午餐”的相关消息在店内招牌上公布，上面还附有每位大厨的照片，摆放在餐位上的菜单里也有注明。菜单上每位大厨的自我介绍和各自擅长的菜式内容都是由每位大厨用荧光笔手写而成，因此这些菜单的写法也各具特色，字里行间透露出每个人的个性，让来此用餐的客人眼前一亮，起到了很好的宣传作用。

此外，与“竞争午餐”的设计初衷一样，这项活动有力地促进了店内员工在推销菜品等方面的竞争，加速了菜式品种的推陈出新。

餐馆每次开发新菜式时，会把从食材订购到成本核算等所有环节的工作全权委托给员工。这样做不仅调动了员工的工作热情和积极性，还有助于其增长见识和水平，可谓一举两得。

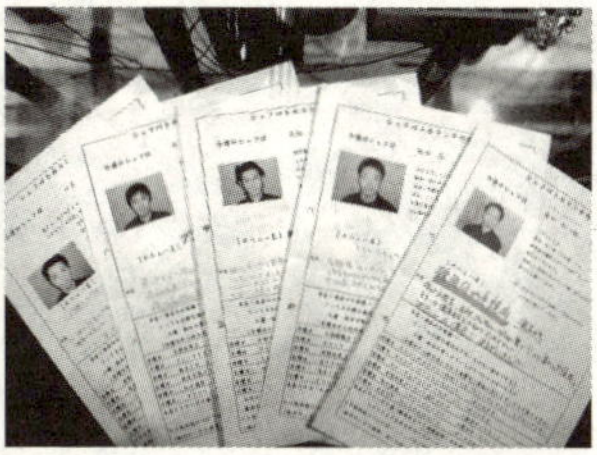

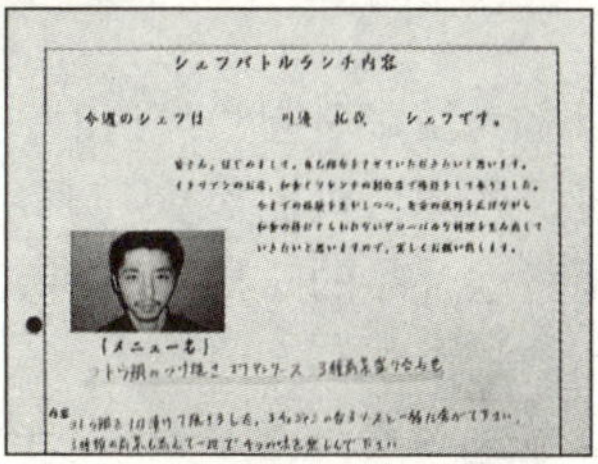

餐位上的手写菜单，字里行间透着个性，起到了很好的宣传作用（图中从左到右，分别是川边大厨、饭田大厨、原店主兼大厨、高桥大厨、庭田大厨）。

店前设置的招牌，最上面是几位大厨的照片，对顾客绝对有吸引力。

由川边大厨研发的新菜式“韩式浇汁海鲂配三种开胃菜拼盘套餐”，另有沙拉、汤品、甜点和咖啡奉送。让食客美餐之余，大呼过瘾。

071

客人离店之际，追上去送礼品

一份土特产“味噌汤”助兴的“送客之道”

▲ 中目黑 天边
（东京，目黑区）

客人结账后起身离店时，是加深顾客对餐馆印象的一个关键时刻。此时，若能借机向客人赠送一份小礼品，往往可以收到不错的效果。但是赠送礼品的时机也有讲究，时机选对了，带给客人的印象也会截然不同。

在这一点上，一家叫“中目黑 天边”的人气居酒屋的做法就很值得参考。这家店在顾客离店之际，会送上一份速溶味噌汤。因为赠送礼品的时机得当，所以赢得了广泛关注。

该店在客人结账后起身离开时，服务生会取出一包味噌汤交给客人，然后一直目送客人远去。负责送行的服务生先把赠品藏在身后，一边恭恭敬敬地说些客套话，一边从身后取出，然后诚挚地将这件小礼品交到客人手里。面对这份出其不意的馈赠，客人往往会感到一丝意外和惊喜。如果这名顾客是一位女白领，服务生还会体贴地加上一句“您可以在明天午休时间品尝一下”之类的话。

大多数餐馆的做法是在客人结账时赠送一份纪念品或礼品，与日本餐饮业奉行的“将顾客送到店外”的规定不符。而这家餐馆沿袭了这一待客理念。这样做的好处是不但拉近了顾客与餐馆之间的距离，而且因为店员会热情地把客人一直送出店外，使得好客理念在这里得到了充分体现。

一包味噌汤的进价约为 29 日元，仅仅在这一项上的投入，每月就需要 6~7 万日元。但是这项贴心措施不但加深了客人对餐馆的印象，而且也是一种有效的宣传方式。

一份小小的赠品，在顾客和餐馆之间架起一座沟通的桥梁。这项措施得到客人的一致好评，对吸引回头客贡献不小。

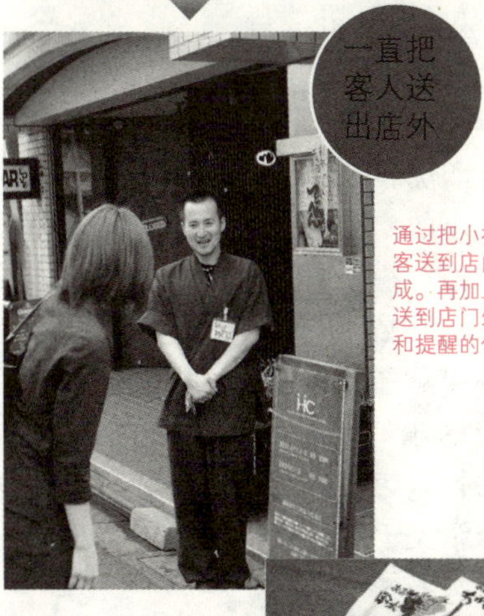

通过把小礼物亲手交给顾客的方式，使得“把顾客送到店门外”的服务在良好的氛围中自然地完成。再加上该店的待客方针是“再忙也要把顾客送到店门外”，因此这种方式能对店员起到督促和提醒的作用。

味噌汤分主料和味噌酱两包，共四种。之前的赠品是小笔记本或橘子。

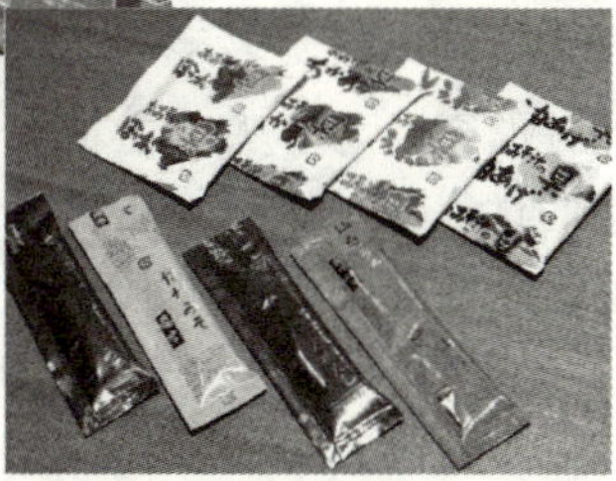

072

顾客与新店长"交换名片"，即赠烧酒一瓶

留住顾客有绝招！获好评的"新店长任职会"

▲ 海鲜居酒屋 花之舞

通过问卷调查等方式收集顾客个人信息的餐饮企业比比皆是。但是随着对个人信息泄露等问题的担忧，不愿轻易透露个人信息的客人越来越多。即使是经常来店用餐的回头客，想问清客人的姓名也不是一件容易事。

为了在餐厅与顾客之间搭建起一座沟通的桥梁，通过"交换名片"的待客方式和客人建立真诚友好的关系，让客人吃得开心、吃得满意。像这样把留住顾客和餐厅改良有机结合的成功案例是股份公司Chimney开设的连锁居酒屋——"海鲜居酒屋 花之舞"。

在"花之舞"，每逢新店长上任，店里都会举办一场隆重的"新店长任职会"。在此期间进店消费的顾客，与新店长主动"交换名片"者，将获得店方赠送的"花之舞"自酿烧酒一瓶。

交换一张名片，就能获得如此丰厚的赠品，这样的好事何乐而不为？于是，主动与新店长交换名片的顾客纷至沓来。借新店长上任的良机，店方收集了大量重要的客户名片，成果可谓不菲。

这些收集的名片由专人保管，一律贴在一个专用记事簿上。除了在店内举办促销活动时发送DM宣传单外，新店长前往周边企业拜访时也能派上用场。新店长前往拜访同行餐馆或周边企业时，如果遇到交换过名片的客人，更容易向对方介绍关于本店推出的团体宴等各种优惠促销信息。

另外，双方交换名片时更容易与客人建立良好的沟通关系，这也是该店推出这种促销活动的优点之一。以新店长上任为契机，作为店里的一把手，新店长更容易从顾客那里了解到其对本店的感受以及对菜品的评价等第一手资料，从而推动餐饮服务质量的提升。

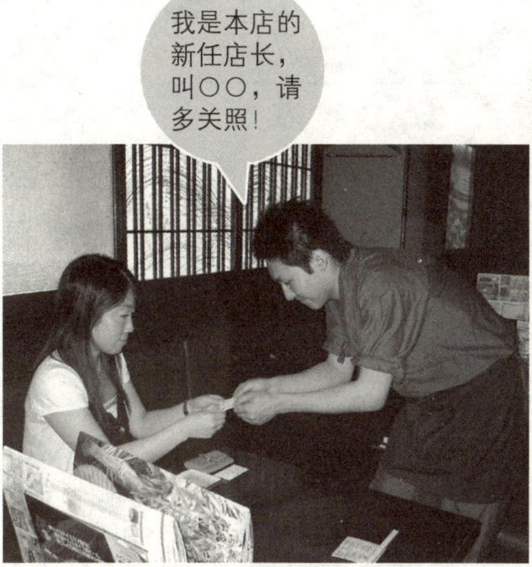

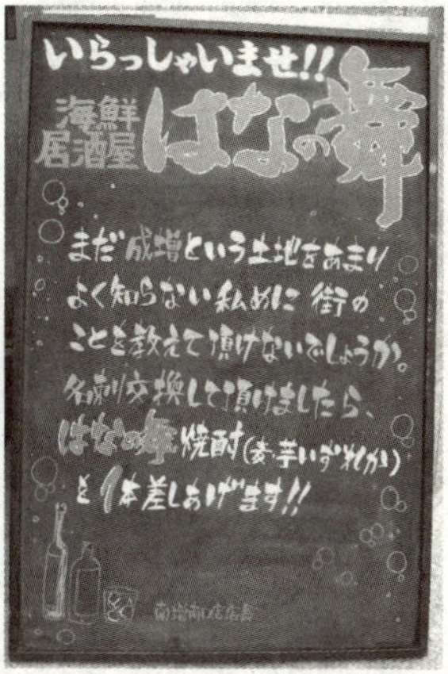

该店的招牌十分醒目——“作为本店的新任店长，我对这一带的市街还不熟悉，请多多指教！”如此低调的措辞，更容易让来此用餐的客人产生亲近感。

有顾客提出和店长交换名片时，店长立刻走到客人所在的餐席，与对方客客气气地寒暄一番，然后互换名片。

“花之舞”自酿烧酒从厂家大批量订购，有效地控制了成本，受到该店的核心顾客群——中老年客人的一致欢迎。

073

面向“潜力顾客”发放意见征询表，DM 回收率达 65%！

新顾客用红纸，老顾客用蓝纸。两种《意见征询表》留住回头客！

▲ 烤肉 万野
（大阪，大阪市）

为了了解顾客的心声、收集顾客信息，很多餐饮企业选择采用《顾客意见征询表》的方式，但实际收效甚微，要么得不到足够的信息，要么对增加上座率和改善餐厅服务质量起不到太大作用。大阪市有一家叫“烤肉 万野”的餐饮店，该店通过调整《顾客意见征询表》的内容和发放形式，不但起到了促销的作用，而且与来店用餐的顾客之间建立起了稳定密切的关系，成功地实现了顾客信息管理。

该店于 1999 年创办之初，就在顾客管理上下了一番工夫。该店用来管理顾客档案的工具是一种名为“通信簿”的征询表。这种表的特点是一式两联。

两种不同的征询表中，一种针对不熟悉的新顾客，表名为“笑脸通信簿”。普通餐馆的做法是把《顾客意见征询表》摆在每个餐位上，该店则是由服务生当面交给客人。此外，发放征询表的对象不是所有顾客，而是可能成为回头客的“潜力客户”。

征询表的内容主要包括客人对菜肴的满意程度、客人的姓名住址等。这些信息最终输入 POS 机。对于填写征询表的客人，店方会于两周内寄出附优惠券及手写感言的 DM 宣传单。在这家店里，这种 DM 单的回收率高达 65%。

另外，对于经常来店消费的老顾客，每次客人来店，服务生都会将蓝色的《顾客意见簿》交给客人填写，然后从 POS 机上调出这名顾客的信息和口味偏好，根据相关内容向客人推荐菜肴，提供 VIP 级服务。对顾客信息进行汇总处理，再根据相关信息提供周到的服务，还有多种优惠促销活动。这些措施不但为该店留住了顾客，而且利用 28 坪的面积，取得月销售额突破 1300 万日元的骄人业绩。

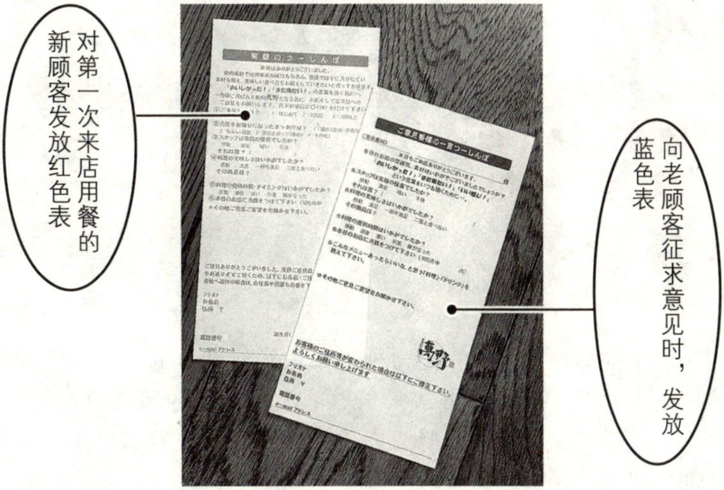

红色表名为“笑脸通信簿”，用于收集顾客信息；蓝色表名为“顾客意见簿”，用于收集顾客意见。

「炭火焼萬野」からご意見番様への感謝の便り

焼肉萬野の木村江美です。「おおきに・・」の言葉が似合う京都府出身の元気娘です。おっとりタイプに見られますが毎日、店の中を駆け回るのが私の日課。働きだしてもう3年。皆様には本当にかわいがってもらてます。感謝・感謝です。

この夏メニューに新しい顔ぶれが登場

萬野に「サム」登場！？サムとは韓国語で「包む」という意味です。韓国では、お肉を野菜で包んで食べるのが当たり前。今回、萬野流に「温野菜（サムセット）」と称し、蒸し豚と3種の茹で野菜をセット！。野菜に特製の味噌をつけて、蒸し豚、ライス、キムチ…、もちろんお肉も。さあ、大きな口をあけてパクリ。さっぱり&ヘルシー。私もちょっとスリムになるかな？

その他、新鮮さと素材がウリの「ミノの刺身」「ココロの刺身」は私のお薦め（やみつきメニュー）。「涼風冷しクッパ」は料理長の自信作（味と内容は見てのお楽しみ）この夏も新作をそろえてお待ちしております。

今後とも多数のご意見をお聞かせくださいませ。究極に美味しく、感じの良い焼肉店を目指して参ります。

元気娘 木村江美

ご意見番特典

- 現金精算毎に金券レシート発行。
- 50ポイント毎に特選素材をプレゼント
- ご意見番席をご予約、来店前にお電話でご意見番No.（裏面）を申しつけ下さい。（席数限定）

＊ご意見ポイントが200ポイント貯まるか来店20回のどちらか早い方で、特別ご意見番にランクUP。

- 来店毎にシェフのお薦め一品プレゼント
- ポイントの加算が、通常の1.2倍となり、貯まりやすくなります。

やきにく 萬野 ご意見番カード

Tel 06-6775-11

大阪市天王寺区勝山4-10

桃谷寺田町環状線高架下114,

两周内向填写红色征询表的客人寄送DM宣传单。细致周到的贴心服务对提高上座率、吸引“回头客”相当有效。

074

根据交流和有奖竞猜决定折扣率！拉近与顾客距离的好感待客

与顾客沟通升级！
“交流型” 折扣

▲ 三味线 涩谷店

（东京，涩谷）

除了提高餐厅的待客能力外，采用记住顾客的姓名、掌握与顾客之间的人际交往技巧等方法吸引顾客上门消费的餐饮企业越来越多。那么，怎样才能做到魅力服务、待客如亲呢？关键在于在餐厅与顾客之间搭建起一座情感交流的桥梁。

于2005年正式对外营业的居酒屋“三味线 涩谷店”以“梦想、活力和感谢”为主题，把待客服务质量作为经营重点来抓。该店从很早就开始为来店用餐的顾客推出一项“交流型”折扣服务。提供服务的方式是服务生和顾客一起对用餐价格进行议价，最后确定本次用餐享受的优惠幅度。考虑到为顾客提供一杯免费饮料或用餐打九折等促销形式过于单一，虽然能起到一定的宣传效果，但影响力较小。为了进一步加大宣传力度，店方决定通过知名美食搜索网 GuluNabi 和 Hot-paper 等定期发布店内最新促销信息。

来这家店用餐的顾客就座之后，服务生首先会告诉客人关于用餐优惠的情况，然后双方就用餐折扣进行协商。协商可以在点餐过程中进行，也可以最后以有奖竞猜或游戏等方式决定享受几折优惠。有奖竞猜的内容五花八门，有时是服务生的年龄，有时是出生地……参与活动的过程中，有的客人甚至因为对某服务生的年龄和外表看法不一致而相互较劲，现场气氛热烈，热闹非常。凡回答正确者，至少可享用餐九折优惠。对于猜错的客人，店员口头上给予九五折优惠。而在实际结账时却给予九三折优惠。这样一来，没猜中的顾客也会喜出望外。

该店推出这种促销活动之初，议价结果只能由店长说了算。后来，为了让兼职工或小时工也参与进来，就把活动形式改为了有奖竞猜等。其中，很多顾客在享受到实实在在的优惠后，还会当场预订下次用餐，从而有效地吸引了更多的回头客。这种情况平均每天有 3~5 件。

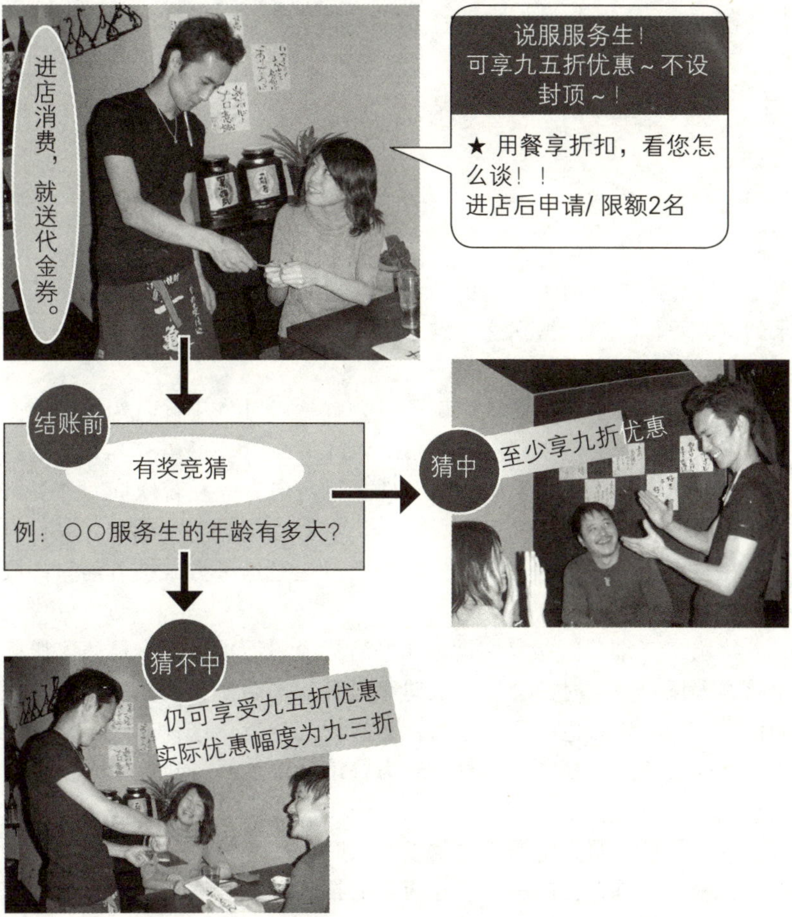

最后通过有奖竞猜决定客人享受的优惠幅度。回答正确者至少享九折优惠。没猜中时，店员口头上给予九五折优惠，而在实际结账时给予九三折优惠，让顾客喜出望外。

075

根据来店次数提供服务，突出“特别感”

“头次来店”“数次来店”“长期光顾”采用“三细分”法提高待客质量

▲ KODAWARIMON IKKA 本八幡店
（千叶，市川市）

让客人吃得有面子、享受“特殊待遇”已经成为时下餐饮企业追求的待客目标。为了做到这一点，在餐厅员工之间共享顾客信息是一种行之有效的办法。

这方面有一个值得借鉴的例子，它就是以日本千叶县为中心、开办了五家分店的居酒屋“KODAWARIMON IKKA”。每当有客人走进这家餐厅并就座后，服务生做的第一件事就是向客人礼貌地询问“是第一次来店用餐？以前来过几次？还是经常来店消费？”然后将相关信息记录在一块店员共享的“三细分”板上。通过这种方式提升店里的服务水平。

这块“三细分”板其实是一块贴有彩色磁石的店内坐席表。服务生给客人派热毛巾时，会自然地向客人询问来店次数，然后根据掌握的信息，用一块彩色磁石贴在白板上的相应位置。这种方式不但有助于在餐厅员工间共享顾客信息，还为餐馆与顾客间搭建起了一座沟通的桥梁。

举个例子，服务生把菜单拿给客人时，如果是第一次来店消费的客人，服务生首先会向客人推荐店里的招牌菜，最后热情地补充一句“有什么问题的话，请您只管提”。如果客人来过几次，服务生会推荐应季更新或每日更新的菜式。如果是经常来店消费的老顾客，服务生会巧妙地向客人表示感谢，同时推荐每日更新菜式。

另外，这种“三细分”模式还能用于结账或向客人推荐积分卡。负责结账的员工看到账单后，就知道对方是不是第一次来店的新顾客。这种方式不但有助于提高餐饮服务人员的待客能力，而且便于向新顾客推荐积分卡。

灵活运用三色磁石

红色……头次来店
蓝色……数次来店
黄色……长期光顾

店内坐席表复印件和贴有三色磁石的白板，放置在每个餐厅员工都能看到的地方。

076

从 3 楼 →1 楼，超乎预期的惊喜，外加一份泡澡剂赠品

比客人抢先一步
“二次送别”带来的感动！

▲ 青山惠比寿堂

（东京，青山）

最近，在客人结账离店之际推出“送客服务”的餐饮企业越来越多。送客服务是最后一个加深顾客对餐馆印象的关键环节。在这个细节上做得是否到位，是决定消费者以后是否再来的重要因素。一项看似微不足道的送客服务，有时却能让客人感动不已。

位于东京青山的“青山惠比寿堂”是一家居酒屋。这家店的位置并不起眼，坐落在一个纵横交错的小街背巷的写字楼三层。尽管地理位置不给力，但这里为顾客提供的周到贴心的服务，为它聚拢了不少人气。该店人气旺的原因之一是店主宇野雄大设计的“送客服务”。

这家位于写字楼三层的餐馆，每当有客人结账离店之际，以店主宇野为中心，所有餐厅员工集体把客人送到电梯旁，然后礼貌地和客人道别——“感谢光临，欢迎再来”。这样做本身已经使来此用餐的顾客对该店的服务态度和质量留下了肯定的印象，但“重头戏”还在后面。

看到乘坐电梯的客人身影消失时，其中一名服务生会迅速地经楼梯跑到一楼电梯出口等候客人。当电梯门再次打开，事先毫不知情的顾客冷不丁看到出口处恭候的服务生时，第一反应往往是一愣。此时，服务生会不失时机地拿出一份泡澡剂递给客人，同时送上一句温暖的祝福：“天气凉，您泡热水澡时可以用。”

面对如此温暖的“二次送别”，加上一份意外的赠品，很少有客人不感动的。很多客人的表现都是脸上露出发自真心的微笑、在表示感谢后转身离去。

尽管这家店的地理位置不佳，位于小街背巷一座不起眼的写字楼三层，但是店方巧妙地把这些不利条件变成为顾客提供服务的一个亮点，带给顾客超乎预期的惊喜。不少客人会把自己的美好经历告诉亲

朋好友，有的还带上朋友来此用餐。这家餐馆靠口碑传播成功地提高了上座率，来这里用餐的常客越来越多。其制胜的法宝就是“待客之道”。

客人离店时，餐馆店员站在电梯外客客气气地向客人道别，良好的服务给客人留下了深刻的印象。

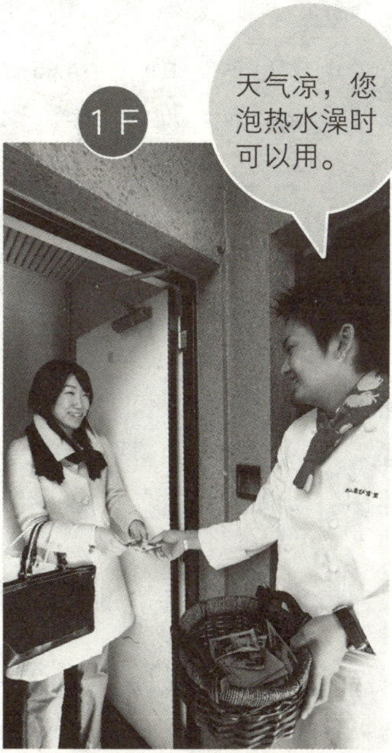

电梯门缓缓打开的一瞬间，事先毫不知情的顾客冷不丁看到在出口处恭候的服务生时，随之而来的是一份温暖的赠品。“原来是特地跑下来送赠品的啊！”让顾客感动之余，成为口碑营销的成功案例。

077

天天生猛海鲜，每天不一样的味蕾体验推荐

服务生提着装满各色生猛海鲜的“食盒”店内促销，吸引顾客点餐

▲ 鱼米 新宿店

（东京，新宿）

最近，采用手写菜单招揽顾客的餐饮店多了起来。手写菜单的好处是可以根据餐馆当天的进货情况灵活调整，每天推出的菜式丰富多变，而且容易操作。

但是，如果菜单上只有食材名而不标明做法，则客人会丈二和尚摸不着头脑，吸引食客关注的效果会大打折扣。服务生向客人推荐菜品时，也无法说明菜品的亮点，于是点餐率就低。所以店方必须在运作的方式上进行调整。

这里可以参考“鱼米”新宿店的做法。该店每天会采购各种不同的新鲜海产品，根据当天的进货情况填写菜单。然后让服务生提着一只装满新鲜食材的木制“食盒”在店内巡回，直接向用餐的顾客介绍各种食材的烹制方法等。

面对新鲜诱人的食材，加上服务生的大力推荐，有几个人会不为之动心呢？

服务生提着食盒在店内巡回兜售的时间很有讲究，一般是在上过酒水饮料后。此时，服务生先递给客人一份手写菜单，然后逐一对照食盒内的海鲜进行介绍。比如金目鲷，服务生会对客人说：“现在的金目鲷油脂少肉质多，口感嫩滑，做出来的刺身品质最棒！”并向客人说明这种鱼的最佳烹饪方法、捕捞地等信息。因为服务生把装满新鲜海产品的食盒当场提到顾客面前，让很多客人在惊喜之余，更多了一份对这家餐馆的认同感。

这种让服务生提着食盒推荐菜品的时机选择，以及热情诚挚的推销方式，都为拉近餐馆与顾客之间的距离搭建起了一座良好的桥梁。

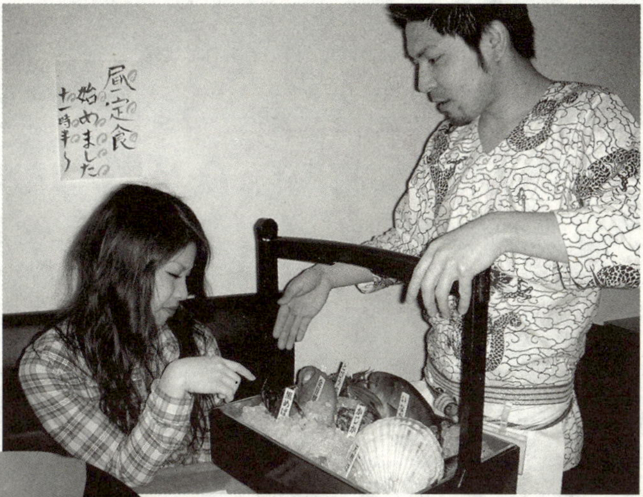

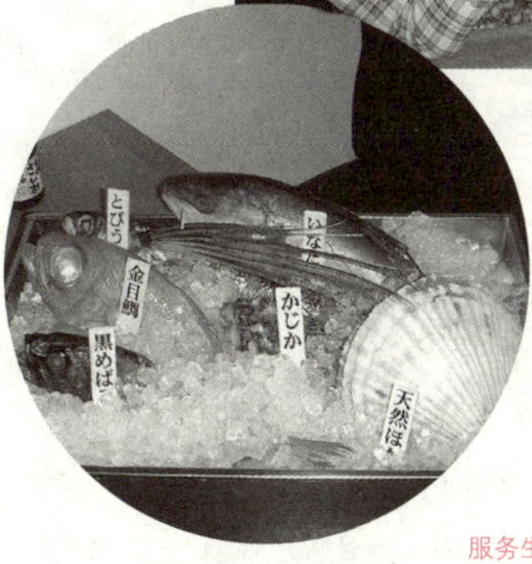

服务生向客人一一介绍当日推荐菜品，同时说明适合相应食材的最佳烹饪法。这种与客人间的交流，不但拉近了餐馆与顾客之间的距离，让食客一目了然，还有助于提高点单率。此外，食盒下方铺着一层冰块，埋在冰块里的各种海鲜上都附有说明卡，这也是这种推销方式的关键。海产品的特点是“靠海吃饭”，每天捕捞上来的种类不同。所以，餐馆采用了手写菜单，并以逐一为客人介绍实物的方式吸引顾客。

078

碗底“中奖”！小小下酒菜，成为关注点

拍手祝贺，点餐率居高不下！“中奖”杂碎汤

▲ 酒藏匠 水道桥店
（东京，千代田区）

以常规菜品为对象，如果餐饮企业在这些常规菜式上花一点心思，在给顾客留下深刻印象的同时，对提升服务质量进行调整，就一定能提升自身的知名度和存在感。

例如，在东京水道桥有一家叫“酒藏匠”的餐馆，该店对一道常规菜品——下酒菜“杂碎汤”进行了一番改造，在这道菜上增加了一项“中奖”功能，售价380日元。不但使点单率增加，还受到顾客的一致欢迎。

这项活动的规则是在部分盛杂碎汤的汤碗底部印有“中奖”字样，凡幸运中奖的顾客，可享受店方提供的美食一份。美食一般是时令应季菜品。

该店以各色风味的下酒菜著称，价格不贵，一般在500日元上下。奖品使用的食材考究，很能吸引食客的眼球。每当有人中奖，餐馆全体员工会一起鼓掌表示祝贺，这也是这项服务的特色之一。现场的店员与客人互动，气氛骤然高涨，继而带动了其他顾客的情绪，使杂碎汤的点单率猛增。其中，也有一些客人没有发觉自己中了奖，所以服务生收拾餐具时一般会检查。

与其他菜相比，杂碎汤的上菜速度一般更快，所以“中奖”杂碎汤作为一道“快捷料理”，也发挥着不可小觑的作用。

每当有客人中奖时，餐馆全体员工会一起鼓掌表示祝贺。现场的店员与客人互动，气氛骤然高涨，继而带动了其他顾客的情绪。

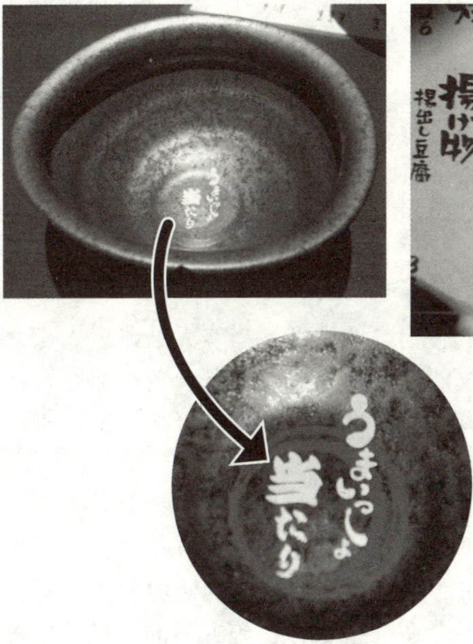

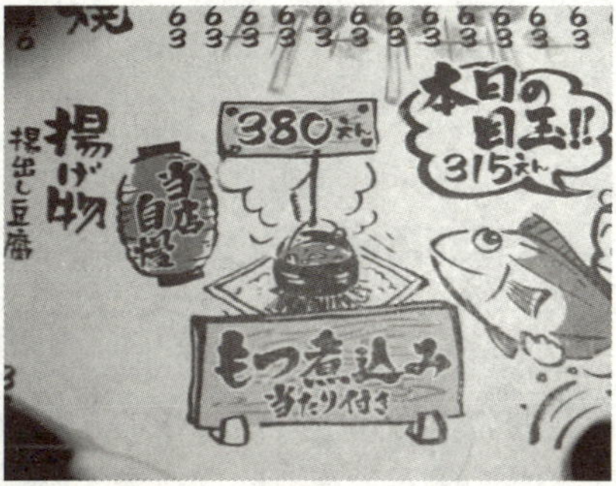

既当餐桌纸又当菜单的绘图，用来宣传“中奖杂碎汤”。

碗底是否印有“中奖”字样，只有喝完才能知道。

079

靠口碑吸引回头客，店员再接再厉创效益

“客人结账离店”后 卓有成效的震撼送客服务

▲ 纳屋桥 DRAEMON
（爱知，名古屋市）

“那家店特别棒，下次一定再去”。作为一家餐饮企业，怎样才能获得这样的口碑呢？要点之一是完完全全从顾客的角度出发，把顾客的需求放在第一位。举个例子，从客人结账离店到回家泡一个热水澡……要从每一个可能的细节出发，考虑怎样让客人感动。

“纳屋桥 DRAEMON”就是一个在上述细节上做足工夫、通过推出一系列贴心服务而使自己声名大噪的例子。

在这家餐馆，每当有客人结账离店时，其他服务员如果手头工作不忙，会一起送客人离开，还会赠送一件温暖的小礼品——一瓶浴盐或一张附有幸运四叶草的卡片等。浴盐的容器表面贴着一张写有“爱·LOVE·热水”等字样的留言条。客人回到家后，在使用这瓶浴盐或第二天早上起床时，就能“睹物思店”。

如果客人要乘坐出租车回家，服务生会主动跑出去替客人打车。打到车后，还会客客气气地交代出租车司机一路多关照，然后取出一张“四叶卡”交到司机手里，叮嘱司机在客人下车时把该卡交给客人，并告诉客人这是店方送的礼品。

另外，对于在寒冷的冬季来店用餐的顾客，当客人结账后离店之际，服务生会悄悄地把一片一次性暖宝宝塞在客人外套的口袋里。在这些周到细致的服务下，客人离开后，也会对这里的服务留下深刻的印象。

上述细节服务都是该店员工集思广益的结果。店里每天早上开晨会时，都会对员工进行岗位模拟服务培训。此外，店方在服务员日常工作制度之外，还特别设置了如“顾客离店时传递真情的方法”等捕捉顾客心理需求的高级工作指南。在这些服务实施方案的指导下，每个员工都能做到随机应变、适时适地地为顾客提供服务，从而带动了员工的热情和积极性。

服务生把客人送到店外，一直目送客人离去。当客人走远时，背后再次传来『欢迎下次光临』的声音。回头再看，一个戴哆啦A梦面具的服务生在朝这边招手。这种让客人忍俊不禁的特色服务，是成就该店好口碑的要素之一。

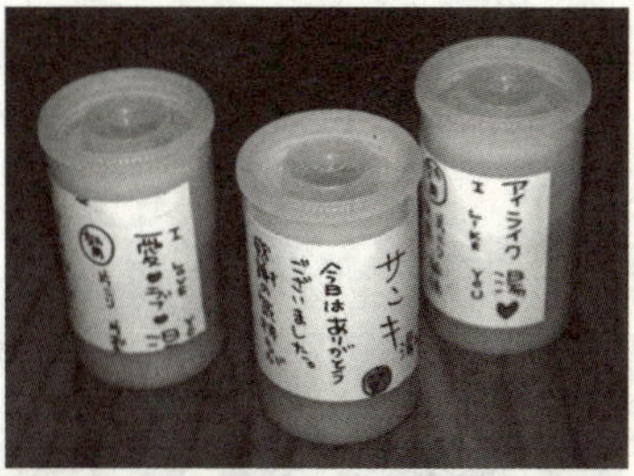

浴盐和幸运四叶草卡。装浴盐的容器来自空胶卷盒，容器表面贴着一句温馨的留言。“不花钱的感动”是这家餐馆奉行的宗旨。

080

炭炉保温招牌汤，路过者人人有份

吸引新顾客的
店前“汤品免费试吃”

▲ 荣屋 高田马场总店
（东京，高田马场）

免费试吃活动是大型超市搞商品促销时的一种常规促销模式。商家推出免费试吃会激发顾客的购买欲，增加销售量。有一家餐饮店大胆引进这种销售模式，不但得到了大量消费者的追捧，还赢得了相当不错的口碑。这就是位于东京高田马场的“鸡肉汆锅荣屋”。

这家店从很早就开始推出一项店前“鸡汤免费试吃”活动。服务生站在门口向过往的行人热情地招呼推销，每人一杯，邀请过往行人免费品尝美味的鸡骨汤。

这项活动一般在店内生意相对清淡的时段——每天 18：00~21：00 之间进行。每天的促销活动时间约为 3 小时，每次为过往行人免费提供 15~20 杯汤。这项举措的目的不仅在于提高餐馆招牌菜——鸡肉汆锅的知名度，还在于吸引新顾客进店消费。另外，这种汤还面向等餐的客人免费提供，受到顾客的一致欢迎。

该店推出的这道美味汤品，每天平均需要上百只鸡的鸡骨，熬制时用一口圆柱形深底大锅，加水慢火熬制 10 小时左右，直到把里面的骨髓煮出来，熬出营养美味的好汤头。此汤汤色清澈见底，回味悠长，滋味绝佳。

在博多，鸡肉汆锅还是人们夏季用于补充能量的必备菜品。每天，免费试吃活动开始后，餐馆店员先把熬制好的鸡汤分别盛入小锅，再把小锅搁在店前的炭火炉上保温。另外还准备了喝鸡汤时用的调味料，如葱花、蒜末、食盐等，供试吃者随便取用。

自从该店推出这项让过路行人免费品尝的活动后，餐馆的营业额直线攀升。品尝过这道美味鸡汤后来此消费的客人越来越多。这些顾客给门店所带来的销售额贡献占该店总营业额的 6% 左右。由此可见，餐饮企业通过在自己的招牌菜上下工夫，推出特色店前揽客服务，也能成功地吸引顾客。

免费品尝活动安排在店内生意相对清淡的时段进行，其目的不仅在于推广宣传、吸引新顾客进店消费，还面向等餐的客人免费提供。

鸡汤用炭炉保温，热气腾腾的汤锅吸引着过往行人的目光。旁边还备有各种喝鸡汤时用的调味料。

081

"加面" 免费，服务生欢快的声音 & 活力四射的氛围

拉面店促销法
"吆喝声" 声声入耳

▲ 茶部屋猪骨面 CHABUTON
淀桥 AKIBA 店
（东京，秋叶原）

免费优惠、促销打折，餐饮企业开展促销活动时，最重要的是在促销过程中给顾客留下深刻的印象，让客人愿意下次再来。在这方面，由个性开朗阳光、沟通能力强的服务生提供免费服务，营造一个轻松愉快、富有情趣的就餐氛围，并获得顾客好评的是东京千代田区一家名为"茶部屋猪骨拉面 CHABUTON"的餐馆。

这家餐馆的主打菜与同一集团下的位于护国寺附近的"柳面茶部屋"的"传奇猪骨拉面"同出一辙。这道以精心熬制的骨汤和 100% 日本产小麦粉制作的拉面，赢得了食客的追捧。

该店从每天早晨对外营业开始就为顾客提供这种特色拉面。凡点这种面的客人，均可免费享受"'加面'一份"。每当有客人要求加面时，服务生就会清一清嗓子，冲着后厨方向响亮地大喊一句"加面一份喽!"紧接着，后厨也传来"好嘞"的声音。

听到店员们欢快嘹亮地"一唱一和"，很好地调动了顾客点单和叫"加面"的兴趣。有的客人甚至会模仿着来一句"好嘞!"成了该店吸引顾客的一大亮点。另外，来这里用餐的单身女性顾客也很多，店员们放开喉咙吆喝的欢快氛围，加上开放感十足的就餐环境，引来众多顾客前来体验。

该店推出"加面"免费之后，来此用餐的顾客大多要求"加面"。一项免费促销活动，加上服务生声情并茂的表演，为这家餐馆赢得了更多的回头客。

推荐服务

免费加面一份

加面时，建议您加点一份“辛辣粉”或“油炸蒜头”作为浇头，与第一碗面带给您的味蕾体验绝对不同，敬请品尝！点单时请告知服务员。

加面一份，等您尝！

菜单上印有加面一份，免费提供”的字样。目前促销活动已经结束，加面一份需100日元。

服务生给客人上拉面时，会同时交给客人一张兑换券。客人要求加面时，服务生会收回此券，同时清清嗓子，冲着后厨方向响亮地大喊一句：“加面一份喽！”服务生会时刻留心观察用餐的客人，发现客人吃完一份面后，会主动询问是否需要加面。

这家餐馆以柜台席为主，午餐高峰时段的生意十分火爆，顾客常常要排队等候。

082

48 小时以内回复者，赠送小吃一份

提升顾客满意度！
收集“顾客心声”的网络问卷调查

▲ T. G. I. FRIDAY'S

近年来，利用互联网进行顾客意见征询的餐饮企业多了起来。网络问卷调查的优点是内容多样、形式丰富，能获取各种有效信息，与提高餐馆效益密切相关。

在这方面赢得社会公众关注的是在世界各地开设了八百多家连锁店的餐饮集团“T. G. I. FRIDAY'S”。该集团在日本国内一共开了八家分店，在这八家分店统一推出网络问卷调查。这项问卷调查活动的目的是广泛征询顾客意见、提高顾客满意度。继这项活动在 T. G. I. 集团美国门店取得骄人业绩后，其日本地区业务的负责公司——Watami 股份公司于 2006 年 6 月将这项措施引进日本门店。

首先，该店给客人开具的收据背面印有这种顾客意见征询表。几组客人中，肯定有一组客人拿到的收据会“中奖”。中奖者应于 48 小时内登录收据上印的官网地址参与问卷调查。参与答题的客人在答题结束后会获得相应的分数，顾客需要把这个数字记在收据上，下次到店用餐时，只需出示该收据，即可享受店方提供的美食一份。

这种网络问卷调查无须顾客填写个人信息，调查表的内容主要与餐馆有关，分五个级别。客人只需填写问题，对餐馆给出评价即可。

如“食物的外观”、“点单是否正确”等，通过具体项目分类和综合评价等方法，能够明确了解顾客的关注点是什么。

另外，参与答题的客人需要在网页上输入收据编号，根据该编号，店方可以清晰地查出客人去的是哪一家分店、在什么时间段消费等详细信息。如果“食物温度”的评价项得分偏低，店方会立即要求在该时间段上班的厨师整改，在烹饪过程中查找哪个环节出了问题，然后采取措施加以改善并解决。

此外，为了让问卷调查的结果在第一时间得到反映、让各连锁店的店长实时了解店评和访客留言，该集团在网页设计上下了工夫，最大限度地利用和发挥了互联网的特性。

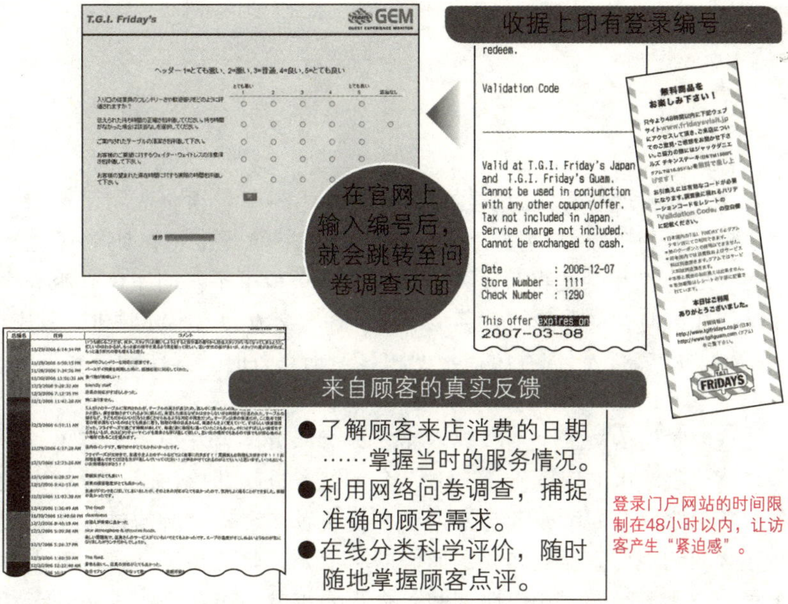

083

时机和交流是关键

追加点单！“干杯 & 交流”

▲ 东京喔喔本铺 阿佐谷店
（东京，阿佐谷）

让顾客再加一份，让顾客再来一杯……一些餐饮企业为了追求效益，想出各种招数鼓励顾客多点单。但如果强行推销，让顾客觉得“被点菜”，结果会适得其反，让顾客对餐馆留下不好的印象。服务生在接待顾客时，最重要的一点是注意与客人交流的内容和时机。其中，“东京喔喔本铺”阿佐谷店在帮助顾客追加点餐时尤其注意方式方法，并取得了不错的效果。

这家餐馆的员工个个眼观六路、耳听八方。当发现顾客点单暂告一段落或喝酒水的速度慢下来时，全体服务员就开始在工作区域内的各个餐位之间巡回。或者与客人干杯，或者在轻松交流的过程中拉近与顾客间的距离。不但如此，他们的脸上始终带着微笑，发现客人杯子里的酒不多时，就礼貌地询问是否需要添酒……这些让人感到亲切自然的服务，为这家餐馆赢得了顾客，也使追加点单率大增。

该店设有两种席位，一种是柜台席，一种是普通席。对于柜台席的客人，服务生会在柜台内与客人碰杯。

另外，有一点需要注意：如果服务生提供服务的次数过分频繁和殷勤，或者不同服务生向同一个客人反复询问是否需要追加点单的话，结果往往会适得其反，容易引起顾客反感。所以，服务生之间必须做到信息共享和协调配合。

084

活用问卷调查，激发员工积极性
表彰“好感度 NO. 1 店员”

▲ 东方见闻录 新宿西口大门店
（东京，新宿）

餐厅员工接待宾客时，要求精神饱满、举止得体。这有助于营造舒适的就餐环境。为了营造良好的用餐氛围，以东京都为中心开设居酒屋连锁店的 SANKOFOODS 股份公司面向顾客推出一项问卷调查，调查的内容包括“好感度 NO. 1 店员的姓名”、“让顾客产生好感的地方”等。

这项问卷调查的评选结果由各门店店长在召开店内会议时公布，该集团希望通过这种方式激发员工的工作热情。

各门店收集的调查问卷最后汇总并上报总部。凡名字在问卷调查表上出现的员工，都将获得总部推出的“大堂服务竞赛”的参赛资格，最后评选出的优胜者将获得表彰。在“东方见闻录”新宿西口大门店，这种顾客意见征询表的回收率约为 0.7%～1%。此表不但准确地反映了顾客的心声，还有力地推动了餐厅员工争取好评的热情。不仅在大堂，包括后厨在内，员工整体的工作热情高涨。

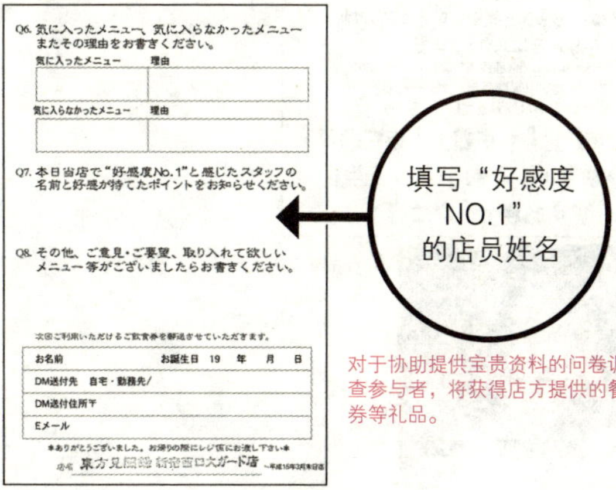
Q6. 気に入ったメニュー、気に入らなかったメニューまたその理由をお書きください。

気に入ったメニュー	理由

気に入らなかったメニュー	理由

Q7. 本日当店で“好感度No.1”と感じたスタッフの名前と好感が持てたポイントをお知らせください。

Q8. その他、ご意見・ご要望、取り入れて欲しいメニュー等がございましたらお書きください。

次回ご利用いただけるご飲食券を郵送させていただきます。

お名前	お誕生日 19 年 月 日
DM送付先 自宅・勤務先/	
DM送付住所〒	
Eメール	

＊ありがとうございました。お帰りの際にレジ係にお渡し下さい＊

店名 東方見聞録 新宿西口大ガード店

对于协助提供宝贵资料的问卷调查参与者，将获得店方提供的餐券等礼品。

085

询问顾客姓名，提高待客沟通技巧

与顾客交流！“姓名优惠”

▲ 和今洋菜 满更屋

（东京，涩谷）

如果服务生与顾客之间存在共通的话题切入点，顾客就容易对餐馆产生亲近感。从这一点出发进行促销、提高待客能力的成功案例是一家叫“和今洋菜 满更屋”的餐馆。该店推出一项顾客参与型的趣味“姓氏优惠”活动，吸引了大批顾客来店。

活动规则如下：凡与餐馆某服务生同姓的客人，免费享用美味饮品一杯。服务生招呼客人进店后，首先向客人说明活动规则，在询问客人姓名的过程中寻找沟通的机会。“姓名优惠”活动细则在店内和官网公布。也有看到相关信息后专程来店体验的客人。

与这项活动的主旨一样，该店在与顾客的沟通上付出了积极努力。在开朗阳光的年轻服务员提供的超一流服务的推动下，这家餐馆的口碑越来越好。

スタッフと同じ名前の人には・・・1DRINKプレゼント！

「名前割」

下記のスタッフと同じ名前と同じ人は
お気軽にスタッフまで！

※ お一人様につき3名様までプレゼントします。
※ 他の割引等の併用はできません。
※ ボトル等は除かせていただきます。

「まさかず」「すすむ」「まさのり」
「みゆき」「みわ」「ゆうき」
「やすあき」「なつき」

日本人的姓氏庞杂，重复的几率很小。即便如此，这项趣味促销活动还是吸引了不少顾客来此消费。店内气氛用火爆二字形容也不为过。

086

全体店员齐声说：“您辛苦了！”

好评！干杯时的问候待客

▲ 串烧 BISTRO 福咪咪 涩谷店
（东京，涩谷）

“欢迎光临”、“谢谢光临”……餐饮企业需要服务生用专业问候语问候客人的地方很多，如果商家在问候的方式上加一点创新，让客人在出其不意的情况下感受一家餐饮企业的服务水平，会让来店用餐的客人感受到不一样的温暖，从而对餐馆留下深刻的印象。

很多到过“串烧 BISTRO 福咪咪”涩谷店用餐的客人都有新鲜的感受。每当客人举起第一杯酒水时，这家店的全体员工会齐声说：“您辛苦了！”

这家餐馆的店内面积约 16 坪，一次可容纳 36 名顾客用餐。来此用餐的主要是年轻的女性顾客。即使在平时，这里的生意也十分火爆。该店的服务生以年轻人为主，热情周到的服务和灿烂的微笑，都为这家餐馆博得了不错的口碑。

早在五年前，当一桌来此聚餐的客人点完酒水，大家围坐在一起端起酒杯时，耳边忽然传来店内服务生的一句“您辛苦了”的问候。

这项服务最初只是由在客人餐席附近的服务生来实行，后来逐渐发展成全体店员齐声问候的方式。第一次听到这句突如其来的问候时，很多客人的反应开始是意外，然后放松，最后脸上露出笑容。一个小小的细节，让无数客人感到温暖，从而对这家店的好感倍增。

自从推出这项服务后，来这里用餐的新顾客大增。作为一种给顾客留下深刻印象的待客之道，这项服务的揽客效果正在显现。

087

身上挂篮卖货，店内罐头销售！

餐席“兜售”的新创意

▲ 美味 ROKU 宫
（东京，品川区）

大堂服务生推着移动餐车“沿餐席兜售”的表演式销售绝对具有震撼效果。但移动式销售存在局限性，可以通过“沿餐席兜售”的方式推销的菜品种类有限，且较易掉落到地上。

位于东京品川区的“美味 ROKU 宫”新近推出了一项“罐头兜售”服务。这种方式的优点在于，无论服务生还是点餐的顾客，都不必担心食物洒出或掉落。这家餐馆主营杂碎铁板烧烤和大众居酒屋料理，其中包括罐头，服务生沿餐席兜售的主要是这种商品。

该店的服务生使用的推销道具不是移动餐车，而是一个挂在脖子上的竹篮。各种罐头被整齐地码放在竹篮里，服务生带着这个特殊道具沿餐席兜售。罐头的好处是轻便易拿。售卖的罐头有若干种，例如“水煮青花鱼”300 日元，因为价格公道，所以罐头的点单率很高，有时一天能卖出 10 多罐。此外，这种销售方式还有一个好处，服务生在与客人频繁接触的过程中，很容易找到共同话题。

罐头有若干种，例如“水煮青花鱼”、“日式红烧牛肉”等。价格合理，一般在300～600日元之间。

088

"专业美甲服务"，取悦女顾客

酒吧美甲服务获好评

▲ f' bloom
（东京，新桥）

为来店用餐的顾客提供各种"增值服务"，例如头像速写、乐器吹奏、魔术表演等。利用员工的才艺为餐馆的经营添砖加瓦，制造亮点。像这样推出各种奇招吸引顾客上门的餐饮企业层出不穷。其中，值得关注的是一家叫"f' bloom"的餐馆推出的"美甲服务"。

这家餐馆的店主以前是美甲师出身，她把这项独门绝活用在了餐馆的营销上，为来店用餐的顾客提供美甲服务，最低收费1800日元（另赠饮品一杯）。其中，人气最火的"美甲套餐服务"是修整打理指甲外形和表面，然后涂上客人选择的指甲油。该项服务收费2500日元。不但价格比美甲沙龙实惠，而且客人可以一边品尝美酒，一边享受美甲服务，何乐而不为。此外，为了照顾不喝酒的女性顾客的需求，店内还备有无酒精的鸡尾酒饮料。

品美食、享美甲服务。随着这家餐厅的口碑越来越好，该店的上座率不断增加，来这里消费的女顾客很多都是冲着美甲服务来的。与闺蜜相约一起来的女顾客也很多。随着来店消费的新顾客日益增加，以前18：00的生意清淡时段的上座率也明显增加。

利用柜台席的一角，根据顾客的要求提供美甲服务。这项服务的时间一般在30分钟～2小时之间，因此每天仅限2～3人。

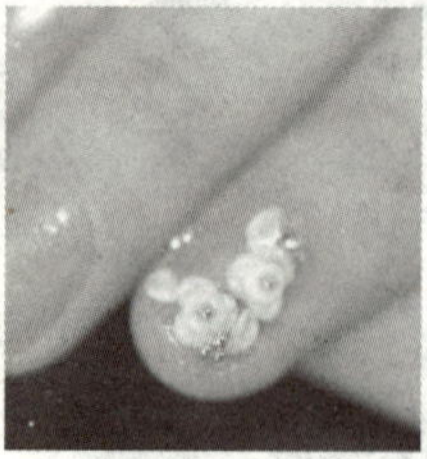

Chapter 6

效果大！超强午餐揽客术

089

享晚间美味套餐！客单价大幅提升

午餐人气爆棚！经典套餐之“半份餐”

▲ 高级餐厅 Le Chapon
（东京，世田谷区）

随着午餐需求的多样化，希望午餐能吃得丰盛点儿的客人多了起来。

针对这一市场需求，位于东京世田谷区住宅区的一家名为“Le Chapon”的餐厅在经营方式上进行了创新。该店高调推出一种“可点半份”的午餐套餐，受到了消费者的热捧。

这家店平时供应的晚餐一般在 3900 日元上下，分三种顾客自选套餐。而在午餐时段，这种顾客自选套餐以“半份半价”（1995 日元起）的方式销售。

这项“午餐时段享用晚间套餐”、“半份餐一样享美味”的活动获得了顾客的一致认可。另外，该店还向来店用午餐的客人提供 840 日元和 1365 日元两种意大利面套餐。希望午餐吃得丰盛点儿的客人可以点半份套餐。由于点半份套餐的客人占一半，在推出这种特殊销售方式前，午餐顾客平均花费 1000 日元左右，而现在的消费额增至 2000 日元左右。

“半份餐”获得超高人气的关键还包括甜品的供应方式。因为冷盘和主菜的分量虽然只有一半，但甜品的分量不变。所以得到大批顾客的青睐。

该店每天准备的甜品多达十种，点“半份餐”的客人可以随意选择分量并任意组合。这种售价在 2000 日元左右的套餐之所以人气火爆，其中的甜品是一大原因。

另外，这种顾客自选套餐根据顾客选择的菜品对价格进行调整。一般来说，可选项目往往会导致套餐价格上浮，但该店的一些“选项”会使得套餐价格变得更为实惠。在这些形形色色的诱人促销模式的推动下，该店从四年前正式营业开始就人气高涨，尤其受到女性顾客的喜爱。

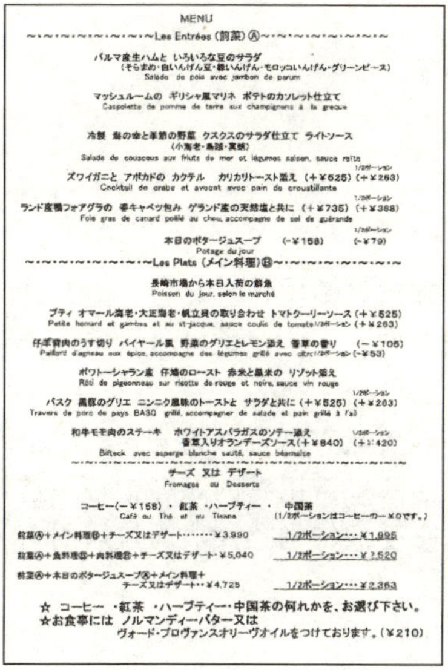

MENU

~・~・~・~・~・~・~・~Les Entrées (前菜) Ⓐ~・~・~・~・~・~・~・~

パルマ産生ハムと いろいろな豆のサラダ
(そらまめ・白いんげん豆・緑いんげん・モロッコいんげん・グリーンピース)
Salade de pois avec jambon de parum

マッシュルームの ギリシャ風マリネ ポテトのカソレット仕立て
Caspolette de pomme de terre aux champignons à la greque

冷製 海の幸と季節の野菜 クスクスのサラダ仕立て ライトソース
(小海老・烏賊・真蛸)
Salade de couscous aux fruits de mer et légumes saison, sauce raito

ズワイガニと アボカドの カクテル カリカリトースト添え (+¥525) 1/2ポーション (+¥263)
Cocktail de crabe et avocat avec pain de croustillante

ランド産鴨フォアグラの 春キャベツ包み ゲランド産の天然塩と共に (+¥735) 1/2ポーション (+¥368)
Foie gras de canard poêlé au chou, accompagne de sel de guérande

本日のポタージュスープ (-¥158) 1/2ポーション (-¥79)
Potage du jour

~・~・~・~・~・~・~・~Les Plats (メイン料理) Ⓑ~・~・~・~・~・~・~・~

長崎市場から本日入荷の鮮魚
Poisson du jour, selon le marché

プティ オマール海老・大正海老・帆立貝の取り合わせ トマトクーリーソース (+¥525)
Petite homard et gambas et au st-jacque, sauce coulis de tomate 1/2ポーション (+¥263)

仔羊背肉のうす切り パイヤール風 野菜のグリエとレモン添え 香草の香り (-¥105)
Paillard d'agneau aux épice, accompagne des légumes grillé avec citron 1/2ポーション (-¥53)

ポワトーシャラン産 仔鳩のロースト 赤米と黒米の リゾット添え
Rôti de pigeonneau sur risotto de rouge et noire, sauce vin rouge

バスク 黒豚のグリエ ニンニク風味のトーストと サラダと共に (+¥525) 1/2ポーション (+¥263)
Travers de porc de pays BASQ grillé, accompagner de salade et pain grillé à l'ail

和牛モモ肉のステーキ ホワイトアスパラガスのソテー添え
香草入りオランデーズソース (+¥840) 1/2ポーション (+¥420)
Bifteck avec asperge blanche sauté, sauce béarnaise

~・~・~・~・~・~・~・~・~・~・~・~・~・~・~・~・~

チーズ 又は デザート
Fromages ou Desserts

コーヒー(-¥158)・紅茶・ハーブティー・中国茶
Café ou Thé et ou Tisana (1/2ポーションはコーヒーの-¥0です。)

前菜Ⓐ+メイン料理Ⓑ+チーズ又はデザート・・・・・・・¥3,990 1/2ポーション・・・¥1,995

前菜Ⓐ+魚料理Ⓑ+肉料理Ⓑ+チーズ又はデザート・¥5,040 1/2ポーション・・・¥2,520

前菜Ⓐ+本日のポタージュスープⒶ+メイン料理+
チーズ又はデザート・・¥4,725 1/2ポーション・・・¥2,363

☆ コーヒー・紅茶・ハーブティー・中国茶の何れかを、お選び下さい。
☆お食事には ノルマンディーバター又は
ヴォード・プロヴァンスオリーヴオイルをつけております。(¥210)

考究的食材，精致的做工，品味不一样的顾客自选套餐，而且是“半份半价”哦。

『半份餐』一例。冷菜拼盘6种，主菜6种，任您选。搭配的甜品也受到众多顾客的欢迎。

主菜是羊羔肉料理，图上是常规量，图下是半份量。

090

店休日周六照常营业，推出 7000 日元和 10000 日元的高级寿司餐

开拓新客源！
周六午餐“挑战菜单”

▲ 第三春美鮨
（东京，新桥）

位于商业街的餐馆有一个共性，那就是与工作日相比，节假日的上座率明显回落。为了在节假日吸引顾客，一些餐馆纷纷推出低价菜式吸引顾客到店消费。

东京新桥商业街有一家叫“第三春美鮨”的高级寿司店。这家店反其道而行之，每逢周六午餐时段，面向来店用餐的顾客销售一道超值豪华套餐。这道给顾客带来高品味享受的特别菜式成为该店周六午餐时段吸引顾客的亮点。

这种特别菜式分两种：一种是 1000 块手握寿司+1 块寿司卷的“10000 日元豪华套餐”；一种是 10 块手握寿司+1 块寿司卷的“7000 日元丰盛套餐”。这两款套餐成本不菲，但店方意在用考究的食材和极致的味蕾体验吸引顾客，突出独特的价值。

该店打出的店头宣传海报格外惹眼，海报上写道“周六，新桥第三春美鮨震撼挑战极致美味，绝对正宗的极品寿司，敬请品尝。价格虽高，物有所值，真材实料，两款套餐”。店方采用独特的宣传方式，对菜单进行了细致的说明。

晚间时段来此用餐的顾客，人均消费额超过 15000 日元。这家高档寿司店通过推出成本支出比平时高 10%的 10000 日元和 7000 日元的两款豪华套餐，创造出新的价值。以前周六是该店的店休日，为开辟新客源，该店特别推出这种午餐豪华套餐营销活动。如今，周六中午来此用餐的顾客已增至 20~25 人。

另外，每张餐席上还放着一份手写清单，清单上详细地列出了餐馆食材的进货情况。例如鲜鱼产地、捕捞日期、重量以及大米、海苔、芥辣等的产地，这一点也得到顾客的一致好评。

店头张贴宣传海报，店方采用独特的宣传方式，全面展示本店的美食魅力。

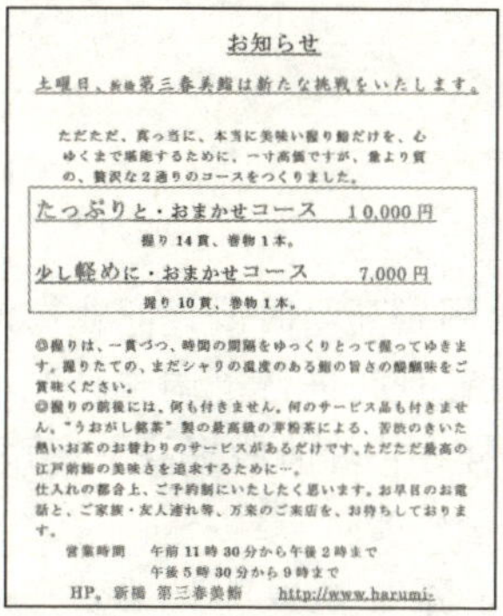

お知らせ

土曜日、新橋第三春美鮨は新たな挑戦をいたします。

ただただ、真っ当に、本当に美味い握り鮨だけを、心ゆくまで堪能するために、一寸高価ですが、量より質の、贅沢な２通りのコースをつくりました。

たっぷりと・おまかせコース　10,000円

握り14貫、巻物1本。

少し軽めに・おまかせコース　7,000円

握り10貫、巻物1本。

◎握りは、一貫づつ、時間の間隔をゆっくりとって握ってゆきます。握りたての、まだシャリの温度のある鮨の旨さの醍醐味をご賞味ください。

◎握りの前後には、何も付きません。何のサービス品も付きません。"うおがし銘茶"製の最高級の芽粉茶による、苦味のきいた熱いお茶のお替わりのサービスがあるだけです。ただただ最高の江戸前鮨の美味さを追求するために…。

仕入れの都合上、ご予約制にいたしたく思います。お早目のお電話と、ご家族・友人連れ等、万案のご来店を、お待ちしております。

営業時間　午前11時30分から午後2時まで

午後5時30分から9時まで

HP。新橋 第三春美鮨　http://www.harumi-

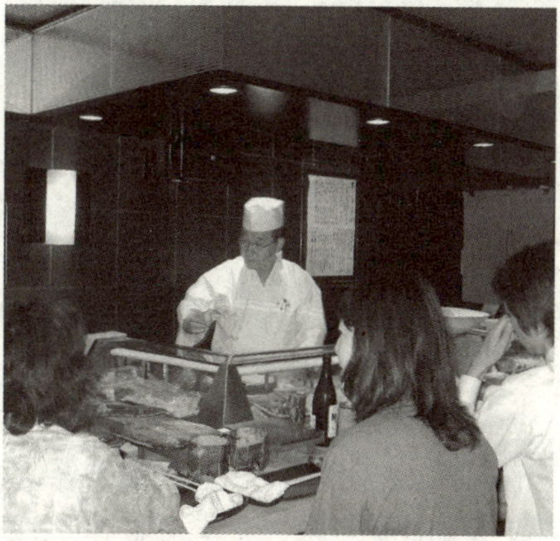

一面观赏寿司师傅切鱼和捏寿司，一面品尝味道鲜美、样式精致的寿司。专心享受美食，不在意时间的流逝。这便是正宗的“江户传统寿司”的精妙之处。

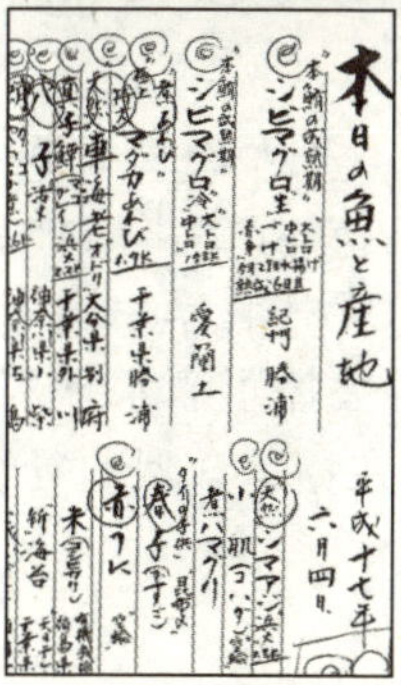

每张餐席上放着一份手写清单，清单上详细地列出了餐馆食材的进货情况。其详尽的内容能勾起食客的兴趣。

091

为错峰来店的顾客赠送手工点心和饮料

下午 1：30 以后的揽客力大增！“弹性时段午餐”优惠

▲ 芝大门 荞麦 金太郎
（东京，港区）

白天的 12：00~13：00 之间是餐饮店的用餐高峰时段，商业街的情况更是如此。近来，一些企业对员工的用餐时间进行了调整，允许员工自由选择用餐时间的企业多了起来。怎样在错峰时段提高上座率？这是餐饮店力图增加午餐销售额时应注意的经营要点。

位于东京浜松町的荞麦居酒屋“芝大门 荞麦 金太郎”地处一条繁华商业街背后的一个小胡同内，午餐和晚餐时段来这里用餐的顾客主要是餐馆周边企业的上班族。为了增加午餐时段的上座率，该店从一年半前开始推出一项“弹性时段午餐”（错峰）优惠活动。

这项活动以中午用餐高峰期之后来店的顾客为对象，为这些客人餐后免费提供本店自制手工点心和饮料。只要错峰用餐，就能享受用餐优惠。自从推出这项活动以来，13：30 以后来此用餐的客人激增。现在，每天白天 12：00~13：00 之间，该店的上座率平均为 140 人次。而与之前高峰时段过后几乎没有客人的情况相比，现在 13：00~15：00的客流量约为 30~40 人次。

该店提供的自制点心有“荞麦粉珍贝酥糕”等。冬天还会推出年糕小豆汤。使得点心体现出“季节感”。另外，店内对外出售这种自制点心，白天来店用餐的客人可以打包外带，作为午后零食享用。

另外，在用餐高峰时段，该店提供的菜单故意去掉了酒水饮料，以提高翻桌率。采用错峰优惠的营销方式，为该店在竞争激烈的餐饮市场中博得了一席之地，成功地提升了销售额。

根据季节调整自制点心的种类。制作“荞麦粉珍贝酥糕”使用的食材为荞麦粉、黄豆粉、黑芝麻等，深受女性顾客的欢迎。

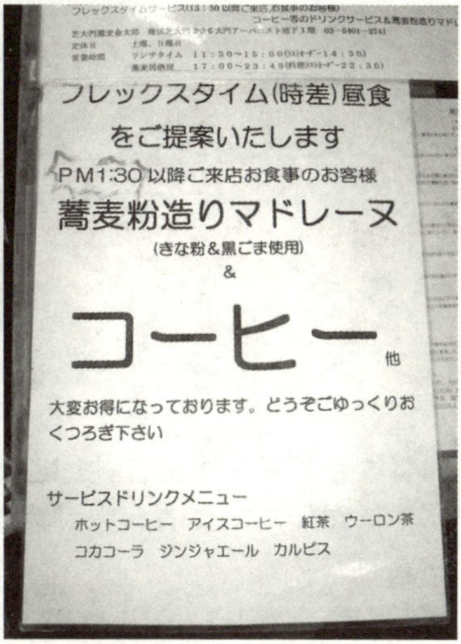

夜间打包外带的点心

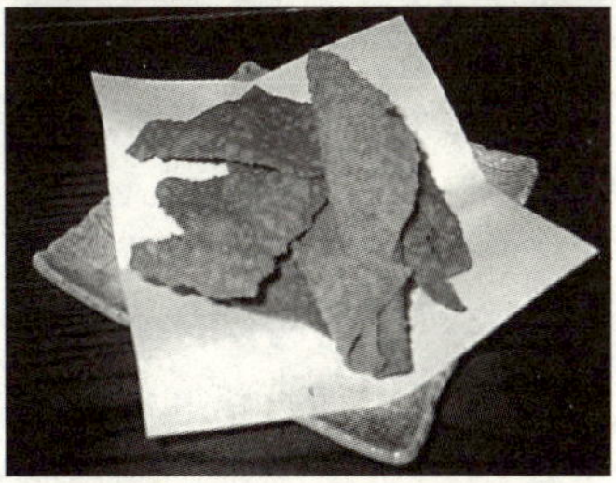

该店在晚餐时段会出售打包外带的点心。如“荞麦粉珍贝酥糕”和“炸荞麦片”。

092

上菜和结账工作效率化

“每月一次 500 日元午餐”，三倍揽客效果！成功强化“应对能力”

▲ 创意菜 鬼平 银座 Yinzu 店
（东京，银座）

餐饮企业通过推出各种优惠促销活动，使午餐时段的上座率明显提高。但在来店用餐的顾客人数激增时，店方怎样应对，是一个重要的问题。

“创意菜 鬼平”银座 Yinzu 店位于东京银座某地下商业街。这里餐馆林立，行业竞争非常激烈。该店新近推出一项优惠促销活动，于每月第三周的周五面向顾客提供“500 日元超值午餐”。与平时相比，店内活动日当天来店用餐的顾客激增至三倍。

活动日当天，餐馆会提前准备“500 日元超值午餐”。这种优惠午餐共四种，与平时提供的菜单完全不同。其中人气最火的是“鬼平名品 卤肉饭”，外加味噌汤一份。这道套餐在晚间营业时段也对外供应，但光单点也要 880 日元，而在活动日当天，不但价格低，而且还是套餐，让人感觉非常划算。

当然，推出这项优惠活动后，投入的成本有所增加。对此，店方通过单次大批量进货等方式，在压缩成本方面付出了很多努力。与此同时，为应对激增的客流量，店方尽量选择可以事先烹饪好的菜品作为套餐的内容。另外，还准备了很多找零用的 500 日元硬币，以加快结账速度。

该店除了推出 500 日元特价午餐吸引顾客外，还特别注意加强待客服务能力。与平时相比，活动日当天的上座率增加三倍，但并未发生因服务跟不上而引起顾客投诉的问题。该店凭借周到细心的服务获得了顾客的认可，优惠日当天顾客盈门、生意红火。很多日间用餐的客人晚间还会再来，成功地赢得了消费者的心。

吸引餐馆周边的上班族顾客上门。活动当天，店内挤满了排队等餐的顾客，场面十分火爆。很多日间用餐的客人晚间还会再来。

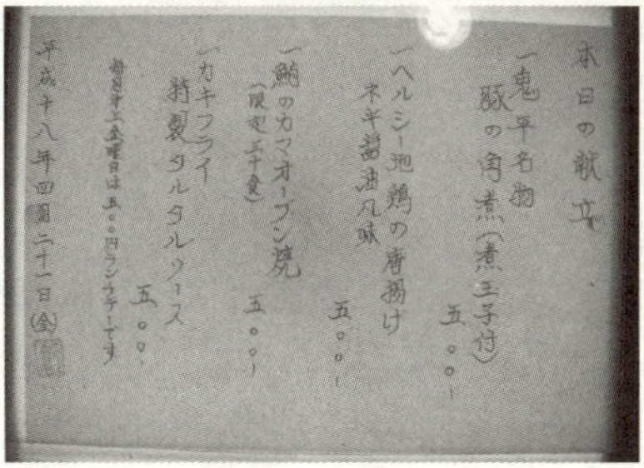

500日元超值午餐种类丰富，如“卤肉饭”、“烤金枪鱼”等。餐馆会提前准备好这些菜品，为顾客提供全面周到的服务。让客人更满意。

093

自助服务，缓解高峰时段的用餐需求

服务效率化，同时提高顾客满意度
午餐“自助水饺”

▲ 荣儿 家庭料理 本乡店
（东京，文京区）

中午用餐高峰时段，店内坐满了用餐的客人，这是餐饮店司空见惯的情景。作为一家餐饮企业，能否在用餐高峰时段为顾客提供优质服务、提高翻桌率，对营销额的影响很大。但是如果商家一味追求提高翻桌率，就可能忽视服务质量，引起顾客的不满，这种情况并不罕见。

在追求服务效率化的同时，提升顾客满意度的成功案例是位于东京文京区的中餐店——“荣儿 家庭料理”本乡店。该店针对中午用餐高峰时段推出一项“自助水饺”服务。为来店用餐的顾客提供套餐和面食（水饺加每日沙拉，900~1000日元），水饺不限量。这种经济实惠的套餐深受上班族和学生族的欢迎。

该店创办之初就开始推出这项服务。最初是因为店内人手不够而想出的一招辅助性服务。原来单点时，为顾客提供的水饺每份只有四个。而这种自助式水饺可以随便吃，不限量。在很大程度上节约了人力。

风味独特、味美实惠的水饺是该店的主打菜之一。委托专业渠道手工制作，并根据上座情况随时补充，现煮现上。刚出锅还冒着热气的饺子也是吸引客人的一大亮点。

另外，该店提供的主菜和面食一样分量很足，一个客人一顿平均能吃5~6个饺子。与单独出售的每份四个的拼盘水饺相比，成本负担不算太大，却巧妙地扭转了该店人手不足的劣势，且深受顾客的欢迎，可谓一举两得。

在餐席中央摆设的托盘

特制辣椒油&秘制黑醋调兑而成的调料，绝对是客人的最爱！

一位客人一顿平均吃5～6个饺子

根据客流量随时补充，现煮现上！

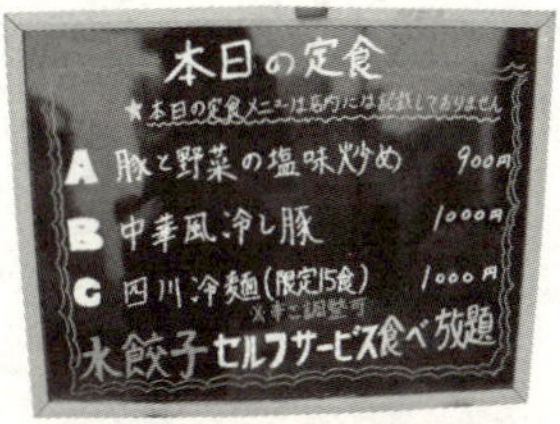

餐席中央的托盘用来盛饺子。客人可以随便吃，不限量。另有特制辣椒油&秘制黑醋调兑而成的调料。客人可以根据自身的口味喜好进行选择。小碟和筷子分类摆放，食客自行拿取，节约了人力。另外，店头招牌上写着醒目的“自助餐”字样。

094

预约享免费，外加甜品一份

女顾客大幅增加！上座率增三成 午餐时段的“甜品促销”

▲ INVER HOUSE 点心厨房
（东京，中央区）

随着甜品在餐饮店的人气指数上升，利用午餐甜品吸引女性顾客成为餐饮企业增加销售额的重点。除了在午餐菜单中搭配甜点，还应考虑其他更有效的甜品促销方式。

位于东京中央区的“INVER HOUSE 点心厨房”通过在午餐中增加甜品，成功地抓住了女性顾客的心。与之前来店消费的顾客中男性占九成以上的情况相比，现在女性占了三成，午餐总客流量较之前增长了30%。

这家店的地理位置不算很好，其位于远离车站的一条小胡同的地下。从2003年1月正式营业开始，该店面向预订午餐的顾客免费提供甜品。考虑到如今上班族大多习惯在网上搜索送餐服务的需求，该店开始在官网上发布促销信息。此后，预约人数逐渐增至20～30人，上座率悄然增加。

另外，该店还重磅推出了一道午餐套餐。这种意大利面、饮料、甜品三合一的“甜品套餐”，仅售850日元。店方针对这道套餐加大宣传力度，利用菜单向来店用餐的客人进行推销，成功地受到了欢迎。

该店在午餐时段提供的甜品从晚间时段的甜品菜单中选取。此外，还在甜品上加上生奶油或新鲜水果等。让顾客感觉相当划算，很有吸引力。该店以其孜孜不倦的努力，赢得了很多女性顾客的赞誉。

2003年12月～

在甜品上加大促销力度，
引进午餐套餐

★デザートセット　¥800　税込み¥840

～女性におすすめです～

- パスタ（右ページよりお好きなパスタ1品）
- デザート（3種盛合せ）
- ドリンク（右ページよりお選びください）

推出自制的“甜品三合一套餐”。上图中的“甜品套餐”中的甜品包括自制泡芙、巧克力慕斯等。此外，店里还提供戚风蛋糕等甜品。

2003年1月～

面向预订午餐的顾客，
免费提供甜品

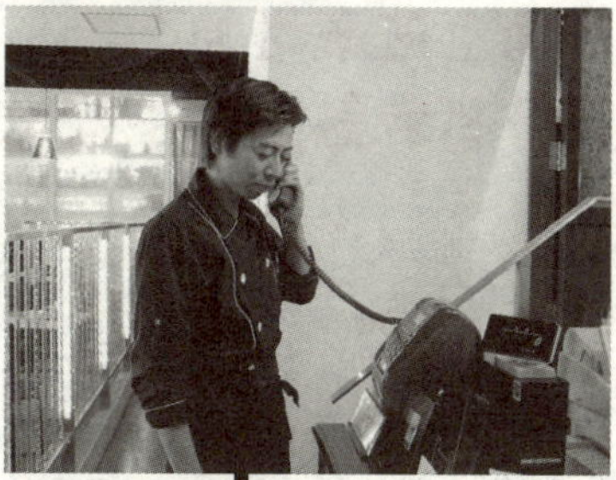

日订餐量达20～30件，
上座率增加！

凡预定午餐的客人，免费享受甜品一份。为赢得女性顾客制造话题。

限定午餐也包括甜品

只限午间时段售卖的“满分午餐”中也包括名为“开心甜点”的甜品套餐。

095

荞麦面店，增加炸虾、干炸鸡块等小菜，效果倍增！

日间上座率增加30%！提升特色魅力的午餐优惠

▲ 荞麦处 藏乃家

（东京，港区）

“套餐菜单”的卖点是通过搭配组合升级“超值感”。如果内容平淡无奇，宣传没有新意，就很难打动时下的食客。位于东京港区的一家叫“荞麦处 藏乃家”的餐馆推出的午餐套餐受到人们的关注。这种午餐套餐中最吸引人的是类似“分量实在的大块炸虾”等在荞麦面店一般看不到的丰富小菜组合。挂在店内的宣传单吸引了众多消费者的眼球。

这是一家老字号荞麦面店，迄今已有50多年历史。随着近年来日本国内经济下滑、餐馆周边人口减少，为了避免午餐客人流失，从七年前开始，这家老字号餐馆推出了“午餐850日元，每周更新菜品”的活动。这种午餐的特色是内容丰富、分量十足，由荞麦面、米饭和小菜组成。

与传统荞麦面店的主营料理不同，该店在传统的基础上，积极融入像炸虾、姜汁烧肉、汉堡牛肉饼等种类丰富的菜品，其菜式种类增至11种。每周菜单除了荞麦套餐，还赠送主食米饭、爽口酱菜等。荞麦面分冷荞麦面和素汤荞麦面两种，供顾客任选。这里提供的小菜为午餐专用，所以订购的食材多、成本投入较高，主要目的是让顾客体验超值享受。

另外，该店所用的宣传海报在电脑上合成。设计过程中刻意突出汉堡牛肉饼等小菜，显得比荞麦面的图还大，旨在扩大宣传效果。除了在店内张贴这些海报外，还在官网上进行公布。

“特惠午餐”每天限售20~25份，最受男性顾客的欢迎，几乎每天都抢购一空。自从推出这种午餐后，前来用餐的客流量增加了30~40%。

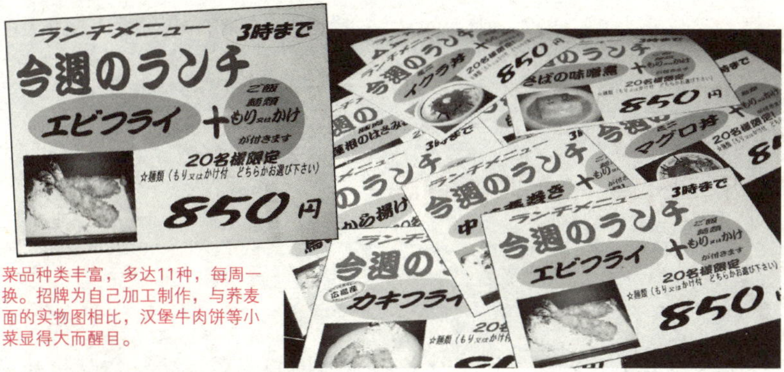

菜品种类丰富，多达11种，每周一换。招牌为自己加工制作，与荞麦面的实物图相比，汉堡牛肉饼等小菜显得大而醒目。

店内宣传海报上，汉堡牛肉饼等小菜显得比荞麦面还醒目，吸引了不少顾客。

荞麦面分冷荞麦面和素汤荞麦面两种，另有小菜、爽口酱菜及主食米饭等。每天仅售25份左右，几乎每天都抢购一空。

096

午餐惊喜体验！秘制名菜，小份供应

打动女顾客！
添饭时附赠的“迷你咖喱”

▲ BOBOS by QUEEN ALICE
（东京，品川）

在来店用餐的顾客眼中，享受额外提供的服务当然是一件愉快的事。即使只是一顿简简单单的午餐，如果让顾客体验到不一样的惊喜和感动，必然能为餐馆带来好的口碑和上座率。

以深受女性顾客青睐的“BOBOS by QUEEN ALICE”为例，这家餐馆面向来店消费的午餐客人提供各种贴心服务，其中最受好评的一项是当顾客要求添饭时，会得到店方提供的一份免费“迷你咖喱”。大约七成以上的女性顾客对这项服务表示满意。

在该店，凡点附带一份米饭的“藏红花套餐”（1850 日元）、“牛排套餐”（1850 日元）、“樱草套餐”（2400 日元）三款午餐套餐之一的顾客，添饭时免费赠送一碗“迷你咖喱”。发现客人饭吃得差不多时，服务生会礼貌地询问一句：“您好！添饭可获赠一份迷你咖喱，请问您需要吗？”

这项额外服务的目的有两个：一是满足顾客需求，让顾客感动和惊喜；二是宣传招牌菜——香浓咖喱。这种自制咖喱中加有椰奶，配合鲜嫩的鸡肉香味，虽然分量只有两三口，但是每一口的感觉都不同，特别适合女顾客的口味。很多客人吃过后都表示“怎么一开始不上呢？”、“分量再多点更好”……这种附赠迷你咖喱的午餐套餐每天能卖出 60 多份，在点这种套餐的客人中，大约七八成都能品尝到“迷你咖喱”的美味。

另外，该店提供的午餐甜点是“抹茶和北海道产牛奶软冰激凌”。甜品与饭食的另类组合赢得了顾客的一致好评。此外，该店对午餐及下午茶时段来店用餐的客人免费提供一瓶矿泉水（500ml）。这些细节到位的贴心服务，牢牢地抓住了女性顾客的心。

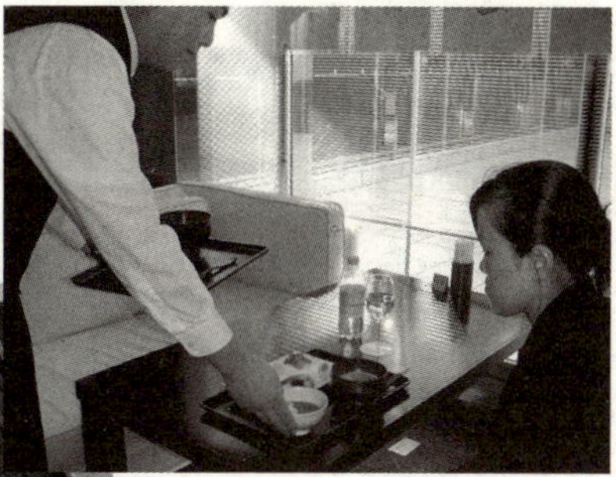

“迷你咖喱”只面向午餐时段点饭食套餐（分1850日元和2400日元两种价位）的顾客提供。看到客人吃得差不多时，服务生会礼貌地向客人说明赠品优惠方式后再上菜。

水&甜品也各具魅力！

该店为在午餐及下午茶时段来店用餐的客人免费提供一瓶矿泉水，午餐甜品是盛放在法式小皿里的冰激凌。这两项服务都受到客人的好评。

097

推出“亲子午餐”，在不加派服务生的情况下运营两个楼层

提高空置餐位的利用率，吸引新的午餐客

▲ 东明大饭店
（东京，池袋）

受时间段、日期及接待人次等因素的影响，餐饮店的上座率或餐位利用率存在较大差异，很多时候存在“餐位空置”的现象。以一家建筑格局分为上下两层的餐馆为例，日间客流量主要集中在一层，有的在店内设有多间包房，但生意清淡时包房很少使用。

从提高经济效益的角度出发，餐位空置明显属于资源浪费。所以怎样提高空置餐位的利用率、吸引客源是餐饮企业经营的重点。

位于东京池袋的中餐料理老字号“东明大饭店”推出的“午餐强化战”是一个值得借鉴的例子。该店位于一栋楼层平均使用面积为 85 坪的商务写字楼的第 3 层和第 4 层。过去第 4 层仅用于接待团体宴请，不面向午餐客人开放。后来在店面翻新装修的过程中，对该层的宴会席重新进行了规划改造，使这层的格局变得适合接待午餐客人。

大约从三年前开始，这家餐厅推出了一种“亲子限定午餐”（定价 800 日元起）。能点这种午餐的客人仅限带学龄前儿童来店的用餐者，餐席设在第 4 层的一角，每周仅限周五开放。

店方在店面翻新装修的过程中，将 4 层的宴会席从雅座改为普通餐席，面向点“亲子限定午餐”的客人开放。这种餐席的特色是地上铺着厚厚的地毯，用餐过程中不会一直老老实实待在餐桌边的小客人可以坐在地毯上翻阅漫画书和玩耍。这里宽敞的空间、温馨舒适的用餐环境，赢得了全职妈妈们的一致好评。

另外，还是利用这些餐席，店方从周一~周四期间推出“午间亲子聚会套餐”（定价 2100 日元）服务。这项服务也在一定程度上提高了店内的餐位利用率。

在此基础上，该店还另外增设了“饮料吧”，在饮料区以自助形式为顾客提供多种午餐饮料和甜点。加之 4 层的宴会餐席也面向普通

午餐客人开放。在多套促销措施的推动下，中午时段来此用餐的客流量明显增加。

另外，由于店内3层和4层均设有客人自助的“饮料吧”，服务生不必在餐桌和饮料机器之间穿梭，免去了体力消耗的环节，减少了服务人员的整体工作量，用工人数与之前基本持平。此外，该店3层设有“吸烟区”，4层为“无烟区”，很好地满足了不同顾客的需求。

① 亲子限定午餐

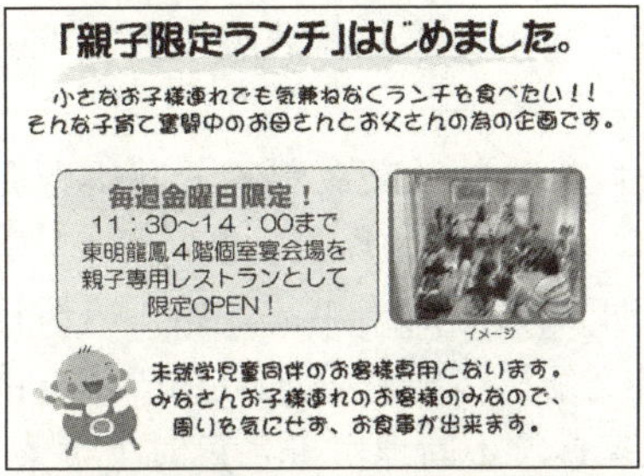

每逢周五，面向点“亲子限定午餐”的客人开放铺设地毯的包间。在此用餐的客人可以轻松放心地享受美味。该项服务在餐馆周边居民区的“全职妈妈圈子”中成为热议话题。

② 增设饮料吧

上下两层均设有自助饮料吧，旁边还有一只盛杏仁豆腐的巨大容器。客人可以“自给自足”，有效地减少了服务人员的整体工作量。

098

农场直送新鲜蔬菜，美味实惠，为晚间揽客做出了贡献

好评午餐！
“精选蔬菜”随你吃

▲ Leroux
（东京，涩谷区）

蔬菜开始成为人们餐桌上的新宠，利用美味营养的蔬菜大餐吸引顾客已然成为餐饮企业的经营重点。

其中，以品质论高下、在午餐时段推出精选蔬菜料理并获得顾客一致好评的是东京涩谷区的一家叫“Leroux”的餐厅。

这家餐厅的主厨反町秀一从该店正式营业的半年前开始，遍访日本各地的农家和农产品基地，开辟出一条从产地到餐厅的农产品直销通道。每天从东北和爱知县等地的农家源源不断地引进各色时令蔬菜、珍稀品种。把“精选蔬菜”作为推广的金字招牌。

为了加大宣传力度、让更多顾客体验餐厅的魅力、打响知名度，该店面向来店用餐的顾客正式推出午餐“蔬菜自助不限量”的活动。

活动规则是在店内设置一个用餐区和一个取餐台。餐台上摆放着生鲜蔬菜。蔬菜分别盛放在一个个大号容器中，供顾客自己夹取，夹多少不限量。这些蔬菜种类丰富。在编辑部现地采访当天，店内提供的蔬菜有宫城县产特甜中号番茄、定点栽培的白芹菜等。每张餐位上还摆放着宣传册，宣传册上标注着每种蔬菜的产地和供应商等信息。由于午餐的价格通常从900~1000日元不等，所以“蔬菜自助不限量”的服务让顾客觉得物超所值。

该店餐饮部后厨员工人数较少，所以午餐时段的翻桌率为1.5倍。这种“蔬菜自助不限量”的服务在晚间时段的揽客作用不容小觑。作为一家“专注于蔬菜的餐厅”，该店不但提高了知名度，聚会宴请的预约量也大幅增加。

蔬菜以自助形式提供。餐席上摆放着盐、橄榄油、调味汁等，供顾客拿取。番茄和萝卜等常供品种备量充足，突出本店特色。老顾客也明显增加。

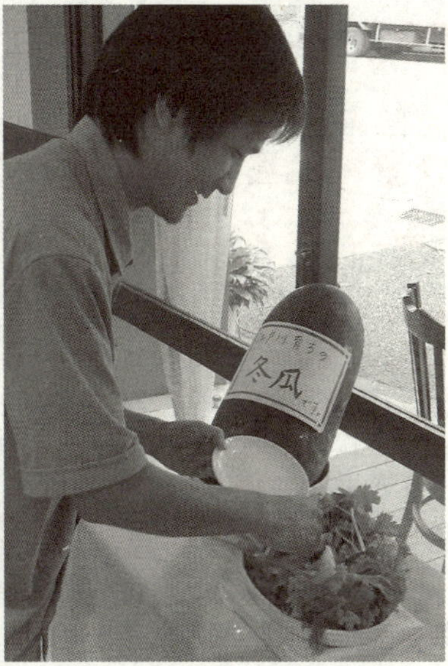

标明蔬菜产地、供应商等信息

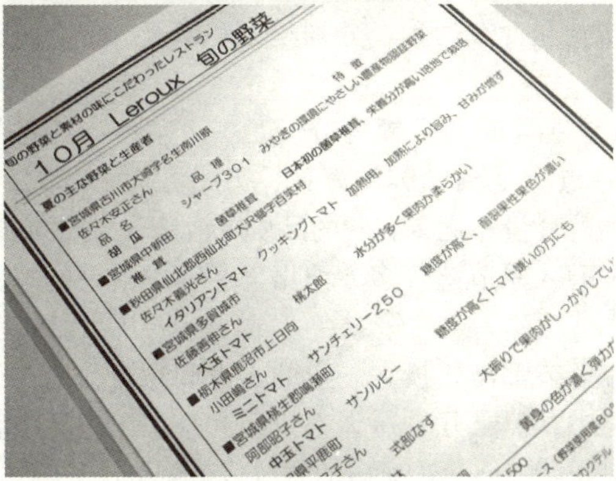

每张餐位上还摆放着宣传册，宣传册上标注着每月订购的时令鲜蔬的产地、供应商及口味特点等信息。意在面向午餐客人扩大宣传。

099

每种都超值！限量供应，一抢而空的人气

分量和品质，针对两种需求设定“男士”“女士”午餐套餐

▲ 辰之子
（东京，新桥）

餐饮店午间时段经营的重点是提高上菜速度。反之，如果商家过分注重上菜速度，菜单编排就可能缺少亮点，难以给人耳目一新的感觉。

其中，位于东京新桥的居酒屋“辰之子”面向午餐客人推出了一款特色菜单，这就是每周一换的“男士菜单”和“女士菜单”（定价900日元）。这款菜单以新颖独特的菜单名、针对客人的性别差异来满足不同需求的内容，为该店聚集了不少人气。

对于地处繁华商业街区的餐馆来说，与其他因素相比，午间时段来店用餐的男性顾客首要考虑的因素是食物的分量；另一方面，女性顾客用餐时则更关注食物的质量和种类，对分量的要求却不高。对此，该店针对客人的性别差异，推出两种套餐。

套餐的内容每周更新，主食有两种，分别是面和米饭，配有蔬菜沙拉、泡菜、味噌汤等。

“男士套餐”的特点是主食面和米饭的分量足，主菜中肉所占的比例高，在营养丰富这一点上受到顾客的好评；另一方面，“女士套餐”中配有甜品，与食物的分量相比，套餐的品质更精良。与此同时，该店从主菜的均衡搭配和融入季节感等多方面出发，考虑菜单的编排设计。

由于餐馆进货和供应环节都需要投入一定的人力和物力，现在该店每天提供的套餐仅限七种，但是几乎每天都抢购一空。在满足顾客的不同需求、菜单推陈出新等方面，这家店的做法值得借鉴。

女士套餐

· 鱼贝鸡米饭、奶油意大利面等，针对女性顾客的口味精心搭配
· 菜品食材的形状和色彩组合，无一不突出可爱的效果
· 附甜品

上图的“女士套餐”的主菜分别是“油菜花培根早春意大利面”和“亚洲风猪颈肉盖饭”。

男士套餐

· 猪排饭、烤肉饭等，主菜以肉为主
· 分量十足，每道菜都够一人份

招牌上写着本日菜单。午餐时段光顾的女性客人很多，其中不乏点“男士套餐”，且“一扫而光”的人。

100

“红白黑”三色盖饭，加深印象，提升口碑

宣传力大！“三色”每日套餐

▲ 鱼家 三十丸

（东京，三轩茶屋）

最近，提升菜单宣传力的新方法之一是在菜单名字上融入“色彩元素”。如果所用的方法得当，不但能达到吸引眼球的震撼效果，还能大幅提升菜名的吸引力。“鱼家 三十丸”从很早以前就开始在午间时段推出三款“红白黑盖饭”（定价 780 日元）。这种三色盖饭以“独特的色彩命名方式”成功地加深了顾客的印象。

这家店每天从千叶县铫子订购新鲜捕捞的鱼类，每天所用的食材都不一样，三色盖饭恰好突出了该店的这一特色，把“鱼的色彩”融入菜名。“红色盖饭”使用的食材是金枪鱼和鲣鱼等肉质为红色的鱼；“白色盖饭”使用的食材是目鲷和比目鱼等肉质为白色的鱼；“黑色盖饭”使用的食材是烤金枪鱼和煮星鳗，烹制过程中会加入铫子产的酱油。

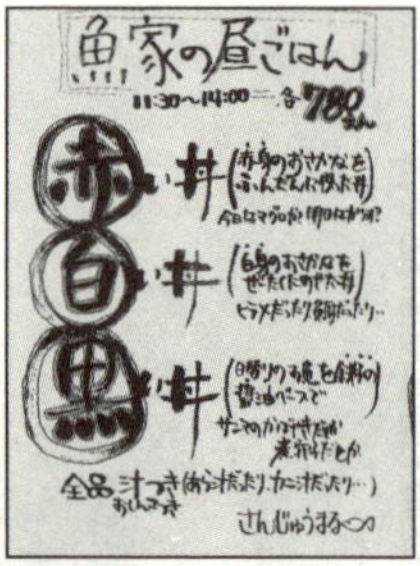

采访过程中现场实拍的白色盖饭——『芝麻绿鳍鱼酱油盖饭』。三色盖饭的品种和口味变化多端，让食客百吃不厌。

这三种盖饭由店方根据当日的进货情况，从“让顾客吃得满意”的宗旨出发，精心制作而成。正因如此，该店以其独特的口味和新奇的菜名，为自己赚得了人气。

Chapter 7

与众不同的菜单设计

101

600 日元超值盖饭，活动日预约激增，引顾客排长龙

宣传效果大！日销量 500 个！打包“拳头商品”促销

▲ 鱼清

（千叶，木更津市）

店内用餐的客人受餐饮店的座席限制，在集客量上存在一定界限。对此，如果餐馆增加外卖服务，就会吸引更多的客源。

利用外卖的特点推出本店“拳头商品”，以达到吸引顾客目的的是位于千叶县木更津市的寿司店“鱼清”。这家寿司店推出的优惠活动如下：于优惠日当天为来店消费的顾客提供外卖盖饭（600 日元，含税）。每到活动日，前往该店用餐的顾客络绎不绝。生意最火时，一天能卖出 500 多份。

这项活动于每年的二月、六月、十月推出。每次活动时间长达一个月，每周举办一次。活动正式开始前三天到一周之内，店方会派出店员在餐馆临近的社区派发宣传单，每次发 3000 多份。另外，该店以本地顾客为目标消费群体，重点加大宣传力度，及时公布外卖信息，这些都是该店营销的独到之处。

外卖盖饭分为“炸虾盖饭”和“海鲜盖饭”两种。第一周是“海鲜盖饭”，第二周是“炸虾盖饭”。每周花样翻新，每次只推一种，重点放在食材选择和烹制方法上。制作“炸虾盖饭”的食材包括大对虾两只和炸蔬菜；制作“海鲜盖饭”的食材包括金枪鱼、乌贼鱼、鲑鱼、大虾、小鲦鱼、鸡蛋等。食材种类丰富，让顾客体验不一样的超值享受。

另外，该店在信息发布和菜单编排上也别具特色，店里推出的外卖盖饭深受本地食客的欢迎，餐馆附近的很多居民都喜欢买一份带回家享用。每当夜幕降临，餐馆门前还有排队等着就餐的顾客，生意相当不错。

小小广告单，宣传效果大!

广告单设计精美，彩色印刷，面向餐馆周边的四个市散发。宣传力度大，营销得力，使餐馆销售额直线上升。

仅限打包外带，预订时需问清来店时间。价格诱人，只需600日元，分量实惠，好评如潮。

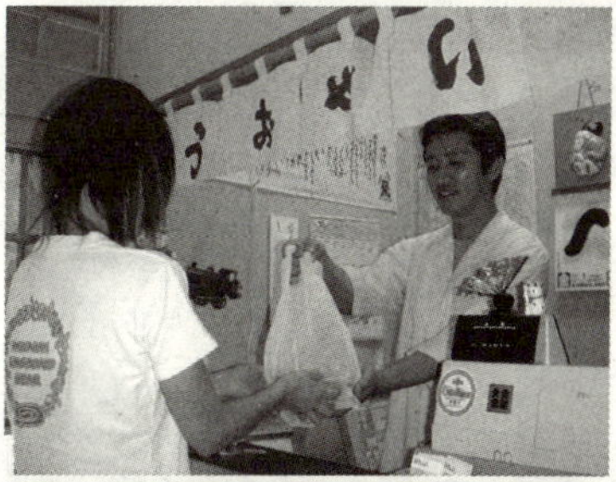

102

争取上班族光顾，增加日常套餐的点单率

超值体验！各种利用！
“包桌价”提案，获好评的套餐

▲ 中国居酒菜坊 福临 新桥店
（东京，新桥）

包桌服务不受餐饮经营范围限制，是很多餐饮企业为顾客提供的一种服务模式。但是，由于“包桌＝宴会”的印象深入人心，很多餐饮店都面临一个尴尬的难题，即团体宴请淡季包桌利用率走低。其实，对于餐饮企业来说，只要在包桌的经营模式上加以变化，就能进一步提高点单率。

值得一提的例子是位于东京新桥的中式居酒菜坊“福临店”。一般餐饮店推行的包桌形式是“每位客人〇〇日元”，该店推出的则是“每桌〇〇日元”。此外，该店还同时为顾客提供常规套餐，其中“包桌”预订最受欢迎。

该店推出的包桌形式有两种：一种是“福临包桌”，每桌5500日元（最多三位客人），一种是“家庭包桌”，每桌9800日元（最多五位客人），分别为全7品和全9品菜式。由于该店地处商业街，来此用餐的客人主要是餐馆周边的上班族，夜间时段来店喝酒用餐的需求大。因此店方特别推出这种价格适中、顾客能接受的套餐。在这个一次可容纳35位客人同时用餐的店内，每天的包桌预订量至少在1~2桌，有时利用率更高，

预订包桌的人数相对固定，实际预订量往往更高。“福临套餐”的预订量一般为3~4桌，“家庭套餐”的预订量一般为5~6桌。每位客人平均花费2000日元不到，就能获得超值的享受。

另外，包桌的魅力在于形式多样。每桌客人中，既有不想喝多的上班族，也有专门奔着用餐来的女顾客。女顾客预订“福临包桌”时，这款包桌的分量足够三个人享用。有的老顾客甚至每次都会订这种包桌，久而久之成了这家餐厅的招牌套餐。

每桌最多三位客人，定价5500日元！比每人单点一份套餐来得实惠

店头招牌上写着醒目的宣传语。“福临包桌”中有人气最旺的“四川陈麻婆豆腐土锅”，还有特制酱料炒制的“黑炒饭”。正宗中餐菜式共7品。从冷盘、主食到甜品，应有尽有，美味诱人。

价格适中，口味正宗，加上香醇的绍兴美酒，很上档次，接待宾客也是不错的选择。晚间19:00前到店用餐的客人，享生啤300日元和绍兴酒半价的限时优惠。

103

紧张和期待的快乐体验！月预约量达百人

绿菜汁馅泡芙！！拿错将为席间助兴 超人气的“联谊用”菜单

▲ PRIVATE DINING 点（TOMORU）池袋店
（东京，池袋）

怎样让觥筹交错、推杯换盏的现场气氛更加活跃，在最容易给顾客留下好印象、吸引回头客的团体宴会和男女联谊的过程中，作为活动的承办方，如果餐饮店在菜单上设计一些“花样”，一定会收到不错的效果。

最具代表性的例子是东京池袋一家叫“点（TOMORU）”的餐厅。该店专为参加“男女联谊”的年轻客人们提供一种名为“俄罗斯泡盘赌”的可选服务。这项特殊服务给年轻人的联谊活动平添了一丝乐趣，因此预订量节节攀升。

一份“俄罗斯泡盘”含两块迷你泡芙（每份 300 日元）。从外观上看不出任何区别，其实包了两种不同的馅料：一种馅是牛乳蛋糊，一种馅是绿菜汁。根据游戏规则，拿到绿菜汁泡芙的人得接受惩罚。这个有趣的活动让参加联谊活动的年轻人兴致更浓了。

目前，该集团已开办了八家分店，提供这种特殊服务的只有“男女联谊”需求量大的池袋店一家，而且需要提前一天预约。绿菜汁泡芙的供应数量和提供时机一般在接到顾客预约时核实确认。

这种特殊服务起初是专门针对“男女联谊”活动推出的，后来竟然接到一些预订酒会和宴请餐的订单。现在，月利用率达百人次。作为这家餐厅的特色招牌，“联谊餐厅”的印象已经深入人心。

每人两次
挑战……

根据人数提供甜品量，用生奶油和巧克力点缀的蛋糕精致诱人，调动起席间的气氛。

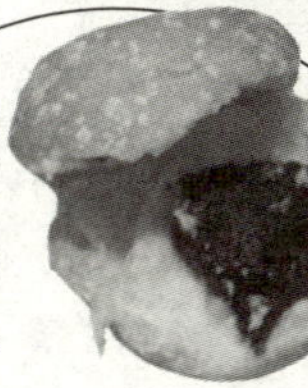

如果拿错，可能碰上绿菜汁泡芙。

紧张，期待！！

104

用“公道的价格 + 故事性”来吸引顾客

“兄弟对决”的故事成热点话题！“兄弟”双套餐热卖

▲ 刺身市场 渔火 青物横丁店
（东京，品川区）

企业经营制胜的法宝是制造热点话题。餐饮企业也一样，怎样打造“招牌菜”，怎样以菜肴为卖点闯出名堂？重要的是从“制造话题”入手。

在拓新商事有限公司创办的居酒屋“渔火”（五家门店）和“月和甲鱼”（两家门店）中，从三年前开始推出一种招牌套餐，其采用了一种新型营销方式——“兄弟对决”。拓新商事是一家家族企业，父亲担任企业法人代表。由集团总部统一订购海产品，再按一定比例分别派发到各门店。门店负责人是该家族企业的儿子，一兄一弟。根据各门店的经营效益和口碑来评选优胜者。

各门店推出的菜单在价格和内容上各具特色，分“兄套餐”和“弟套餐”两种。具体卖点和菜式由餐厅信息服务网和负责宣传的主管人员经协商后确定，在官网和相关媒体上公布。前来体验的顾客中，近六成以上点了这种特色套餐，人气相当火爆。

该店六年前曾经推出一项“77 日元饮料自助”优惠活动。活动开始时营业额激增，同比增幅达 120%。后来关注度有所下降，导致餐厅销售额直线下降，因此店方制定并推出了这项“兄弟对决”活动。

“兄弟对决”分为“兄套餐”（4200 日元）和“弟套餐”（3500 日元）两种，饮料自助。不但价格公道、经济实惠，而且以“奇”取胜。自从推出“兄弟对决”套餐后，与之前销售额增幅达 120% 的时期相比，该店的销售额进一步攀升。

两款套餐，食材不同，分别包括每日更新的“招牌一品”。食材根据当天订购的海产品种类决定，有效地控制了成本，又做到了价格公道、经济实惠。

兄 相对豪华餐

经济实惠餐 弟

『兄套餐』里的烤制菜品是『樱花鲷盐釜烧』和『奶油芝士焗伊势龙虾』；『弟套餐』里的是『釜烤鲔鱼』。

105

多达9种！增加“海胆”种类，比一比尝一尝

非常讲究的寿司材料
“体验菜单”收获好评！

▲ 达郎寿司
（东京，大田区）

时下，不少日式居酒屋纷纷推出品尝各品牌酒水的“比一比尝一尝”的品酒活动。既然是品酒活动，酒当然唱主角。但是很多顾客在品尝美酒的同时，对提供的食物也很挑剔，希望尝到一些口味独特的精品佐酒小菜。

其中，值得一提的例子是位于东京大田区的“达郎寿司”。这家寿司店的特色是备有各种做寿司的海胆食材。这里为来店用餐的客人推出的“比一比尝一尝”——“品尝海胆”活动，备受女性顾客的青睐。

除了寿司，该店还备有各种风味的美酒和下酒菜，人均消费约6500日元。注重食材质量的店主涩谷达郎采购的海胆是北海道产的“盐渍海胆”，不含化学保鲜剂。几年前，店方在订购的海胆上下了一番工夫，为了突出本店的特色——“海胆体验店”，店方通过官网等渠道进行宣传。

为了进一步提高本店海胆的知名度，该店从六年前开始推出“品尝海胆”的活动。将“虾夷马粪海胆”和“北紫海胆”等不同种类和不同产地的海胆分别盛放在小罐里，按每罐300日元的价格为客人提供。盛放海胆的小罐上还附有海胆产地等说明，吸引了不少食客的关注。因为价格比一块手握寿司还便宜，所以很多客人索性点三种，尝过一遍之后，再点一种最喜欢的来搭配寿司享用。80%以上的柜台席顾客会点这道“海胆体验餐”。

“比一比尝一尝”的美食体验最受女性顾客的欢迎，还有专程来这里品尝海胆的客人，餐馆生意十分兴隆。

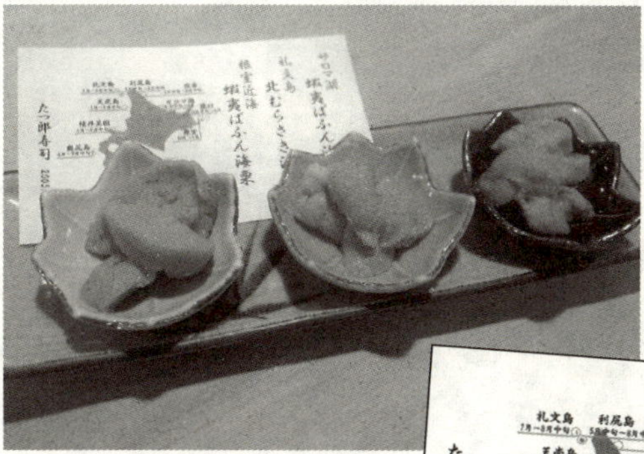

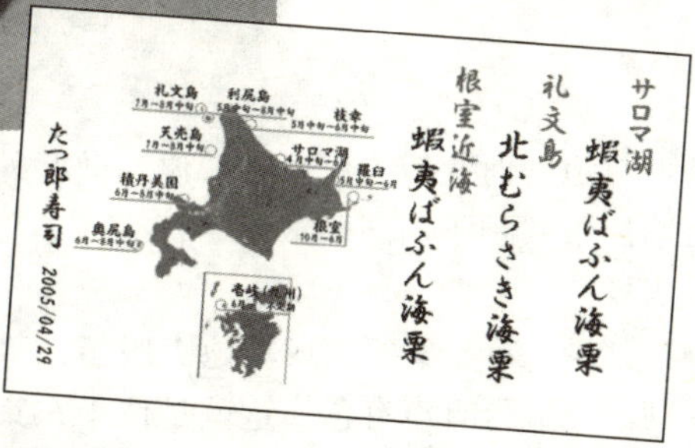

把比寿司卷稍小的海胆盛放在小碟中端给客人，另附一张海胆产地和种类的说明。

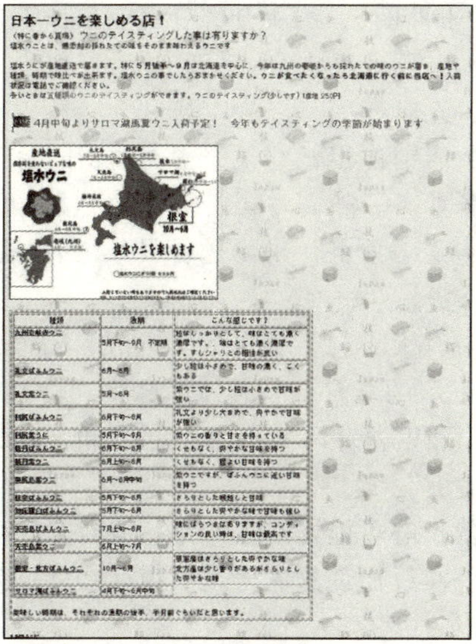

每年的5月到8月是海胆品种最全的时节，店方主要从北海道进货，另有九州产和岐阜产的海胆。具体参见本店官网。

106

地下店铺入口两侧设摊位，品质地道！

克服地下店铺的劣势！日销量80份的外卖打包餐

▲ 神保町伊吕波
（东京，神田）

对地处商业街的餐饮店来说，做好外卖送餐业务很重要。但如果店铺位于“地下商圈”或写字楼二层，即使想做外卖，也很难吸引顾客捧场。

其中，有一家餐馆成功地克服了地理位置不好的劣势，将餐馆的促销活动搞得有声有色。这就是位于东京神田神保町的寿司店“神保町伊吕波”。这家寿司店地处“地下商圈”，为了开辟外卖业务，店方在店铺与通道相连的地方搭起摊位，营业情况良好，效益呈现稳步上升的局面。

这家寿司老店创办于二战前，店铺位于毗邻某繁华商业街的写字楼地下。该店主营寿司，兼营午餐业务。随着寿司打包外卖业务需求的增加，店方从四年前推出了打包送餐业务。推出送餐服务之前，店方还在一楼搭起一间摊位，专营外卖。

这间聘请木匠师傅搭建的摊位，大小与一个电话亭相仿。日间对外营业，专门出售外卖。卖的是正宗的立食江户传统风味寿司，共8种。包括采用应季食材制作的寿司和里卷寿司“十件套”，售价500日元。另外还有500日元的“星鳗盖饭”等。

推出外卖业务之初，店方也曾担心可能影响上座率，但后来的事实证明这些担心是多余的。提供外卖反而使这家寿司店声名在外，来此用餐的顾客很多。

生意忙的时候，一天能卖80多份外卖，餐馆销售额大幅增长。

摊位结构精致，很能吸引过往行人的眼球。出售的商品有500日元的“寿司十件套”等。每个细节都透着“立食”寿司店的特色，深受周边企业上班族及中老年顾客的欢迎。

107

“招牌卷心菜奉送”，带给客人惊喜

可选小钵赠菜和生卷心菜“饭前赠菜双优惠”

▲ 蒲田西口干物屋
（东京，大田区）

怎样让顾客对店铺有一个深刻的印象？方法之一是让客人体验“惊喜”。制造的“惊喜”越是超出客人的预期，效果就越好。

如果商家想在菜单中融入“惊喜元素”，不妨考虑一下“饭前赠菜”的方式。饭前赠菜面向所有来店用餐的顾客提供，因此受到客人的普遍欢迎。

有一家餐馆因为提供饭前赠菜的方式与众不同而声名大噪，这就是八百八町居酒屋股份连锁店“干物屋”。该店从每天早上开门营业起，会提前准备好6~8种饭前赠菜。有客人来店时，服务生会端着一个摆满各色小菜的大托盘来到客人就座的餐席，客人可以从这些小菜中随意挑选。

除了让客人自己挑选赠菜，服务生还会另外端上一份该店的招牌菜——生卷心菜。如此大力优惠，让很多第一次来这儿用餐的客人感到惊喜，对“饭前赠菜双优惠”赞不绝口。

目前，这项优惠活动在“干物屋”旗下的40多家连锁店全面推出，从一号店开业起就已开始试行。近年来，面向顾客推出赠菜优惠的餐饮店并不少见，但是能让客人体验到惊喜和满意的则少之又少。因此顾客对饭前赠菜的反响一般并不热烈。

而该店推出的“饭前赠菜双优惠”以其独到之处赢得了顾客的普遍赞誉，餐馆生意蒸蒸日上。

饭前赠菜超过6种！

店方每天提前准备多种饭前小菜，晚间点单率也很高。另外，还提供售价1380日元的“干竹荚鱼御膳”等4种菜式。

另送生卷心菜！

另送生卷心菜一份。吃的时候，客人可以根据口味自己调配，调料是餐席上摆放的由味噌酱和蛋黄酱调制而成的酱料。

108

轻松享受，收获好评，增加回头客！

提升“立饮席”的魅力
“下酒菜自助”

▲ 三笠会馆意式酒吧 LA VIOLA
（东京，银座）

时下，以东京都为中心，方便快捷的亲民“立饮屋”如雨后春笋般涌现。随着“立饮”这一消费方式的人气高涨，在店内加设“立饮席”的普遍居酒屋也越来越多。让我们一起看看立饮屋的菜单设计，特别是面向顾客提供的服务。

其中，值得一提的例子是三笠会馆总店开设的意式酒吧“LA VIOLA”。该店从 2005 年秋起，经过重新装修，把原来只设坐席的茶室改成了立席（可同时容纳 20 名顾客）意式酒吧。为了吸引顾客进店，该店推出一项“Happy Aperitivo”活动。

这项活动在每天的 16：00～19：00 时间段进行，只需 1000 日元，顾客就能享受酒水一杯（可选啤酒、红白葡萄酒或气泡酒）和不限量的下酒菜，这是意式酒吧最常见的一种经营模式。这种模式的好处是一个人也能享受轻松用餐的乐趣，所以很有吸引力。

店里提供的自助下酒菜一共 8 种，包括橄榄、意式腊肠、自制西式泡菜、蔬菜薯片等。为了吸引顾客，店方在餐厅入口设置了一个菜品展示台。展台上摆放的各种色泽诱人的小菜一下子就勾起了客人的食欲，半数以上的客人都会追加点单。

自从推出这项服务后，来这里体验“立饮”的客人多了起来，有的因此成了店里的常客。对推广“立饮”这种餐饮文化起到了不小的作用。

爽口下酒菜以蔬菜为主，如“核桃甜酒南瓜色拉”、“蒜油西兰花”等，有的还能当主菜。

109

随便抓！还能为酒宴助兴！

获得年轻顾客和学生客的好评！“抓毛豆”促销

▲ 宫崎土鸡料理之正宗烧酒店 具满堂（东京，世田谷区）

餐饮企业在进行促销活动时，首先必须对目标消费人群进行深入的分析及明晰的定位，弄清楚自家的产品到底要卖给谁。很多餐饮企业因为目标消费人群的定位错误，结果导致促销失败。此外，餐饮企业的菜单设计也离不开营销策略，必须先锁定目标消费人群，再针对不同层次的消费需求进行针对性的设计。

其中，位于东京世田谷区的“宫崎土鸡料理之正宗烧酒店 具满堂”从一开始就将目标锁定于学生客，在此定位下，其推出一项收费 500 日元的“抓毛豆”活动，在餐馆附近的学生等年轻消费群体中聚集了人气。

这项活动的规则如下：客人进店就座后，服务生先把一只装毛豆的篮子提到客席，由客人抓取，每名客人每次限抓一把。服务生把抓好的毛豆放到另一只小碟里，客人抓多少就享用多少。

这家餐馆毗邻某大学校区，来此用餐的主要是学生客，其中不乏专门为了体验抓毛豆而来的人。还有不少在此举办酒宴的顾客点这项活动助兴。此外，毛豆作为一道亲民的佐酒小菜，在 30~40 岁的中年顾客中也很受欢迎。

其中，有的客人一把能抓上 300 多克毛豆。当然，努力降低毛豆的进货成本也是该店的经营方针之一。该店在利用毛豆吸引顾客的同时，在为顾客创造惊喜体验上也下了一番工夫，因此在广大学生顾客中获得了良好的口碑。

客人点这道菜时，服务生会把一只装毛豆的篮子和空碟拿到客人的餐席，由客人随便抓。为了多抓一些毛豆，有的客人干脆站起身摆开架势。

有的客人一把能抓上300多克毛豆。举办学生派对时，这道特殊的菜品为现场气氛增色不少。

110

养麦面+盖饭的“特价菜”，点餐集中！避免食材浪费

点单率超四成！
每日一款满意超值套餐

▲ 吉祥寺 增田屋
（东京，吉祥寺）

为了提升揽客力，很多餐饮店定期更换菜式，结果不但造成食材浪费、加大了后厨的工作负担，而且只能在短时间内奏效。餐饮企业如何提高顾客忠诚度并赢得回头客呢？首先必须从提升烹饪和上菜效率上入手，在省时省力上下工夫。

值得关注的例子是东京吉祥寺一家经营荞麦及乌冬面的“增田屋”。该店推出一项每日“特价套餐”，该套餐的日点单率接近四至五成，人气相当火爆。

从周一到周六，这种套餐的食材搭配每天翻新花样。一份荞麦（乌冬面）+ 盖饭组合只卖 900 日元。荞麦和盖饭为 1.5 人份，量足实惠，大约 400 克。

这家店的展示区里每天都摆放着各种当天推出的亮点菜品。店方采用宣传单以扩大宣传力度，宣传单的内容每三个月更新一次。周四是该店的店休日，所以每周只推出五种特价菜，而周日和节假日时，客人能从所有特价菜中任选。

以前店方的运作方式是每次准备十种荞麦面（乌冬面）和盖饭，客人根据口味自己搭配组合。自从推出这项活动后不久，问题出现了——准备的十种套餐方案造成了严重的食物浪费。于是店家改为每周七天、每天一种的促销模式。此外，该店还推出过“赠菜”促销，因顾客反应平平而被迫取消。在积累了一次又一次失败的教训后，如今该店推出的新促销模式既方便了客人，又方便了自己，从此慢慢固定下来。

另外，这种特价套餐还提供外卖送餐服务。顾客预约送餐时，只要特别说明“不要一次性筷子”，如果所订的套餐超过 1000 日元，那么就将获得一张价值 50 日元的打折券。

从周一到周六，每日一款价值900日元的套餐。在店内展示区和宣传单上进行宣传。

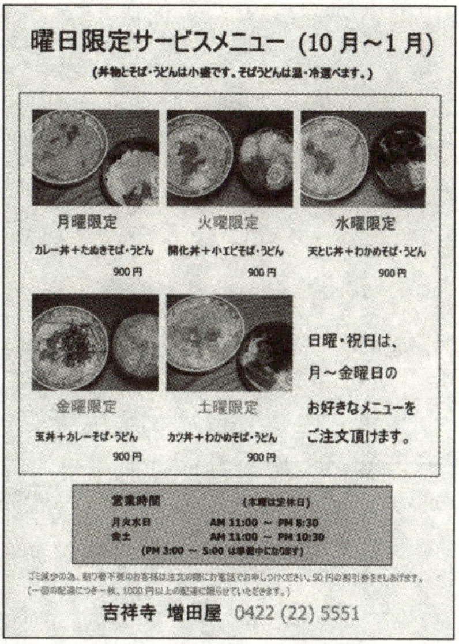
曜日限定サービスメニュー（10月～1月）

（丼物とそば・うどんは小盛です。そばうどんは温・冷選べます。）

月曜限定
カレー丼＋たぬきそば・うどん
900円

火曜限定
開化丼＋小エビそば・うどん
900円

水曜限定
天とじ丼＋わかめそば・うどん
900円

金曜限定
玉丼＋カレーそば・うどん
900円

土曜限定
カツ丼＋わかめそば・うどん
900円

日曜・祝日は、月～金曜日のお好きなメニューをご注文頂けます。

営業時間　（木曜は定休日）
月火水日　AM 11:00 ～ PM 8:30
金土　AM 11:00 ～ PM 10:30
（PM 3:00 ～ 5:00 は準備中になります）

ゴミ減少の為、割り箸不要のお客様は注文の際にお電話でお申しつけください。50円の割引券をさしあげます。
（一回の配達につき一枚、1000円以上の配達に限らせていただきます。）

吉祥寺 増田屋 0422 (22) 5551

亮点

① 面＋盖饭，分量足，大约400克
② 宣传单每三个月更新一次
③ 周日、节假日，所有套餐全面供应
④ 提供外卖送餐服务。不要一次性筷子者可获赠50日元打折券一张

111

"工作餐"露脸引热议！

激发顾客的食欲！"工作餐"展示菜单

▲ 神乐坂 SHUN 本家
（东京，神乐坂）

最近，电视、报纸及杂志等媒体上又出现了一个新鲜事物，这就是邀请知名大厨公开露面晒"工作餐"。餐饮业员工的工作餐中，既有不为人知的私家菜魅力，又有专业厨师烹制的味道。其中滋味如何？在无形中调动起食客的味蕾和兴趣。

东京神乐坂有一家专营日本本土料理的餐厅，名叫"神乐坂 SHUN 本家"。这家餐厅想出一招创意：面向来店用餐的顾客推出"工作餐"，这项活动于三年前的 1 月 17 日 ~ 31 日期间实施。一经推出，就在顾客中取得了较好的反响。活动期间，日点单数约 20 份，人气相当不错。

这些"工作餐"其实是从餐厅后厨制作的工作餐中挑选出来的，都是一些可以作为正式菜上桌的料理。制作过程和烹饪方法不变，只是制作过程更加精心。

工作餐的售价一律为 600 日元，每天供应 5 ~ 7 种。店方提前派人进行宣传单的派发和投放工作，同时在店内展示区进行展示，并通过手写菜单公布。

这些面向客人推出的工作餐大约有 20 多种，包括"嫩煮翅尖"、"一口五花肉"、"烩鱼杂碎"等。所需食材多为成本低廉的五花肉、海鲜杂烩和蔬菜边角料等，不但量足实惠，价格也很便宜。

另外，"蔬菜汤炒饭"的做法是把白萝卜、芜菁叶、胡萝卜等配料切碎后，加入米饭一起炒制。吃的时候淋上清汤。这些菜式制作简单，没有额外成本，只要花一点工夫，一样能呈现出专业级的美味。

这个创意是店方为了走亲民路线、让食客体验一尝忘不了的奇特美食为出发点而推出的，新奇味道引得大批消费者前来，可谓大获成功。

作为正式菜推出的“工作餐”。从前至后依次是“一口五花肉”、“涮猪肉春卷”、“蔬菜汤炒饭”。一律600日元。

除了提前派人进行宣传单的派发和投放工作，同时在店内展示区进行展示，吸引新客源。每年定期举办此活动。

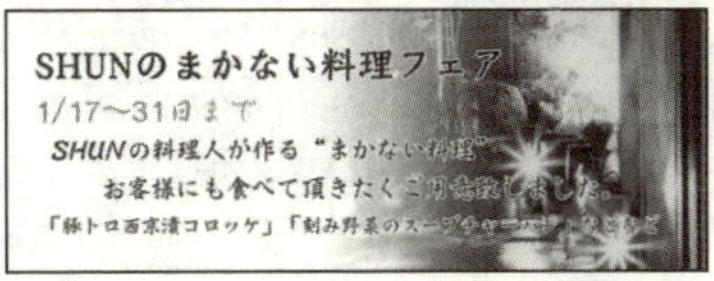

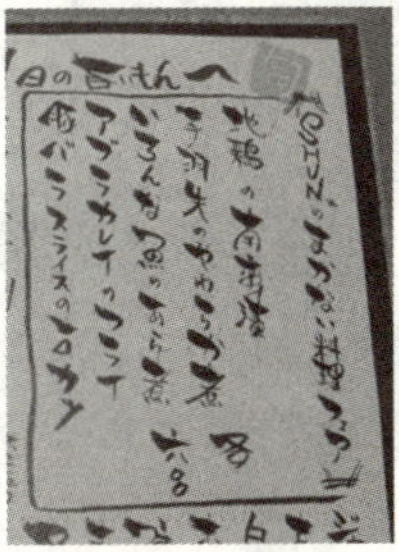

工作餐还出现在每日“推荐菜”菜单上。

112

一口鲜，味蕾的惊爆体验！

吸引新顾客的“活鱼一口鲜”
内容丰富，回头客也青睐！

▲ 割烹 山形
（东京，涩谷区）

餐饮店怎样才能吸引新顾客？首先要营造温馨的用餐氛围，让客人一看就知道这家餐馆的特色，并且愿意进店尝试。那些一贯走豪华路线、让寻常百姓望而却步的高端餐饮企业应该放低姿态，通过推出亲民菜吸引普通消费者上门。

其中，位于东京涩谷区的“割烹 山形”变换经营思路，推出一项以鮟鱇（老头鱼）和河豚等应季鲜鱼为卖点的促销活动。这家餐厅主动放低姿态，面向来店消费的顾客提供一道招牌亲民菜——红鳍鲀“活鱼一口鲜”，每份800日元。成功地吸引了大批顾客。

“高档鱼、亲民价”。这则消息很快不胫而走。如今，来这家店消费的顾客中，除了预定团体宴会餐的客人以外，几乎所有人都会点这道菜。

“活鱼一口鲜”共6种，如活红鳍鲀、活比目鱼、活鲍鱼等。菜单上还特别标明“一口鲜”，这也是该店的一个特色。菜名叫“一口鲜”，其实分量十足，尝过的顾客都赞不绝口。

此外，该店的菜品装盘非常讲究——并非单纯地把菜品摆在盘里，而是进行“相得益彰”的搭配。如“虎鱼鲜吃配干炸虎鱼”、“对虾配盐烤虾头”等。

店方推出的这些优惠措施不但抓住了顾客的胃，更抓住了顾客的心，表示“下次想来品尝火锅”的人不在少数。据说再次来店的顾客中，火锅和一口鲜的点单率最多。一道一口鲜，不但吸引了新顾客，更博得了众多回头客的赞誉。

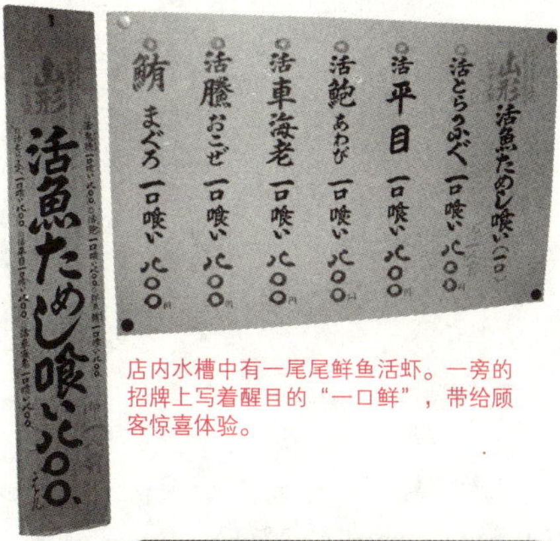

店内水槽中有一尾尾鲜鱼活虾。一旁的招牌上写着醒目的“一口鲜”，带给顾客惊喜体验。

6种应季鱼贝一口鲜

装盘讲究，收获好评！

活红鳍鲀“一口鲜刺身”。7片刺身，搭配口感爽脆的鱼皮，装盘考究，口感丰富。夹取一片，蘸料入口，堪称绝品。

一口鲜，食材新鲜，分量十足，口感上乘，有的客人索性6款全点。

113

与形式单一的打折优惠日不同，招牌菜揽客战术

“心动不如行动”的魅力，吸引1.5倍顾客的优惠日

▲ 寿司处 面
（东京，丰岛区）

吸引顾客眼球的促销手段之一是“优惠日”，但大多数商家推出优惠日的形式无一例外，都是推出打折促销活动。其实只要商家在优惠活动的方式上稍加变化，就能收到意想不到的效果。

东京大塚有一家名为“寿司 处面”的餐厅，该店把每月的7号、17号和27号定为“逢七优惠日”。优惠日当天，面向来店用餐的顾客提供特惠午餐寿司套餐——“The Lunch”1000日元（附汤和甜品）和“The Lunch 1.5人份”1500日元（同上），另赠“特肥金枪鱼寿司”一份。

这种特肥金枪鱼肉是从批发商采购的，产自北太平洋的新鲜金枪鱼。这种寿司平时在店内售价为1000日元一块。高级寿司食材是很多人的最爱，在顾客中的口碑一向很好。每逢优惠日的午餐时段，来这里用餐的顾客是平时的1.5倍。

餐厅在店门口贴出优惠活动公告，每次都会吸引一批新顾客。同时，经常来这家店吃午餐的常客中，很多人出于“今天有特价新鲜特肥金枪鱼寿司，不如慰劳一下自己”的想法，也会点一份1500日元豪华午餐来犒劳一下自己。

另外，优惠日当天点普通餐的客人，结账时会得到一张下次用餐打九折的优惠券。当晚来店消费的客人，一律享受“本次用餐、下次优惠”的活动。现在，由于金枪鱼的进价居高不下，店方正在考虑用其他招牌食材代替。由此可见，商家推出优惠促销活动时，除了打折促销，只要操作得法，利用招牌菜同样能赚取人气，从而吸引顾客上门。

精选特肥金枪鱼寿司

精选特肥金枪鱼寿司特价，面对美味诱惑，心动不如行动。这正是这种促销方法的魅力所在。

用餐享九折优惠

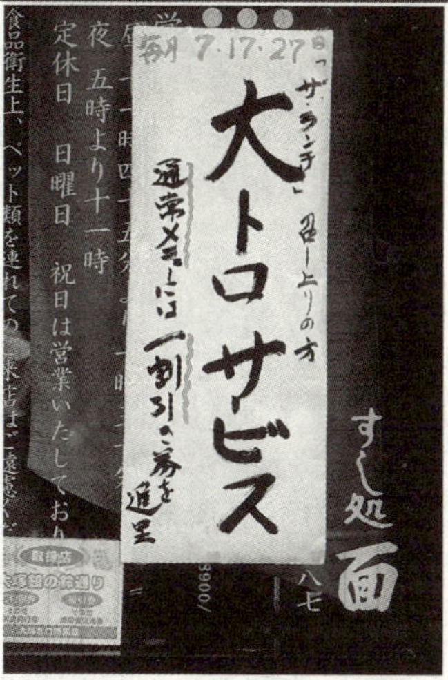

在店前张贴优惠信息。优惠日当天点普通餐的客人，结账时会获赠一张下次用餐打九折的优惠券。特惠日当晚来店消费的客人，一律享受该优惠。

114

按日预约获特惠！突出烤肉店特色

幽默提升揽客力！新创意之按日安排菜单

▲ 烤肉 兼六
（东京，港区）

“按日限定，提供免费饮料一杯”。时下推出按日优惠活动的餐饮店很多。但是，为了加深顾客对门店的印象，在优惠内容和优惠活动的命名上下工夫也很重要。

东京滨松町有一家叫“兼六”的烤肉店。该店成功地推出了一项按日限定的优惠活动，不但令来店用餐的顾客眼前一亮，还提升了门店的揽客力。这项优惠活动按“七曜”计日历法中一周七天每天的名称，分别设计七款菜式。自从推出这项举措，该店的预约量大增，还吸引了不少新顾客前来。

“七天菜式”的重点是每道菜分别对应一周中的一天，内容与七曜计日的读法相关。例如：星期一（月曜日）与“月亮”相关，故推出“圆形韩式煎饼”；星期三（水曜日）与“水”相关，故推出“每位客人赠饮一杯”。

另外，星期二（火曜日）推出牛仔骨、牛腹肉和里脊，顾客可以从中挑选；星期四（木曜日）推出各色蘑菇拼盘篮；星期五（金曜日）推出金箔生拌牛肉，生拌牛肉上撒有一层薄薄的食用金箔，好吃又好玩；星期六（土曜日）是“土用之丑日”（译者注：对应中国的三伏），这天牛肉料理一律打八折；星期天（日曜日）来店消费的客人，赠韩式海苔等小礼品。烤肉店按“七曜”计日历法编排菜式，突出了烤肉店的特色。

优惠活动的对象仅限 4 人以上的团体客。因为知道该店搞优惠而专门预约的客人也很多。这家可同时容纳 20 人用餐的餐馆的日预约量高达 1~4 组，人气相当火爆。

“烤肉滋滋响”等幽默的表达也是每日特价菜组成的一部分。

每日特价菜

星期一（月） 圆形韩式煎饼一份
星期二（火） 烤肉滋滋响，烤出你的欢乐
（牛仔骨、牛腹肉、里脊。任选一品）
星期三（水） 饮料 ×每人一份
星期四（木） 各色蘑菇拼盘篮（日文为“木野子”）
星期五（金） 豪华“金箔生拌牛肉”
星期六（土） “牛”之日
牛肉料理一律八折
星期日（日） 赠韩式海苔！

※ 优惠仅限4人以上的团体客。

星期五推出金箔生拌牛肉

星期四推出蘑菇蓝

星期五（金曜日）推出金箔生拌牛肉。生拌牛肉上撒有一层薄薄的食用金箔，豪华美食加视觉盛宴，得到很多顾客的好评。星期四（木曜）推出蘑菇篮，包括松口蘑、杏鲍菇、丛生口蘑、金针菇等各式蘑菇。

译者注：在日语中，一星期中的各天并不是按数字顺序，而是有着特定的名字，以“七曜”来分别命名。其中，土曜日是星期六，日曜日是星期天，月曜日是星期一，火曜日是星期二，水曜日是星期三，木曜日是星期四，金曜日是星期五。

115

增设专用窗口，菜品每日更新，吸引女顾客
订单率增加！
成功强化外卖业务

▲ 荞麦作
（东京，新桥）

餐饮店在提高自身盈利能力的基础上，做好餐饮外卖也很重要。尽管众多餐饮企业有意试水外卖业务，但是由于在“主营业务”上投入精力过多，所以往往选择放弃。

位于东京新桥的“立食”荞麦面店“荞麦作”通过强化外卖业务，在日间店内生意繁忙的情况下合理地安排了外卖送餐服务，使门店营业额显著提升。

这家人气荞麦面店的招牌面是秘制汤底面，以风味独特、味道正宗著称。来此用餐的客人大多是男性，针对这种情况，地处商业街的店方为了进一步吸引周边企业的女白领，从六年前开始集中强化外卖送餐服务。

首先，每天白天11：00~14：00之间，在店内增设临时外卖窗口。客人不必进入嘈杂的店内，也能买到美食。其次，面向消费者提供一份每日更新的外卖菜单。每天推出的外卖品种不同，根据季节灵活调整。

外卖菜单中，冬天有“鸡肉荞麦面”；夏天有“沙拉乌冬面”和“盖饭套餐”等。菜式品种丰富，而且一律只卖500日元。另外，店方通过在外卖菜单中增加本店限定品，不但提升了外卖商品的附加值，还起到了吸引顾客的效果。

自从该店采用充满季节感的每日菜单后，外卖销量节节攀升，日预订量达35~40份。其中，“每日套餐”的日预订量超过20份，在女性顾客中尤其受欢迎。

每日更新，每季更新

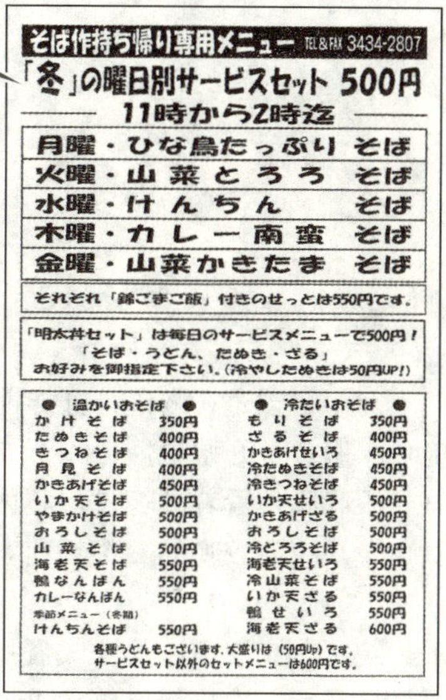

そば作持ち帰り専用メニュー TEL&FAX 3434-2807

「冬」の曜日別サービスセット 500円

11時から2時迄

月曜・ひな鳥たっぷり そば
火曜・山菜とろろ そば
水曜・けんちん そば
木曜・カレー南蛮 そば
金曜・山菜かきたま そば

それぞれ「錦ごまご飯」付きのせっとは550円です。

「明太丼セット」は毎日のサービスメニューで500円！
「そば・うどん、たぬき・ざる」
お好みを御指定下さい。(冷やしたぬきは50円UP!)

● 温かいおそば ●		● 冷たいおそば ●	
かけそば	350円	もりそば	350円
たぬきそば	400円	ざるそば	400円
きつねそば	400円	かきあげせいろ	450円
月見そば	400円	冷たぬきそば	450円
かきあげそば	450円	冷きつねそば	450円
いか天そば	500円	いか天せいろ	500円
やまかけそば	500円	かきあげざる	500円
おろしそば	500円	おろしそば	500円
山菜そば	500円	冷とろろそば	500円
海老天そば	550円	海老天せいろ	550円
鴨なんばん	550円	冷山菜そば	550円
カレーなんばん	550円	いか天ざる	550円
季節メニュー（冬期）		鴨せいろ	550円
けんちんそば	550円	海老天ざる	600円

各種うどんもございます. 大盛りは (50円Up) です。
サービスセット以外のセットメニューは600円です。

『外卖专用菜单』每天更新，售价500日元。根据季节调整，以增加点单率。

专用销售窗口

每天白天11:00～14:00之间，在店内增设临时外卖窗口。客人不必进入嘈杂的店内，也能买到美食，因此深受女性顾客的欢迎。

鸡肉荞麦面等当日外卖餐点的菜单被挂在店头宣传，并附上照片

116

速成超值餐，打烊前促销

“最后点单前 30 分钟”提供的限定餐

▲ L´ARTEMIS
（东京，原宿）

对于餐饮企业来说，打烊前是一个特殊的时间段。一般到了这个时候，服务员开始松懈，无形中会造成客源流失。店方有心迎客，但往往眼睁睁地看着顾客过门不入。为解决打烊前客人稀少的问题，餐饮店应从夜间较晚的“终场前”时段入手，在吸引顾客轻松进店上下工夫。

位于东京原宿区的法式餐厅“L´ARTEMIS”从很早以前开始，就在餐厅最后一次接受点单前 30 分钟推出一种限定便餐。这项举措在深夜时段有用餐需求的顾客中得到了好评。

这家餐厅最后一次接受点单的时间是 21：30，该店对 21：00 以后进店的客人推出一道制作便捷的“月光餐”。“月光餐”由一杯红酒、开胃菜和主菜沙拉、面包和奶酪等组成，售价 3150 日元。葡萄酒有红葡萄酒、白葡萄酒、香槟酒三种，客人可以自选。

主菜沙拉使用当天制作套餐时剩下的食材，满满一大盘由肉酱和鱼贝杂碎等组成的食物，不但分量十足，价格也很实惠。另外，因为这道菜使用的都是当天剩下的食材，所以有效地避免了食物浪费。

在一般人看来，法式餐厅给人的印象通常是上菜慢、门槛高，并非普通人消费的场所。对此，这家餐厅特意把“月光餐”的价格定得比晚餐正餐的价格低，而且在压缩成本、提高上菜速度上下工夫。点普通餐的客人一般在 21：00 之前进店，因此通过推出“月光餐”，该店成功地利用 21：00 之后的时间段吸引了一批新顾客，其中还有一些单独前来就餐的女顾客。

葡萄酒

有红葡萄酒、白葡萄酒和香槟酒三种可供选择。奶酪和开胃菜也独具特色

餐厅提供的套餐一例。主菜沙拉由猪肉酱、扇贝、黑醋鲈鱼等丰富的食材组成。开胃菜包括猪油肉酱等三种。

沙拉

分量大，像主菜。
还能减少食材浪费

“月光餐”，这个特别的名字让人倍感轻松。提前进行宣传页派发和通过官网发布信息。

117

大豆异黄酮、胶原蛋白、蕃茄红素……以美容健康为宣传主题

在女性和中老年顾客中赚取人气！“话题营养素”套餐

▲ 春木屋善兵卫
（东京，千代田区）

现如今，随着人们对于食物的营养价值、食品常识等的关注度不断提高，如果餐饮企业有针对性地面向顾客推出与“美容健康”相关的食材和料理，一定能提升关注度并引起热议，还能在顾客心中留下“注重食物品质和健康”的印象。

其中值得一提的是一家名为“春木屋善兵卫”的创意鳗鱼料理店。该店根据季节变换，在不同时间推出各种限定套餐，其中有一种定价 2800 日元的“爽健美套餐”一度引发热议，而且在电视上播出过。制作这款套餐使用的全部是对人体健康有益的营养食材，因此受到注重美容健康的女性顾客和中老年顾客的普遍欢迎。

该套餐所含的菜品共 9 品，有鳗鱼意式蒜蓉面包（富含维生素 B1）、什锦豆腐（富含大豆异黄酮）、牛筋 WA 汤（富含胶原蛋白）等。该店设计的菜单上除了菜名，还配有对各菜品所含营养素的说明。例如：豆腐含大豆异黄酮，西红柿含番茄红素……以及每种营养素对美容和健康的功效等。

该店推出这项举措主要是为了吸引女顾客，没想到还赢得了对健康关注度日益提高的中老年男顾客的青睐。对此，店方再接再厉，又针对中老年消费群体推出具有“疏通血管”、“防止老化”等功效的菜式，进一步提高了顾客的关注度。

这些套餐原则上采用预约制，同时在日本美食搜索网 GuluNabi 和 COUPON 杂志上登出各类优惠活动。与九段下分店的销售情况相比，日本桥店的生意最火，光是预订这种营养套餐的食客已经让店内座无虚席、一座难求。

套餐包含“什锦豆腐”“汤品”“刺身”“糯米小豆饭”。一改鳗鱼餐馆一成不变的刻板印象，食物鲜香诱人，诱惑难挡。

“爽健美套餐”菜品详情

- 鳗鱼意式蒜蓉面包
  维生素B1 = 缓解疲劳，改善肤质，减压
- 什锦豆腐
  大豆异黄酮 = 改善更年期症状
- 牛筋WA汤
  胶原蛋白 = 养颜美容，改善发质
- 青鱼刺身
  辅酶Q10 = 随年龄增长而减少，因此需要补充摄入
- 泰式炒扇贝
  辣椒素 = 燃烧脂肪，促进新陈代谢
- 芦笋西红柿沙拉
  番茄红素 = 防癌抗癌，清除引发动脉硬化的活性氧
- 红酒煮羊羔肉
  多酚 = 净化血液，预防衰老
- 鳗鱼香糯米饭
  DHA = 恢复视力，缓解失眠，控制胆固醇
- 本日甜品

118

大米品种每月不同。以“产地+品牌”为宣传核心

人气！每月更新的“大米”菜单

▲ 炭火烤鸡肉串 传兵卫
（神奈川，横滨）

随着生活水平的提高，人们对于食材的品质和产地越来越挑剔。瞄准这一新的市场需求，为了加深顾客对餐厅的印象，位于神奈川县横滨市的“炭火烤鸡肉串 传兵卫”每月从不同地区订购基本食材——大米，把大米作为本店的招牌。

该店是一家经营烤鸡肉串和锅饭的居酒屋，一份米饭售价 250 日元，另外供应“锅饭套餐”和寿司卷。每月店方从不同产地订购大米制作主食，所订购的大米一般是糙米，在店内经过碾磨等精加工后使用。店内设置的木制招牌上刻着醒目的“本月订购大米”字样，一旁还标出了大米的产地和品牌等信息。

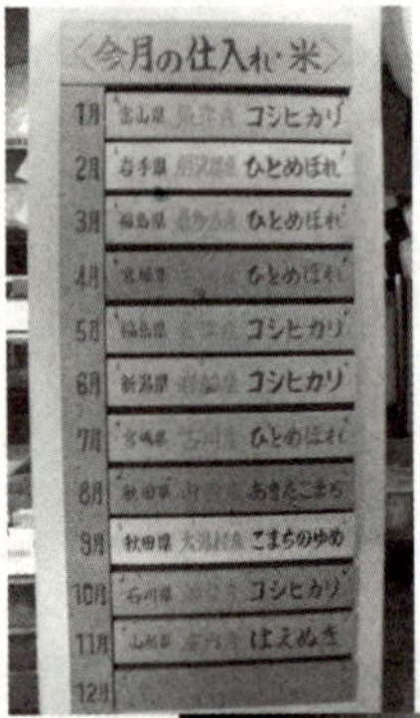

店门口处的墙上挂着一块木牌，上面写着每月店里订购的大米产地、品牌等信息，顾客的关注度很高。另外，每月对烧酒、鸡肉等商品进行调整，并进行宣传单派发和投放工作。

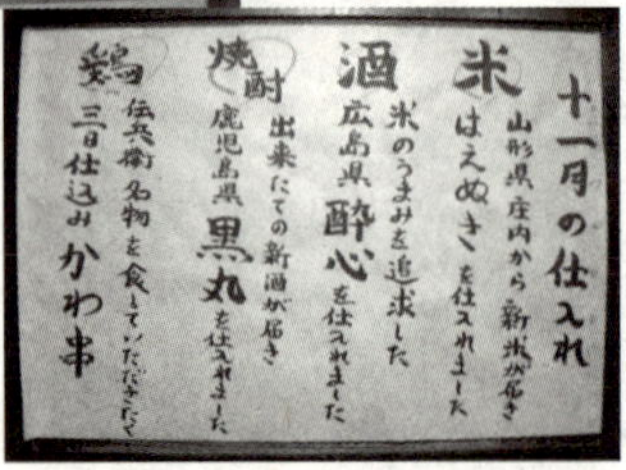

译者注：锅饭，日语称釜饭。是以砂锅盛载着饭和食材并用炭火慢慢蒸熟的食品，过去通常在冬季食用。

每到新米上市季节，每隔两周对大米菜单调整一次，平时一月调整一次。这项措施在追求大米口感、品尝不同产地大米风味的顾客中大受欢迎。来这里消费的顾客中，近半数客人在一杯酒下肚后，都会叫一份米饭品尝。除了米饭，店方每月对日本酒、烧酒、鸡肉等商品进行调整，更换酒水种类或食材的花样。把“○月新鲜到货”作为本店宣传的亮点，以此吸引顾客。

119

“冰镇番茄”变身话题菜

收获好评的“四种盐”

▲ YIKIYIKI 亭
（石川，金泽市）

在日本大型超市的调味品柜台内，仅食盐的种类就有很多，可见日本人对盐的关注度之高。不同种类的盐中所含的矿物质不同，口感也存在差异。石川金泽市有一家叫“YIKIYIKI 亭”的日式饭庄，这家店对使用的盐非常讲究，其主要特色是为需要蘸盐吃的菜品配上四种盐。这个点子令这家餐馆的生意火了起来，且声名在外。

这里推出的蘸盐菜品不外乎冰镇番茄、炸天妇罗等，吃的时候需要蘸着盐来吃。店方为这些菜准备了四种不同的盐，分别是精制盐、抹茶盐、岩盐和山椒盐。这些食盐被分别装在轮岛漆器中，上菜时由服务生提着装盐的竹篮送到指定餐席。

来此用餐的食客中，很多人都喜欢把各种盐先轮番尝一遍，最后选定一种。通过细品菜肴蘸取不同食盐后留在舌尖的味蕾感受，原本一道简简单单的冰镇番茄，不但成为一道可以对比口味的特色菜，而且演绎出了不同的风味。这些食盐中，据说最受顾客欢迎的是抹茶盐。

服务生提着装有四种食盐的竹篮送到指定餐席。这项特色服务还受到了爱吃蘸盐刺身的客人的好评。

120

用“豪华+震撼”的火焰餐表演吸引眼球

立体视觉冲击+火焰组合的“烤香鱼串”

▲ 串打工房 烤串
（东京，中野区）

日本料理非常注重装盘的美观，对于菜肴外形美的追求十分重视。装盘不仅关系到菜肴的外形美，而且关系到顾客对餐馆的印象。赏心悦目的视觉观感，能够带给食客动心的味觉体验。

“串打工房 烤串”是一家主营海鲜烤串的餐馆。该店面向顾客推出一道“烤香鱼串”，把整条鱼串在扦子上烤熟而不破坏鱼的形状，每份售价 880 日元。这道菜的特色是先把萝卜串在烤串杆上，周围撒上一圈盐和木炭做装饰，然后轮到服务生上场表演火焰餐了。只见服务生点燃菜肴上含盐的白酒，火焰燃烧起来的一瞬间，绝对吸引食客的眼球。

烤香鱼串用的食材都是当天送到的鲜鱼，为了向顾客证明食材的新鲜，店方想出了这招创意。新鲜的食材带给消费者视觉冲击，与此同时，还有亲眼见证的震撼体验。不但提升了菜品的附加价值，更令食客难挡眼前美味的诱惑。

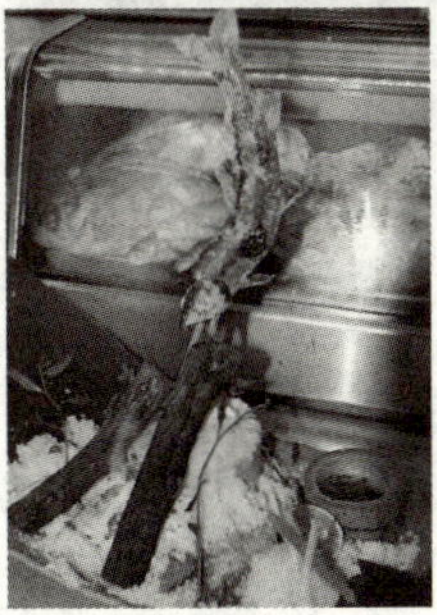

另外，服务生把这道菜从后厨端往指定餐席时，不仅限点餐的客人，还会引来其他食客好奇的目光。一些客人更是跃跃欲试，迫不及待地点一份品尝。

121

传递祝福和心意

感动的“卡布奇诺”

▲ CIVETTA
（东京，涩谷区）

“生日打折优惠”是很多人在特别的日子里选择用餐地点的一大要素。其中，有一家餐厅为了提升生日优惠的魅力、吸引更多客人进店，在餐后咖啡上的奶油花纹上做起了文章，这就是“CIVETTA”推出的咖啡艺术奶油花。

咖啡艺术奶油花由这家店具有专业资质的咖啡师制作。咖啡师先把热牛奶打成绵细的奶泡，然后倒入装有意式咖啡“Espresso”的杯内，做出一个心形图案，再用可可粉勾画出各种美丽的花边图案或文字。这个创意让很多来此用餐的顾客惊喜不已。

也面向点2000日元蛋糕拼盘的顾客提供。

该店还面向庆祝生日或其他纪念日的顾客提供一款蛋糕纪念套餐。在时下众多餐饮店纷纷推出蛋糕的大环境下，让客人在用餐满意的同时收获惊喜，是该店推出这一创意的初衷。

凡点这种套餐的顾客，在客人享用蛋糕的过程中，服务生会根据时机端上艺术咖啡。看到咖啡上漂浮的心形图案和“祝福您”的字样，使客人感到一份惊喜，从而在套餐中加入了感动的要素。

122

话题+个性，月揽客 300 人次

“纯爷们儿”&“真女人”套餐

▲ 烤猪排·烤鸡·烧酒 黑提灯 五反田
（东京，品川区）

男性顾客和女性顾客对食物的口味和需求之间存在一定差异，对此，一家名为“烤猪排·烤鸡·烧酒 黑提灯 五反田”的餐馆从两年前的七八月份开始，面向来店的顾客推出一种期间限定料理。店方为这种套餐起了有趣的名字，一个叫“纯爷们儿套餐”，一个叫“真女人套餐”（一律 3980 日元）。“纯爷们儿套餐”注重“分量”和“营养”。“真女人套餐”的主题是“低卡路里”和“健康”，食材构成是蒸鸡和涮肉。新奇有趣的菜名和符合男女顾客不同口味需求的菜式，赢得顾客的一致好评。

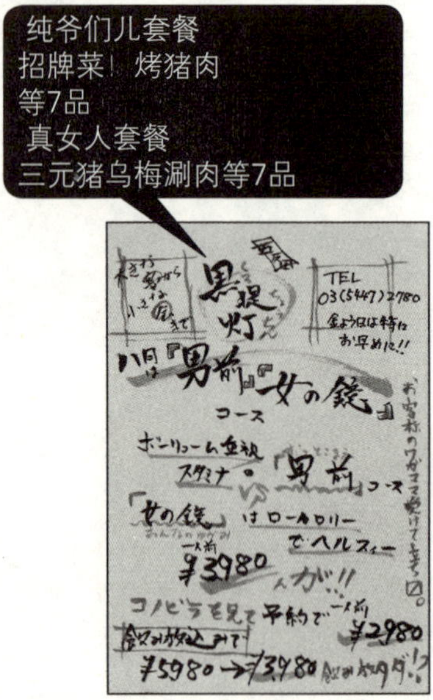

顾客需要点这种套餐时，可以从餐馆官网上下载优惠券使用。凭优惠券可免费享用原价 2000 日元的饮料自助。单点套餐最多优惠 1000 日元，如果另加 500 日元，原本两小时的饮料自助可以延长至三个小时。面对店方推出的各种优惠活动，仅七月份一个月，“纯爷们儿套餐”和“真女人套餐”的点单量就超过了 300 份，远远超出预期。

123

根据顾客口味和需求提供药膳

“香草”赠送服务

▲ D’ epice

(神奈川，横滨市)

现在，香草（herb）在餐饮界逐渐成为风尚，很多餐饮店会在制作的菜肴中加入少许香草。但是，有的客人能接受药膳的口味，有的则不喜欢。

其中，位于神奈川县横滨市的一家叫“D’ epice”的餐厅推出了一道药膳美食，服务生上菜时，会同时端给客人一碟免费赠送的香草。客人可以根据个人口味选择加或不加。这项贴心的举措，不但让不喜欢药膳的顾客感到满意，更令那些喜欢药膳的顾客喜笑颜开。

另外，服务生上菜时，还会礼貌地向客人提供一些如“莳萝适合与鱼搭配一起吃”等香草与菜品性味搭配的知识。既突出了本店专注药膳养生的特色，又让客人了解了药膳的魅力。

该店在食材中加入的香草通常由主厨亲自前往农场等地选购。新鲜采摘的香草，加上独特的风味，令来此用餐的客人赞叹不已。

Chapter 8

酒水营销方案

124

轻松自助，温情 POP 宣传获好评

展示魅力，聚集人气！
十多款“西班牙葡萄酒”随便喝

▲ EL BEBEDOR
（东京，中央区）

很多餐饮店在夜间营业时段针对团体宴请客推出“酒水自助”，但是，怎样才能笼络时下已经习惯享酒水自助的食客的心呢？作为一家餐饮企业，应从特色菜的品种和让顾客轻松就餐上入手。

东京小传马町有一家叫“EL BEBEDOR”的西班牙料理店。这家餐厅每天黄昏时分都会推出一项“西式葡萄酒自助”服务，成为该店夜间营业时段揽客的一大亮点。

这项服务最早开始于四年前，在举办店庆三周年活动时推出，后来渐渐固定下来，成为该店的惯例。活动规则如下：每天 17：00～22：00之间，女性顾客花费 1680 日元，男性顾客花费 1980 日元，即可享受十余种西班牙葡萄酒的自助饮用。西班牙极品佳酿，不限时、随便喝。这一招笼络了无数食客的心。

每到夜间营业时段，店方会在柜台席贴出醒目的“葡萄酒柜台”海报，同时在展示区摆上十余种酒，有各式红葡萄酒、白葡萄酒和起泡酒。除了几个经典品牌，还有每月推荐品和限定品。每种葡萄酒的前面都附着一张小牌，牌子上是这款酒的品牌、口味特点的说明以及“上月人气 NO. 1”、“绅士首选”等点评。店内处处体现出家庭餐厅般的温馨和人文关怀。起泡酒一般于顾客来店当日点订，但原则上需要提前预订。以点酒水自助的客人为对象，向每位客人提供一套两只酒杯。

来这家店消费的顾客中，不少是专门前来品酒的常客。这家规模 16 坪、仅容纳 22 张坐席的小店生意火爆，几乎天天座无虚席。另外，该店还推出三种西式酒水自助+ 料理套餐（A 套餐 3300 日元、B 套餐 3900 日元、C 套餐 4800 日元），受到新顾客和团体客的一致好评。

晚间营业时段，店内展示区摆放着各种极品佳酿，很好地满足了客人开怀畅饮的需求。白葡萄酒放在加冰块的特制盒子中保存。

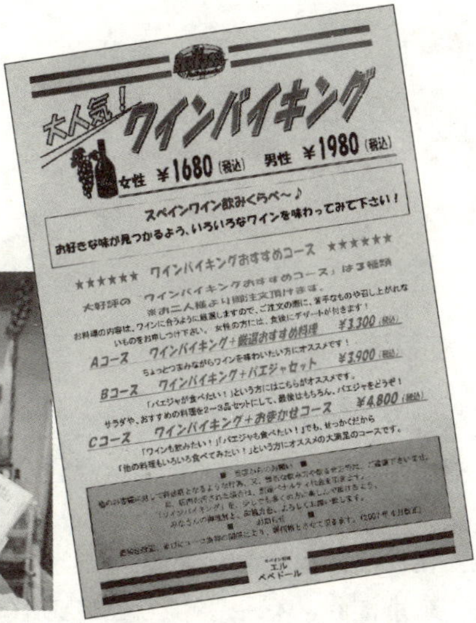

西式酒水自助每天推出，相关信息见店内菜单，另有推荐套餐供客人选择。有的人在网上看到相关信息后甚至专门来这里用餐。

自助酒水的种类有十多种，每种酒都附有一张说明牌。这些细心周到的服务得到顾客的一致好评。

125

新“极品”口味提案！49 种酒水任选

高级台湾茶提升魅力！乌龙茶酒收获好评

▲ BIZURI

（东京，涩谷区）

时下，对于追求个性化的消费者来说，改变新口味、追求像“高端啤酒”这种“小小的奢侈”已经成为一种新的消费趋势。如果想抓住这类消费者的心，餐饮企业不妨适当调整营销思路，从常规酒水入手，在提高产品附加值和增加服务上下工夫。

东京涩谷区有一家名为“BIZURI”的餐厅，这家店的特色是备有许多特色台湾茶，店里把这些台湾茶分别与烧酒进行调兑，制作出一种口味独特的“台湾茶烧酒”，售价 750 日元，作为“至尊乌龙茶酒”为客人提供。这种特殊的酒不但提升了普通“乌龙茶酒”的档次，更成为该店的一道招牌。

调制这种乌龙茶酒的材料由 7 种高级台湾茶和 7 种烧酒组成。客人先从中挑选出喜欢的口味，然后交给店员调兑。七七组合，一共可调制出 49 种不同口味。不同品种的台湾茶具有不同的香气和口味，与七种烧酒兑在一起，调制出口味各异的酒，深受食客的欢迎。

这些台湾茶原本是用来制作特色茶料理的，继“台湾茶烧酒”在自由之丘一号店推出并收获好评后，二号店在原先的基础上进一步增加了茶和烧酒的种类。另外，这家店冲泡茶叶所用的开水也不一般，其用日本南部铁锅煮制而成，进一步提升了这款茶酒的档次。

对于第一次来这里用餐的新顾客，服务生会极力推荐这种茶酒。如此罕见的美酒，很少有客人不为之动心。另外，很多再次来店的客人都会另挑一种茶酒，以品尝新口味。

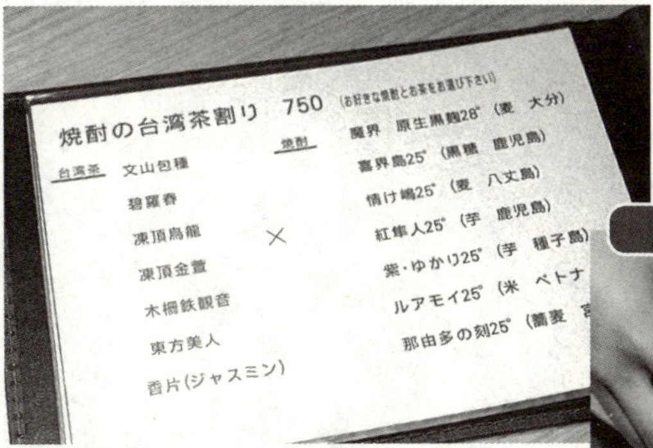

至尊乌龙茶酒

台湾茶和烧酒，各7种。加冰块的酒，刚沏好的乌龙茶，精致考究的托盘，奢华上档次，客人可以根据口味调整浓淡。

日本南部铁器煮水

餐厅入口处摆着一口巨大的南部铁锅。锅里始终冒着热气，沏茶时随取随用。这种铁器能抑制氯气等自来水消毒剂的气味。入口柔润，利于品茗。

高级台湾茶

台湾茶每杯500日元，一壶800日元（如图）。菜单上注明价格，沏茶的水可免费续添。

译者注：乌龙茶酒是日本的一种酒类饮料，用乌龙茶加冰再加上烧酒混合而成，属于茶酒类。日本南部铁锅：据说用这种铁器煮出来的开水特别甜，还能够补充人体所需的某些元素。

126

本帮流行风 & 女顾客的最爱

复古情调 & 绝佳口感！好评之“壶装韩式米酒”

▲ 韩国胡同食堂 Canton 的回忆 新大久保店（东京，新大久保）

怎样让消费者对不熟悉的新菜品感兴趣或愿意尝试？这是餐饮企业营销的重点。其中，韩式米酒就是一个经过实践而一举成功的明星商品。

在东京都内相继开设了三家分店的“韩国胡同食堂 Canton 的回忆”餐饮集团在推出特色“自选组合韩式米酒”后，聚集了大量人气。

这款米酒是一壶一升装的韩式米酒，定价 1575 日元。一壶米酒大约可以倒七杯，比单点一杯划算得多。它不但成功俘获了团体客的心，而且提高了客单价。该店从对外营业起，就在普通米酒的基础上陆续开发出黑豆、锅巴、抹茶、羊奶参、南瓜这五种新口味，得到顾客的一致好评。

在这家店的菜单上，每种米酒的下方都标注着这款米酒的特色说明。例如：黑豆米酒和锅巴米酒口感香醇，入口甘甜；南瓜米酒膳食纤维含量丰富，美容养颜……以此吸引女顾客的关注。自从推出这些举措，原本对韩式米酒较为陌生的女性顾客的点单量明显增加。

此外，连造型可爱复古的铁壶也得到了广泛的赞誉。服务生提着壶为客人上酒是 20 世纪 70 年代韩国最常见的饮酒方式。近年来，随着复古潮的兴起，这种被遗忘已久的传统重新风靡于世，悄然走进日本人的视野。

这家洋溢着复古情调的韩式料理店以其独特的韩式米酒吸引了众多食客上门。在各种人气菜品和酒水中，韩式米酒的日销量多达 20 壶。餐厅每天都顾客盈门，不提前预约的话很难等到餐位，人气相当火爆。

造型可爱的铁壶登场！

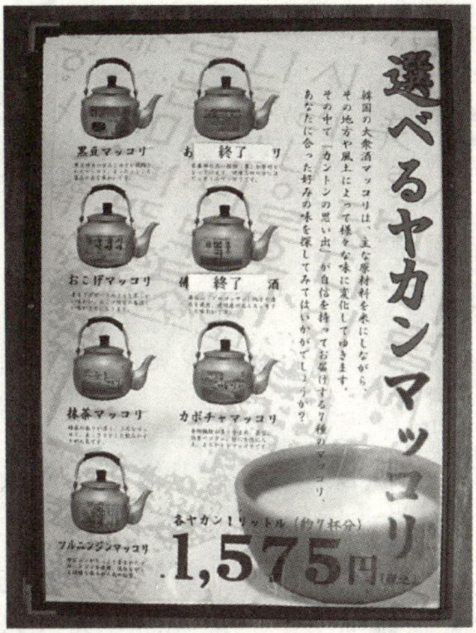

韩式大众米酒以大米为原料酿制而成，口感存在显著的地区差异。该店备有五种不同风味的米酒——黑豆、锅巴、抹茶、羊奶参、南瓜。且在菜单上注明了各自的特点，便于顾客挑选。

在女性顾客中深受好评。

造型可爱复古的铁壶惊艳登场时，总能引来初次来店的顾客的赞叹。这种酒很适合大家一起开怀畅饮，有的客人一次会点2～3种品尝。

127

量杯沽酒，按量收费

独一无二的营销模式，点单率大增！刻度 = 价格的“葡萄酒称量销售”

▲ 奶酪咖啡
（神奈川，横滨市）

在酒水推销方式上做文章的餐饮企业比比皆是。其中，有一家餐馆另辟蹊径，在酒水营销方面推出一套独特的营销模式，在推销中加入趣味元素，成功地获得了顾客的认同。这就是位于神奈川横滨市的意大利料理店“奶酪咖啡”推出的“沽酒销售”。

该店推出的沽酒法按每60mL一百日元计，把“红白各一”的意大利“贝利玛威葡萄酒”装在1500mL的大号酒瓶中向客人提供。顾客点这种酒时，服务生会端着酒瓶和酒杯送到指定餐席，客人根据个人酒量开怀畅饮，结账时由店员核对饮用的酒量，最后结算消费金额。沽酒时使用的容器是店内自制的丙烯透明量杯。

这种量杯上标有刻度，每个单位刻度为60mL，刻度对应消费金额，从上到下依次是100~2500日元。结账前，服务生先把这种量杯罩在酒瓶上，测出客人饮用的酒量后计算价格。超出刻度部分不计（例如：800~900日元之间，按800日元计）。这种计算方式深受客人的欢迎。

该店创办之初，就把沽酒作为本店招牌。很多老顾客都是专程来此品尝这种沽酒的，不少客人甚至两个人喝掉整整一瓶。有的客人出于好奇，特意留一口酒让服务生测量，在口碑传播上发挥了不小的作用。

葡萄酒分红白两种，装在1500ml的大瓶中向客人提供。取整舍零，一瓶只需2500日元，绝对实惠。

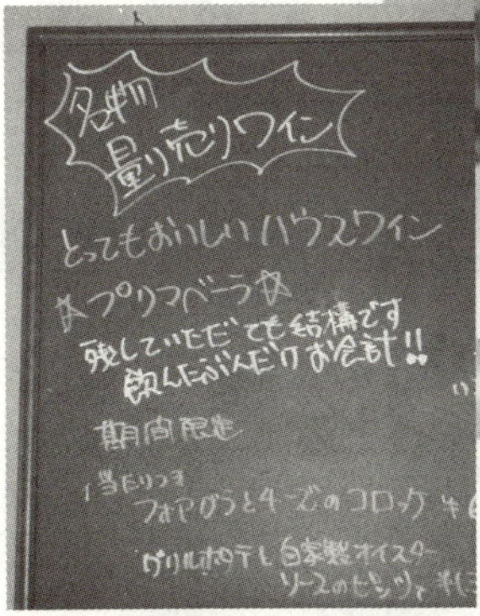

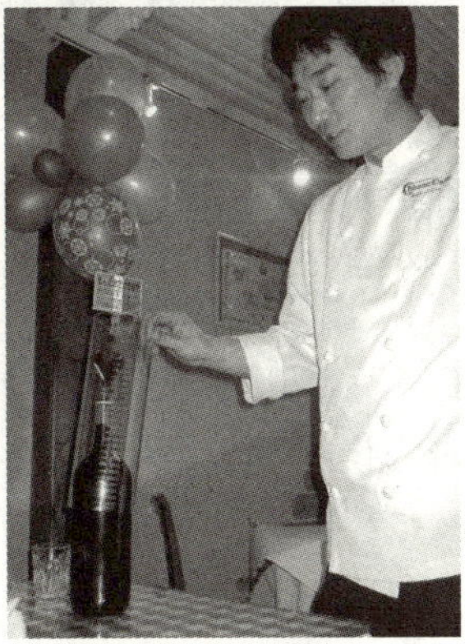

结账前，服务生先把量杯罩在酒瓶上，测出客人饮用的酒量后计算价格，并在沽酒过程中与客人聊天。

128

"吉尼斯黑啤"超值热卖，外国客人也欢迎

"轻松一杯"揽客术！生啤"店前外卖"

▲ BISTRO Columbus
（东京，千代田区）

以大都市为中心，随着"'立饮'热"的兴起，享受"轻松饮酒乐趣"的顾客越来越多。

其中，通过推出生啤"店前外卖"，把让顾客享受轻松饮酒的乐趣发挥到极致的是位于东京千代田区的"BISTRO Columbus"。"生啤店前外卖"是这家餐馆从四年前开始推出的一项促销活动。生啤外卖的价格比店内消费价来得便宜。该活动的目的是瞄准市场新需求、吸引更多顾客来店消费。

店头销售的酒水主要是进口生啤和鸡尾酒等。下班途中经过的客人既能享受轻松饮酒的乐趣，又能享受公道合理的价格。为抓住这一潜在市场需求，店方煞费苦心，在店前增设了一个外卖窗口，以吸引过路行人的关注。

该店推出的外卖酒水中，人气最火的是"生吉尼斯"，按 1 品脱（560mL）500 日元的微利价提供。这种方式不但俘获了餐馆附近上班族的心，还吸引了一批习惯购买啤酒后在户外享受饮酒乐趣的欧美客人。顾客买完酒后，有的站在店前一饮而尽，有的一边朝车站走，一边时不时喝上一口，乐趣尽在不言中。有时仅"吉尼斯黑啤酒"一项的月销售量就高达 130 杯。

自从推出酒水外卖业务后，该店的生啤销售量迅速攀升。由于生啤保质期较短，所以为消费者提供新鲜生啤也成为该店吸引顾客的一大亮点。

在店前增设显眼的外卖窗口。图中是一款"Red"品牌的生啤机。当客人点"吉尼斯黑啤"时，服务生会去店内的相应生啤机给客人取。有时仅"吉尼斯黑啤"一项的月销售量（周日为休息日）就高达130杯。

一杯生啤的容量是1品脱（560mL），注入塑料杯中卖给顾客。

129

"10×10" 创意= 100 种

震撼！顾客满意，商家开心 "百种"鸡尾酒自助！

▲ 创意菜餐厅 卯乃家 池袋 1 号店
(东京，池袋)

推出酒水自助吸引顾客是很多餐饮店常用的促销方式，增加酒水品种能吸引一些顾客上门，但接踵而来的是酒水成本增加和库存损耗等问题。

有一家餐馆巧妙地解决了这个问题，它就是"创意菜餐厅 卯乃家"池袋 1 号店。该店针对团体宴中提供的酒水自助服务推出了"百种鸡尾酒"，成功地聚集了人气。

这家餐馆采用的是"料理+酒水自助"的捆绑销售模式。推出三档价位的套餐，分别是 3500 日元、4200 日元和 4700 日元。"百种鸡尾酒"自助模式最初由店长芹泽祐也提出，其初衷是"不通过降低酒水自助的价格来促销，而是让顾客觉得'物有所值'，推出更有吸引力、更具轰动效应的内容"。

"百种酒水"，这个概念首先让人联想到各种琳琅满目的酒。那么，一家餐馆如何准备这么多种酒呢？这家店采用的方式非常巧妙：先准备 10 种利口酒，如杜松子酒、黑醋栗甜酒和梅酒等；再准备 10 种饮料，如苏打水、乌龙茶等，按"10 ×10＝100"的组合方式，巧妙地实现了百种酒水饮料大集结。这种特殊的销售方式不但解决了库存压力，又带给食客视觉和味觉的双重震撼，加上自选组合，进一步提高了顾客的满意度。

从一年前的一月份起，自从该店推出这项酒水自助活动以来，一直受到顾客的好评。尽管团体宴的价格普遍提高，但预订量仍然稳步上升，而且回头客也比以往有所增加，餐馆的营业额节节攀升。

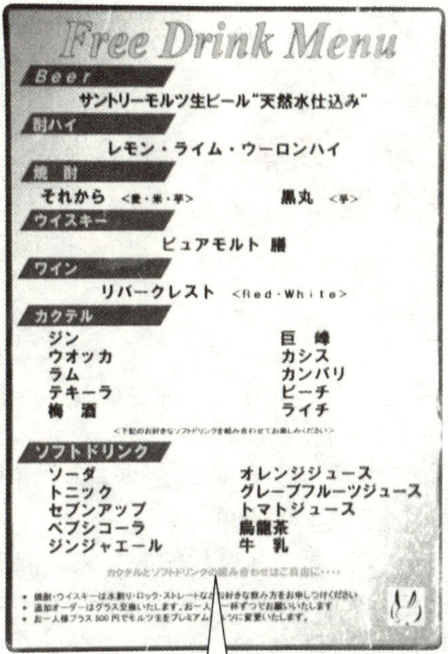

利口酒10种
×
饮料 10种
鸡尾酒100种，
随便喝！

酒水自助中除了鸡尾酒，还有啤酒、烧酒等各种酒。与啤酒相比，鸡尾酒的成本价较低，有效地保证了餐馆的营业效益。

130

宣传少有人知的“餐后酒”，吸引顾客尝试

客单价增加！格拉帕酒点单率上升，成功的“黑板+推车服务”

▲ Trattoria JUGEMU
（东京，神田）

最近，识酒懂酒的内行食客越来越多。有的客人不再满足于“餐中酒”，还开始关注一些少有人知的“餐后酒”。针对食客需求的新变化，位于东京神田的一家餐饮店推出一项举措，不但成功地挖掘了一批潜在顾客，还使餐馆“餐后酒”的点单率大增。

这家餐馆平时备有 20 多种意大利格拉帕餐后酒，价格从 800 到 2500 日元不等，顾客平均消费价为 1200 日元。销量最好的时候，一天能卖出 10 多杯，对客单价存在直接影响。

格拉帕酒是以酿葡萄酒后剩下的酒渣等为原料，酒精浓度为 40% 左右的蒸馏酒。这家餐馆从 11 年前就开始面向顾客提供这种酒。当时只有一两种，而且只在菜单不起眼的地方标注，很少有客人点这种酒。

而在 8 年前，餐后酒的销售情况开始有所改观，随着店内餐后酒种类的增加，店方在营销上加大力度，除了在店内的黑板上不时地登出与格拉帕酒相关的知识，以吸引来店消费的顾客的关注，还让服务生推着盛放格拉帕酒的推车在店内巡回兜售。很快，这种新鲜的推销模式引来了一些客人好奇的目光，其中不乏跃跃欲试的人。

作为一种烈性酒，格拉帕酒有促进餐后消化等功效。自从推出这种新的销售模式后，一些不常见的餐后酒开始陆陆续续出现在这家餐厅。来这里用餐的食客怎能轻易错过这个品尝罕见佳酿的机会呢？“下一杯换一种尝尝”——如此一来，不但追加点单的客人多了，还赢得了一批忠实的“粉丝”。

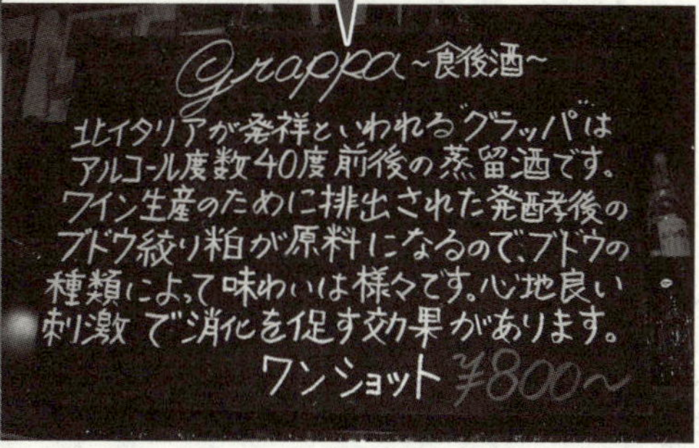

店内常备各种人气酒厂生产的佳酿，从格拉帕酒到一些稀罕品种，应有尽有。店方还为顾客提供专用酒杯。因为是蒸馏酒，比葡萄酒更便于保存打理。

131

容量相当于十杯烧酒，造型也可爱

实惠+趣味，订单应接不暇！好评之餐桌“自助酒器”

▲ 小判捏丸子和热石烹饭 个室街道 七右卫门酒场（东京，池袋）

餐饮店给顾客提供的烧酒一般有两种规格：瓶装或玻璃杯装。但是对于好酒的食客或团体客来说，很多人都存在“喝一瓶嫌多，喝一杯又不能尽兴”的遗憾。

由“Diamond-Dining”股份集团创办的居酒屋“小判捏丸子和热石烹饭 个室街道 七右卫门酒场”紧紧抓住了顾客的这一需求，使餐馆的酒水销售额大幅度增长。

这家餐馆针对来店消费的顾客制定了一套新的烧酒营销方案。其一改传统瓶装烧酒的销售模式，采用一种特殊的“自助酒器”为顾客提供烧酒。这种酒器的容量相当于十杯烧酒。服务生上酒时，会端着一只摆放酒杯、冰块和该酒器的托盘送到指定餐席。客人根据自己的酒量享受美酒。喝多少、加冰或加水全由客人自己掌握，因此赢得很多顾客的称赞。

另外，这种烧酒的提供形式比较实惠，十杯烧酒，只需掏六杯的钱，这也是吸引顾客的一大亮点。店内提供的烧酒品种丰富，如“富乃宝山”等人气烧酒，还有芋烧酒、麦烧酒等，共六种。来这里用餐的客人不但能尽享这些在其他餐馆只能按杯点的品牌烧酒，还能享受公道的价格，无形中为这家店赢得了口碑。

店方购买的这种酒器采用陶器制成，尺寸大小适中。服务生上酒时，会端着一只木托盘将酒器摆在指定餐席上。与瓶装烧酒相比，这种酒器外观可爱，与餐席相映成趣，引起不少女性顾客的注意，让不方便点瓶装烧酒的女顾客也为之倾心，其中不乏下单的人。

用陶制酒器提供的烧酒通常是大众熟悉的知名品牌。如每杯580日元的“一刻者”，一个酒器的容量相当于十杯，而且仅售3480日元，相当于六杯的价格。另外，客人可以根据自己的酒量来享受美酒，喝多少、加冰或加水，全由自己掌握。

132

酒水两杯，百种料理任选二
半数以上食客的选择“来一杯套餐”

▲ 居酒屋 贺茂鹤
(东京，新宿区)

对荞麦面店等以经营主食为主的餐馆来说，晚间营业时段吸引顾客上门是一个让人头疼的问题。而以经营酒水为主的居酒屋的情况也大同小异，其用餐高峰期在晚间时段，而稍早的傍晚时段的上座率则较低，解决这个问题的办法之一是打出“料理+酒水”的组合拳，用公道合理的价格吸引顾客。但如果组合种类乏善可陈、寥寥几种，则很难达到吸引顾客的目的。

位于东京新宿的“居酒屋 贺茂鹤”推出了一款人气套餐，近半数以上的顾客都会点这款套餐。

该套餐每份1580日元，只在17：00~20：00的时间段内推出。套餐包括①从生啤（中杯）、日本酒（一合）、烧酒（芋、麦、米）、葡萄酒一杯（红、白）、酸味鸡尾酒、威士忌中任选两杯；②从菜单中任选两份600日元以下的料理。该店推出的150种料理中，600日元以下的料理多达百余种。从上百种料理中挑选自己喜欢的，这正是这种套餐的魅力所在。

如果是双人用餐，每人各点一份，两个人就可以一起享用四道菜，其受欢迎的程度可想而知。

此外，只点该套餐的顾客每天最多2~3组，点该套餐的客人与点其他料理的客人之间的客单价相差并不大。而且因为客人点的料理品种多，所以餐馆的食材周转率也随之加快了。

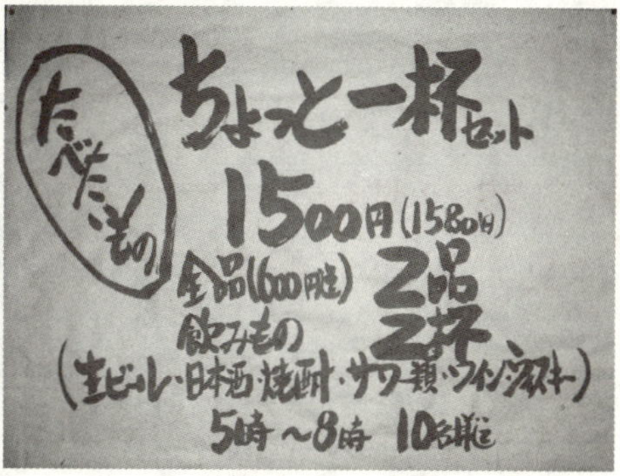

店前张贴的“来一杯套餐”宣传海报十分醒目，吸引过往行人驻足。深受附近上班族的欢迎。

当天的推荐美食和招牌菜，各色料理应有尽有。

600日元以下的料理

近海金枪鱼刺身　乌贼刺身
鱼白橙醋刺身　日式香辣炸鸡
寒鲱鱼刺身　香辣鮟鱇
黑石鲈刺身　马肉刺身　生牡蛎
河豚淡鱼干　乌贼鱼淡鱼干
烤杂交鸭　特制烤乌冬面

多达100种以上！

133

酒后一杯香茗，不喝酒的客人也爱点

餐厅推“茶饮”！种类丰富的“香茶”

▲ 串烧·豆腐料理 TSUKUNE 十番 银座店
（东京，银座）

痛快畅饮一番之后，很多客人都喜欢点一杯香茗放松身心。抓住顾客的这一消费需求，进行商业化运作并获得成功的是一家叫“串烧·豆腐料理 TSUKUNE 十番”的餐饮店。

这家餐馆是“RinCrew”股份集团旗下的分店。RinCrew 集团以东京都为中心，相继开设了 20 家分店，共涉及 6 种业态。其中，以“特色餐厅镰仓”和“TSUKUNE 十番”为代表的 12 家分店面向顾客推出一项“茶饮”服务，这项服务在一些不擅饮酒和餐后喜欢喝一杯咖啡或茶的顾客中受到好评。

该店推出的茶饮品种和数量根据各门店和目标消费群体的需求进行调整。“TSUKUNE 十番”银座店推出的特色茶饮是“香茶”，共计 8 种风味茶（见下页图表）。

“香茶”一经推出，首先在不擅饮酒和在用餐过程中喜欢点一杯茶的客人中得到了肯定，之后吸引了一些餐后习惯吃甜点配茶喝的客人。此外，还吸引了一批原先在餐后习惯去咖啡屋小憩的顾客。这些香茶中人气最旺的有散发柑橘香、清新爽口的“葡萄柚绿茶”；酸甜适口、用镀银砂糖和草莓泡制的“玫瑰香槟茶”等。种类丰富，各具特色，满足了不同食客的需求。

茶叶成本不高，只要适当控制茶具的成本，不会给经营增加太大负担。另外，近年来习惯在居酒屋用餐的客人越来越多。提供具有吸引力的茶饮服务无疑是应对这一需求变化的好办法。

品尝完该店的招牌“捏丸子”之后，点一杯清新爽口的香茶，是餐后最好的放松享受。

上热茶的同时，服务生会端来一只精致小巧的沙漏。冲泡后三分钟是饮用的最佳时间。一壶茶相当于小茶碗一碗半的量。

个性品牌
8款魅力香茗

※ 香茶 ※

· 蓝莓红茶（蓝莓）…………500日元
· 荔枝乌龙茶（荔枝）………500日元
· 乌梅乌龙茶（乌梅）………500日元
· 葡萄柚绿茶
（葡萄柚）……………………500日元
· 薄荷绿茶……………………500日元
· 玫瑰香槟
（草莓香槟茶）………………550日元
· Adagio
（柠檬草 · 南非茶）…………550日元
· JARDIN SAUVAGE
（南非茶，芒果，柑橘）…550日元

134

花 1/4 的价格，享受"百元一口饮"

从 50~60 种酒中任选
烧酒"一口饮"

▲ 豚豚
（东京，高円寺）

葡萄酒、烧酒等常规酒水的促销方案之一是"试饮"。试饮促销的优点有二：一是扩大宣传力度，展示酒水种类；二是顾客通过试饮，从中发现适合自己口味的酒，引导消费。这里有一个具有代表性的例子，有一家餐饮店通过独特的试饮促销方案，成功地聚集了人气。

"豚豚"是一家位于东京高円寺的居酒屋，这家店常备的正宗烧酒多达 50~60 种，该店面向顾客推出"一口试饮"活动，一律按"迷你量"提供。来此消费的顾客可以一次品尝到多种品牌烧酒，又不至于饮酒过量，因此受到顾客的一致好评。

几年前，随着正宗烧酒在市场走俏，"豚豚"瞄准这一新的市场变化，以不习惯喝烧酒、有猎奇心理，但希望尝遍美酒的顾客为对象推出了"一口试饮"活动。活动之初，该店采取两手抓的宣传策略，一方面通过在店前张贴宣传单扩大影响力，另一方面在顾客点菜时进行介绍。即使现在，只要客人提出要求，就会提供这项服务。

"豚豚"为顾客提供的杯装烧酒中，普通烧酒一杯 60 毫升，价格 400~600 日元。一口试饮提供的烧酒价格仅为普通烧酒的 1/4，容量为"迷你杯"。以 400 日元一杯的烧酒为例，现在花 100 日元就能品尝。服务生端给顾客的一般是掺有冰水的烧酒。客人一次叫几种不同品牌的烧酒时，为了让客人喝得明白，服务生会在每只烧酒杯前面加一个标签，标签上注明烧酒的品牌。来此喝酒的顾客中，有的人喜欢一次叫 6~8 种烧酒，有的喜欢先品后选，选中的点一大杯。这项活动尤其受女性顾客的青睐。

另外，该店还推出一项"本日烧酒不限量"的 1000 日元畅饮活动。顾客可畅饮四种烧酒，分别是芋烧酒、米烧酒、荞麦烧酒和纯麦烧酒，各品种的烧酒每日一换。这项活动也得到了顾客的好评。

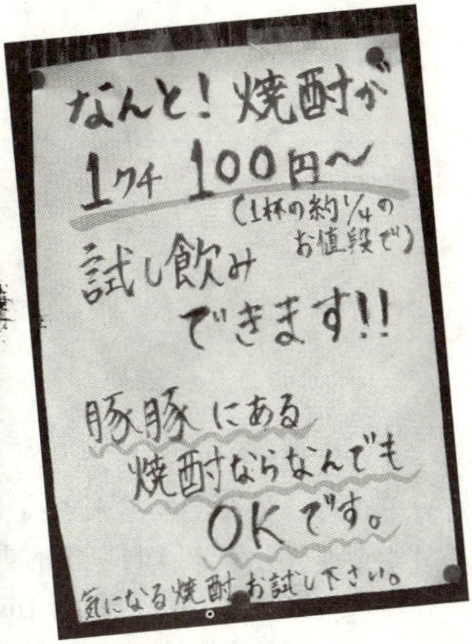

几年前，随着正宗烧酒在市场走俏，“豚豚”瞄准这一新的市场变化推出了烧酒“一口试饮”活动，通过在店前张贴宣传单加大宣传，吸引顾客上门。

店内常备烧酒达50～60种，每一种均可试饮。其中还有一些罕见的品牌，以“迷你杯”面向顾客提供。

译者注：正宗烧酒。日文原文为“本格烧酒”，也叫乙类烧酒。是把含酒精的材料用单式蒸馏机进行蒸馏的酒，度数在45度以下。分为麦烧酒、米烧酒、甘薯烧酒等。其风味多样化，可以说是酒类中变化最多的酒。

135

苹果醋、醪醋……84种含醋饮料！

抓住关注健康和美容的女性心理
含醋“美容酒”

▲ 个室乃华 夜樱美人
（东京，池袋）

随着生活水平的提高，人们对于在外用餐的要求不再限于美食，对健康美容的关注度也越来越高。在这一趋势的影响下，健康美容成为餐饮企业强化酒水饮料销售的重点。

在这方面值得一提的是由 Diamond Dining 股份集团创办的“个室乃华 夜樱美人”。这家餐馆从很早开始就面向来店用餐的顾客推出一种以醋为原料制成的饮品，在关注美容和健康的女性顾客中聚集了人气。

该店以女性顾客为目标消费群体，针对该消费群体推出一种“美容酒”。这种酒以苹果醋和黑醋等为基本原料，按一定比例加入酸味鸡尾酒、伏特加、橙汁等成分兑制而成。制作时使用的醋有 14 种。兑制方法也很多，加起来一共有 84 种含醋饮料。

另外，这家店设计的菜单也与众不同，按各种醋的功效对饮料进行分类。例如“美丽好肌肤”一栏中有苹果醋加酸味鸡尾酒调制而成的“辰五郎×雏菊”（380 日元）等。还有黑醋加苏打水调制的无酒精饮料“庆次郎×御里”（380 日元）等。

不但如此，这家主题餐厅打出的招牌居然是“烟花巷”，各种饮料的配方仿效青楼女子的花名，用各种风雅的“花魁名”，在吸引顾客上可谓用心。最近，店方继续发力，打着排毒养颜的旗号陆续推出多款新品“美女酒”，在吸引女性顾客上做足了文章。

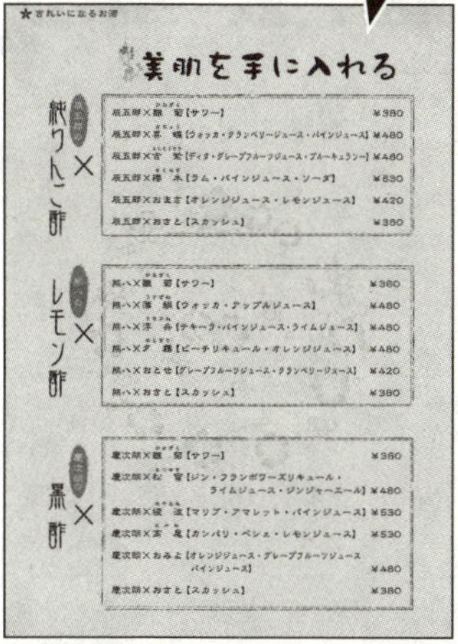

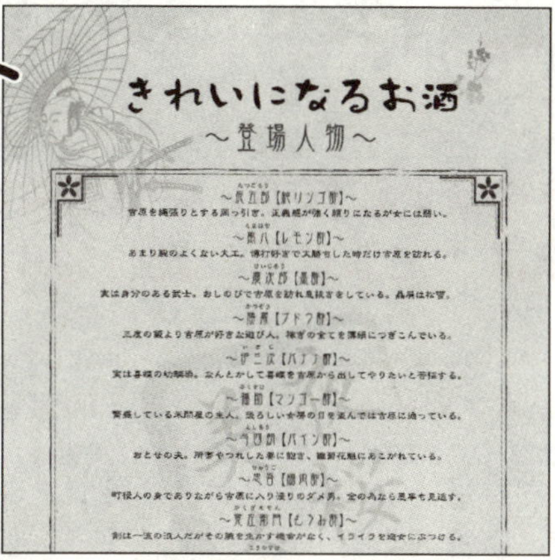

这家餐厅的形象理念是“烟花巷”，醋的品种一律采用男性名，调配品一律采用女性名，在菜单名的编排设计中加入幽默趣味，突出另类感。例如：苹果醋叫“辰五郎”，作为调配品的酸味鸡尾酒叫“雏菊”。

用醋作基本原料调制而成的梅酒口味更丰富，受到顾客的欢迎。

译者注：日本第一烟花巷“吉原”是江户时代公开允许经营的妓院集中地，位于东京都台东区，这个地名到1966年为止一直存在。

136

每杯 1.99 美元，价格波动引话题的“美元生啤”

促销活动获好评，宣传效果大！
根据“汇率走势”定价的生啤

▲ 穴 bar Kitchen Panic

（东京，足立区）

吃招牌菜，享优惠价，这是餐饮业常用的营销手段之一。其中，有一家餐馆采用这一常规促销手段，集“低价”和“推销”于一体，让推销成为亮点。这就是“穴 bar Kitchen Panic”推出的“美元生啤”活动。

美元生啤是什么？其实就是根据当天的汇率调整生啤（中杯）的售价。一杯生啤的常规定价是 1.99 美元，按当日 17：00 的外汇市场收盘价为参照依据，每天对价格进行调整。举个例子，假设一美元折合 120 日元，每杯生啤的售价就是 238 日元（税前）。一杯生啤容量约为 400ml，相当于一中杯。

该店从正式开业迄今，已经过了五年时间，“美元生啤”的价格通常在 210~250 日元（税后）之间波动。这个价格对顾客而言较为合算，而对店方而言，利润率在 35%到 40%之间，不算很高，但其独特的营销方式使公众对这家餐馆的认知度显著提升，来这里用餐的食客络绎不绝。

店前竖着一面旗，旗上写着“美元生啤”字样。另设一张可灵活拆卸的价目表，以应对变动中的价格。

店长伊藤圭介将自己以前的工作地——位于东京上野的“GHETTO”推出后获得好评的“美元生啤”促销法用于本店。

137

“清爽芋烧酒套装”、“醇厚芋烧酒套装”宣传法！

寻找适合自己口味的美酒！
分类，9种“烧酒品尝套装”

▲ Motsuya Kuutara
（东京，目黑区）

日本酒、烧酒、葡萄酒……餐饮企业怎样做好不同品类和特征的酒水促销呢？方法之一是针对来店消费的顾客提供“品酒”服务。餐饮店推出这类服务时，除了准备好充足的酒水品种外，还要对各种酒水进行分类，让顾客体验成为“品酒师”的乐趣。

以一家叫“Motsuya Kuutara”的餐馆为例，该店从很早开始推出一项“烧酒品尝套装”活动。活动期间，凡来店消费的顾客，可以“品尝多种，每种品尝少许”的方式享受店内的各品牌烧酒。这项品酒活动受到顾客的一致好评。

该店的特色是酒水种类丰富，仅正宗烧酒就多达500种。这项“品酒套装”活动于新店开张之际推出，意在让来店用餐的顾客品尝各种不同风味的烧酒。这些烧酒按酿制原料、口感及店内推荐等进行分类，每个套装包括三种品牌的烧酒。

其中，最吸引人的是对烧酒的分类方法。人气最高的是“本日店方搭配芋烧酒三品套装”（1050日元）。另外，还有专为女性顾客准备的口感清爽的“清爽芋烧酒套装”（1050日元）。以及让顾客在所有烧酒中任选三种的“随性芋烧酒套装”（1260日元）和“高级烧酒套装”（1890日元）等九大套装。

此外，这家餐馆上酒的方式也很讲究，在每只盛酒的玻璃杯下面垫一张纸条，纸条上标注每种酒的品牌。这种上酒方式有三个好处：一、让客人满意，活跃气氛；二、通过品酒，客人能从中发现适合自己的口味；三、提升餐馆知名度，加深客人对该店烧酒品种丰富的印象，从而增加收益。

其他套装

清爽芋烧酒套装
富乃宝山·甜·紫
醇厚芋烧酒套装
喜六·鹤见·松露浓香型
芋烧酒推荐套装
克·阿久根号·萨摩之风
店员推荐
芋·米·麦烧酒套装
吉兆宝山·黑骑士·武者返
米烧酒套装
鸟饲·七田·丰永藏
麦烧酒套装
中中·寿福绢子·尾铃山山猿

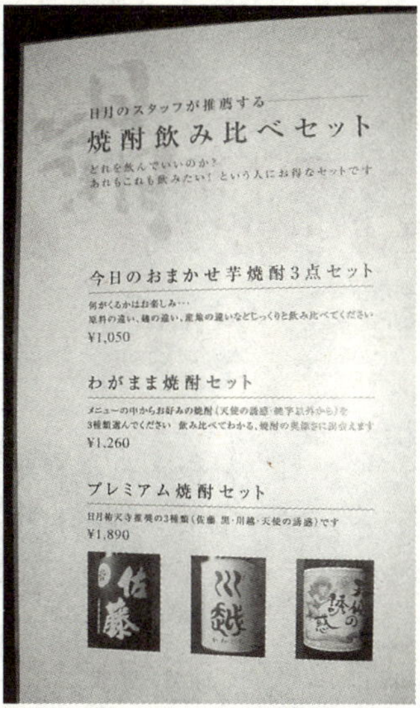

菜单设计图文并茂，附带各种烧酒的说明，共九大套装。

上酒时，在每只盛酒的玻璃杯下面垫一张纸条，纸条上标注每种酒的品牌。这家店的特色是烧酒种类极其丰富，多达500种。

138

自斟自饮，品尝极品佳酿之乐

60 种自助酒水
好评如潮的“成人水吧”

▲ 猪呷哺 碳烤 弥勒 涩谷店
(东京，涩谷)

酒水自助是很多日本料理店的常规促销方式，但餐饮企业最好根据自身的经营范围对酒水自助的形式进行调整，或者在自助形式上做一点改变，或者在酒水内容上加一点特色，要注意突出自身的特点。

这里有一个很有代表性的例子，它就是“猪呷哺 碳烤 弥勒”涩谷店推出的“成人水吧”之“自助调酒、自己选择、自助畅饮”活动。

这项活动的规则是把一切自主权交给客人，来此用餐的顾客自己动手体验调酒的乐趣。走进这家餐厅，只见店内一角开辟出了一块“酒吧”。有的客人正忙着在“酒吧”里埋头挑选酒水，有的已经开始兴致勃勃地调酒了。

酒水琳琅满目，共计 60 多种。从烧酒、日本酒、梅酒、泡盛、葡萄酒到果酒，各种酒应有尽有。展示台上，各种酒瓶和一升装的大瓶呈一字排开。在这里喝酒，一切全凭顾客自己的喜好。自己动手调制美酒，品尝各种极品佳酿，这正是该营销模式的魅力所在。

另外，除了坐席，店方还在入口设置了一个“‘立饮’空间”。酒水自助限时两小时，在“立饮吧”点酒水自助的客人每位收费 1500 日元，选择坐席的客人每位收费 2000 日元，以价格分级制为特色。在提高“立饮吧”的利用率、满足不同顾客的用餐需求上取得了显著成效。

自助调酒
自行选择
自助畅饮

酒水品种丰富，各种芋烧酒、麦烧酒、米烧酒应有尽有。来此用餐的客人可以尽情畅饮各式酒精饮料，因此此处被誉为“成人水吧”。

自己动手调制美酒，品尝各种极品佳酿，近两成顾客会选择这种酒水自助。

139

酒水和下酒菜，细节处彰显荞麦面店的魅力！

赢得“粉丝”！特色酒水+料理组合餐

▲ 荞麦处 寿美吉
（东京，大田区）

近来，一些餐饮店纷纷推出“酒水+料理”的组合餐，以吸引夜间时段来店的顾客。其中，一家叫“荞麦处 寿美吉”的荞麦面店推出了一款特色餐，这款套餐将该店的招牌酒和招牌料理合二为一，还为它起了一个别致的名字——“荞麦汤烧酒套餐”，售价 1000 日元。一经推出，立即吸引了一批美食爱好者前来尝鲜。

为了体现本店特色，该店从自身特点出发，首先推出一款自家独有的创意“荞麦汤烧酒”，上述的“荞麦汤烧酒套餐”也是借这个创意而尝试发起的一项促销活动。套餐名称特别，内容也别具一格。除了一盒荞麦烧酒和荞麦汤外，还配有一份小菜、一碗油炸豆腐荞麦面、一碟荞麦酱和一碟荞麦年糕丁。该店的招牌料理——油炸豆腐荞麦面很有特色，是在用荞麦汁煮得香喷喷的油炸豆腐中加入提前用醋拌好的荞麦面而成。

一道特色餐，细节处尽显荞麦面店的专业气质和魅力，俘获了众多独自来此用餐的上班族的心。

荞麦烧酒加荞麦汤，搭配四款具有荞麦面店特色的下酒小菜，俘获了众多独自来此用餐的上班族的心。

140

餐桌上的震撼，吸纳人气

好评！气势不凡的“啤酒塔”

▲ SUNDAE

（东京，惠比寿）

餐饮企业搞酒水促销活动时，促销的方式非常重要，应从具备冲击力、给人带来震撼感入手，这样才能吸纳人气、增加点单率。东京惠比寿有一家叫“SUNDAE”的美式餐厅。这家餐厅有一种“神器”——高达一米的“啤酒塔酒器”。这种引人注目的大型酒器不但为该店聚集了大量人气，更为餐厅的营业额添砖加瓦。该店主营的菜品是汉堡、烤牛排等食物分量十足的西餐。为了让来店用餐的食客在大快朵颐的同时畅饮啤酒，店里特意准备了这种4L装的筒状酒器，命名为“啤酒塔”，3L啤酒按3600日元、4L啤酒按4600日元为顾客提供。4L装相当于十杯普通杯装啤酒的量，每杯单点要550日元，因此相当划算。

“神器”的外形时尚，摆在餐席上需要仰视，相当吸引眼球。是团体宴请的绝佳选择，还深受两人客的青睐。

这种酒器是进口货，基座采用黄铜制成，与餐厅的美式风格十分协调。当服务生端着这只装生啤的酒器送到指定餐席时，一米高的“大块头”总能引来众人好奇惊诧的目光，点单率随之大增。客人还能享受自斟自饮的乐趣，在一定程度上节约了餐厅的人力成本。

此外，这家餐厅还推出聚会酒水自助等优惠活动，店内的 8 座啤酒塔“全负荷运转”，令店里生意格外火爆。

141

一杯“送君酒”，欢送会和欢迎会的席间助兴品！

宴会席间的感动！特制酒标的一升瓶

▲ 酒洛 弐番所
（东京，高田马场）

面向预订大型宴会餐的顾客赠送一升瓶的日本酒或一瓶葡萄酒，是很多餐饮企业常用的“买一赠一”式促销手段。

其中，一家名为“酒洛 弐番所”的餐馆也面向预订十人以上宴会餐的客人推出买一赠一的优惠。为了让推出的优惠活动更具吸引力，店方在一升瓶的瓶体上贴了一张特色酒标。这个新设计在团体客中，特别是在举办各类欢送和欢迎活动的客人中获得了极大好评。

这种酒标由餐馆店长福田克己在电脑上制作而成。举个例子，如果宴会主题是“欢送会”，就贴一个“送君酒”的酒标（如下图）。根据承办的宴会种类设计酒标，其最大的亮点是参加宴会的客人一起举起酒杯干杯时，酒标会给席间增添一丝特别的气氛。参加各类欢送和欢迎活动的客人中，有的甚至舍不得喝，而是把这瓶具有特殊纪念意义的酒带回家。

促销用的日本酒，一升瓶售价6000日元（成本价2000日元）。在团体宴旺季，该促销方式能够获得约30组的宴会预约。

译者注：一升瓶常用于盛装日本酒，容量大约为1.8升。

142

意外惊喜！收获好评
法式料理混搭“铁壶绿茶”

▲ Hommage
（东京，浅草）

打破行业限制、创造“新概念”的促销方式，能在顾客心中留下深刻的印象。

例如，经营法式料理的餐厅“Hommage”除了在餐后为顾客提供咖啡、红茶等传统饮料，还准备了一种用日本铁壶冲泡的特供绿茶。“法式料理+ 绿茶”，这种闻所未闻的新式搭配很快就轰动一时，不但受到年长顾客的欢迎，在20~30岁的年轻顾客中也赢得好评。

用日本铁壶冲泡绿茶是店主主厨荒井升的主意。荒井以前去过法国，据说他在当地的餐厅体验过这种奇特的搭配方式，于是奉行拿来主义，把这种做法运用到本店。

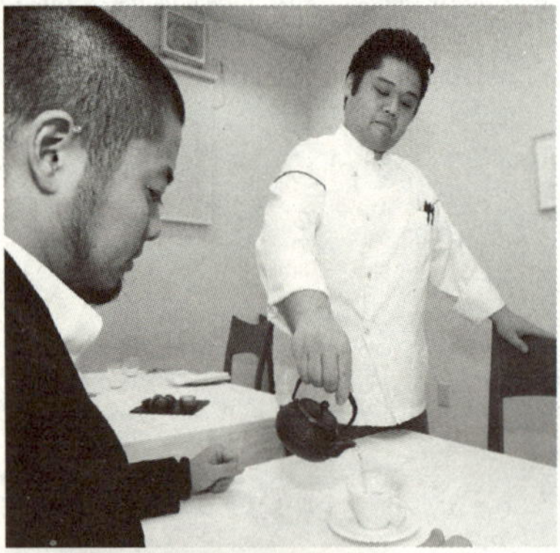

服务生当着客人的面用铁壶沏茶。沏茶用的杯子与冲泡咖啡和红茶的杯子一样，茶色碧绿清澈，与乳白色的茶杯相映成趣，令人赏心悦目。

译者注：经由优质铁壶烧煮出来的水无论是冲泡绿茶、咖啡，还是调配饮料、食物，其口感都会更加美味。

Chapter 9

店 面 装 饰 技 巧

143

柜台席前的观赏鱼鱼缸！单人用餐也开心

震撼体验之“鱼缸柜台席”。俘获单身女客芳心的视觉效果！

▲ 创意菜 花盛
（东京，涩谷区）

在店面装修中融入观赏鱼缸等设计元素的休闲型餐厅很容易带给消费者高端大气之感。其实，小型餐饮店同样可以运用视觉元素营造舒适的用餐氛围，在给顾客视觉享受的同时还能增进食欲，有一家位于东京涩谷区的名为“创意菜 花盛”的餐厅就是典型代表。

该店地处与京王线幡谷站相连的餐饮一条街。两年前，店址迁至同一条街的另一处，为了与以前的老店有所区别、打造全新的氛围，店方在有五张座位的柜台席的前面设计了一排宽 90cm、由三组观赏鱼鱼缸组成的空间。从店面重新装修结束到正式恢复营业，之前难得一见的单身女性客人多了起来，成功地赢得了女性顾客的芳心。

另外，这家店的店面采用全透明设计，行人从店外就能看到美丽的鱼缸，来此用餐的散客人数明显增加。

安装这组鱼缸的初期投资额约 14~15 万日元，且维护费较高。为了节约成本，鱼缸的维护工作由店员来做。

三组鱼缸中，除了青鳉、虾，还养着常客钓到的黑腹鱊等。一面享受美酒佳肴，一面眺望鱼缸中自在穿梭的鱼虾，这家店柜台席的受欢迎程度可想而知。

柜台席前设置了一组观赏鱼缸。一面用餐，一面眺望在水中自在穿梭的鱼虾，水波声还具有放松身心的功效。无论男女，很多客人都喜欢独自一人来这里用餐。

从店外也能看到鱼缸

餐厅为敞开式，从店外能将店内的一切尽收眼底。意在向过路行人展示鱼缸，以吸引散客。

144

温泉风包间，预约量第一，人气超旺

消除疲劳！释放身心！“足浴”包间受追捧

▲ 九州 · 冲绳 Imontyu 锦店
（爱知，名古屋市）

餐席的舒适度和新奇度是顾客选择餐馆的一大要素。一家名为“九州 · 冲绳 Imontyu 锦店”的餐馆推出了一项有趣别致的“足浴”服务。在餐席旁设置了一个小型足浴池，为来店用餐的顾客提供温泉足浴服务。

这是一家主营九州冲绳地区乡土料理的餐厅，餐厅奉行“温泉旅馆”理念，采用日式传统建筑格局，内设九间古朴雅致的包间。其中两间可分别容纳 6~8 名和 2~4 名客人的包间内各设一个气派的石制足浴池。

当预订足浴包间的客人就座后提出要求时，服务生便开始准备热水和足浴所需的物品。用餐之余，还能释放疲惫的身心，因此受到很多顾客的欢迎。

不但如此，这里的足浴服务一律免费，有时连包间费也不收取，足浴包间的预订率最高，是吸引顾客的一大亮点。

足浴池很宽，可同时容纳2～3个人同时泡脚。深度可浸没膝盖。足浴池的设计古朴自然，富有山野情趣。

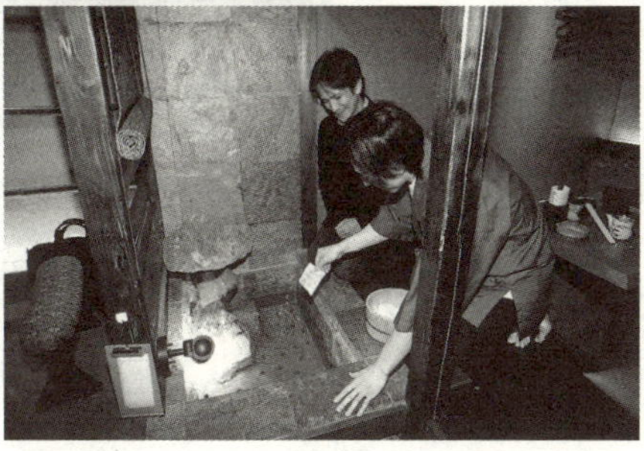

服务生负责足浴准备工作。当服务生把毛巾、足浴液等用品放入浴盆时，前奏还没开始，已经令客人沉醉其中了。

145

让“洗手间”成为顾客倾吐心声的场所

聆听顾客的心声！洗手间里的“留言板”

▲ 乐旬堂 坐唯杏 别馆
(东京，东池袋)

对餐饮店来说，聆听顾客心声、响应消费者的期待非常重要。收集顾客内心声音的传统方法是发起问卷调查。最近，利用互联网发送电子邮件和开设论坛等新兴调查方式逐渐兴起。不管采取什么方式，最重要的是营造与顾客沟通的氛围和空间。

东京池袋一家叫“坐唯杏”的餐馆推出一项举措，该店在洗手间里设置了一块写着“请为我们注入活力”的顾客留言板，留言板旁摆放着纸、笔、图钉等工具，以方便顾客“涂鸦”。

该店从很早以前就开始推出过类似活动，当时是在洗手间里摆放一些问卷调查明信片，客人可以在明信片上写上对这家店的评价和感想后寄回，这种方式更多地考虑到距离餐厅较远的顾客。为了进一步收集餐馆附近顾客的心声，两年前，该店经过一番调整，推出了现在的新举措。

活动之初，只是在洗手间的墙壁上贴出店员们的感想和留言等，后来从方便客人评价的角度出发，重新进行了布置。洗手间的空间相对私密，这里既容易引起顾客的注意，还可以抛开顾虑畅所欲言。而且，客人在留言板上的评价还有助于店方听到更多来自消费者的心声。

顾客的留言以对料理的评价和用餐体验为主。表扬性的留言还有助于激发餐馆员工工作的积极性和热情。

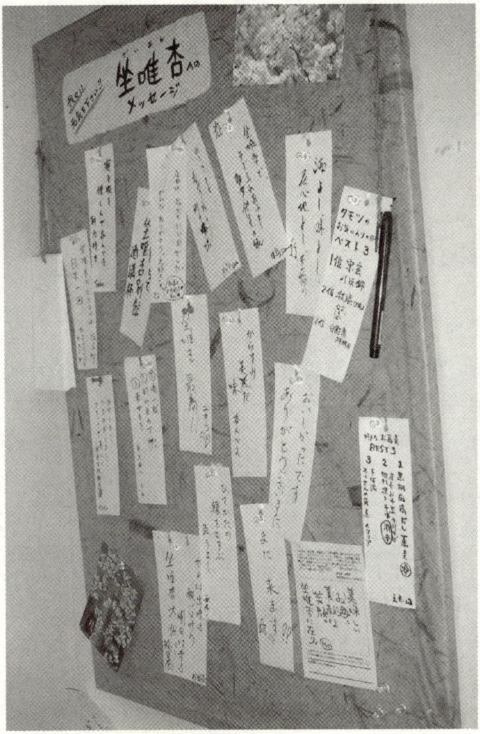

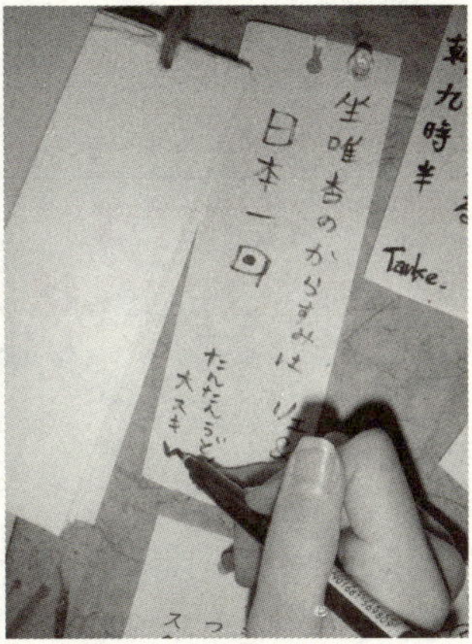

洗手间内景。内设一张软木留言板，顾客可以在这张留言板上畅所欲言。一行行留言传递出顾客的真实心声。

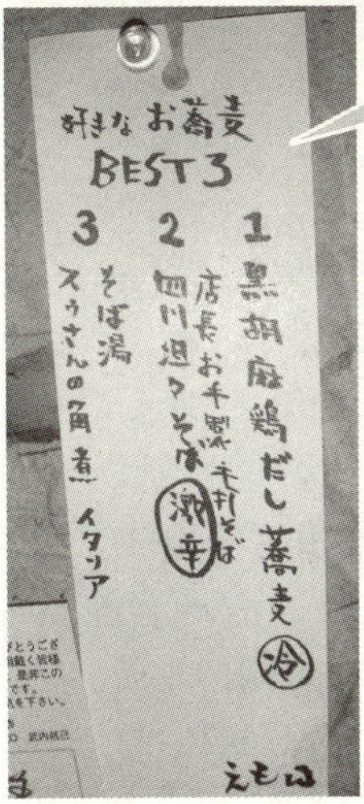

还有店员留言板

146

卡拉 OK 包厢变身飞镖房的成功！

吸引年轻消费者
居酒屋里的“飞镖房”

▲ 居酒屋 小助
（东京，新桥）

餐饮企业怎样才能解决客源稀少、新客源不足等问题呢？有的餐馆甚至不惜血本，通过重装店面达到吸引顾客的目的。

东京新桥有一家“居酒屋 小助”，这家餐馆从几年前开始另辟蹊径，在店内增设了一间飞镖房。此举一出，为这家店带来了一波又一波的人气，来此用餐的顾客络绎不绝。

这间飞镖房是在店内原有的一间卡拉 OK 包间的基础上改造而成的。原先的卡拉 OK 包间的利用率不高，对此店方负责人动起了脑筋——“有没有什么吸引人气的办法呢？”想来想去，想到了飞镖房。新设的飞镖房里配备的飞镖台是租借来的，改造装修费大约花了 50 万~60 万日元。

这间从包间改造而成的飞镖房位于店内入口一侧，所以不会影响餐席。来此用餐的客人在品尝美食的同时，还能享受玩飞镖的乐趣，等候用餐的顾客也不会感到无聊了，可谓一举多得。

玩飞镖一局 100 日元，一组客人一般花费 1000~2000 日元。连不好意思去游戏厅的中老年顾客也能享受游戏的乐趣。另外，“享美味、玩飞镖两不误”也是这项举措吸引人的噱头。来此用餐的客人大多慕名而来，很多人都耐心地排队等着玩飞镖。不会的话也没关系，店长会在一旁耐心指导。

来这家店用餐的主要是中老年上班族，自开辟出飞镖房后，20~30 岁的年轻顾客也日渐增多，其中男性顾客占八成，女性顾客也多了起来。一个新创意，一间飞镖房，拉近了顾客和店员之间的距离。

另外，午餐也是这家店主营的项目之一。店里有一块阅读区，面向顾客提供漫画等刊物。茶余饭后，午餐客可以在此轻松休闲一刻，这一点同样受到顾客的欢迎。

店内入口一侧的单间是新设的飞镖房（左图）。高背座椅是以前的，装修改造尽量压缩成本。玩飞镖得分高的顾客可以免费拍照留念，并在店内展示栏上贴出（见下图）。这个创意拉近了顾客和店员之间的距离。

店长亲自上阵辅导

酷爱飞镖的店长正耐心地为客人讲解玩飞镖的技巧。

店内阅读区有大量漫画等刊物。茶余饭后，午餐客可以在此轻松休闲一刻。

147

晚间时段循环播放，介绍荞麦面制作流程

“现场展示 & 影像”之荞麦面制作表演 彰显专业荞麦面店的形象！

▲ 江户荞麦 一香庵
（东京，世田谷区）

顾客在用餐过程中欣赏美食的制作过程，这是吸引顾客眼球的方法之一。为了抓住顾客的这一消费心理，越来越多的餐饮企业进行了“厨房革命”，即通过玻璃隔间或视频直播展示餐饮加工的全过程。

东京二子玉川有一家人气荞麦面店“江户荞麦 一香庵”，这家店的店内开辟了一处展示区，大厨站在敞开式的操作间里，为来店用餐的客人现场展示手工制作荞麦面的过程，呈现给顾客完美的大厨手艺。

这家餐馆地处百货商场的美食广场楼层，除了面向来商场购物的顾客宣传招牌菜以外，工作日白天的11：00~16：00、周末全天在店内公开展示荞麦面现场制作的过程。

店内的展示区张贴着手工制作荞麦面的全过程的图片，依次是“加水和面”、“揉面”、“擀面”等。此外，还登出每位荞麦面师傅的名字和正在制作的荞麦面种类。将以二八荞麦面、更科荞麦面、十割荞麦面、变荞麦面、粗磨荞麦面等各种荞麦面为招牌料理的该店的魅力发挥到了极致。

此外，在工作日，一到夜间，当操作间的师傅下班后，店内安装的电视就开始循环播放手工制作荞麦面的影像和图解。利用店内有限的空间，不分昼夜地向顾客宣传有艺术特色的专业荞麦面文化，在强化餐馆的外在形象、加深消费者的印象方面发挥着重要作用。

译者注：二八荞麦面：二成面粉混合八成荞麦粉。十割荞麦面：十成荞麦粉，即生荞麦制作，指的就是蒸笼荞麦面。更科荞麦面：是加入了芝麻的更科粉。这种面粉精度高、颜色偏白，做出的面条滑而爽。变荞麦面：盛荞麦面的变种。由混合的新配菜——如樱花瓣、菊花瓣或绿茶和荞麦粉混合而成的颜色鲜艳的荞麦面。

日间

工作日白天的11:00～16:00、周末全天在店内公开展示荞麦面现场制作的过程。

登出荞麦面师傅的名字和正在制作的荞麦面种类

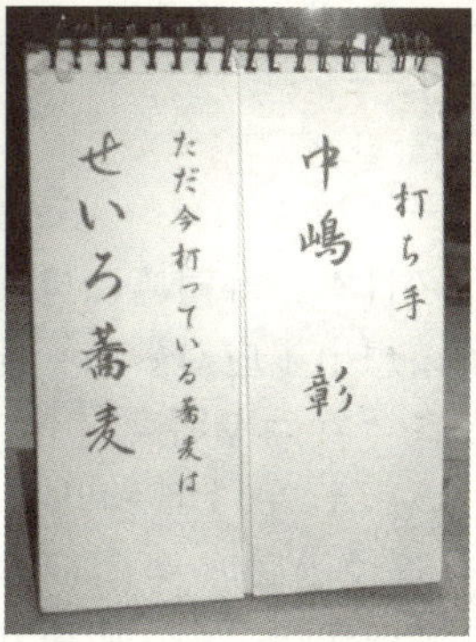

晚间

打开电视循环播放手工荞麦面的制作流程

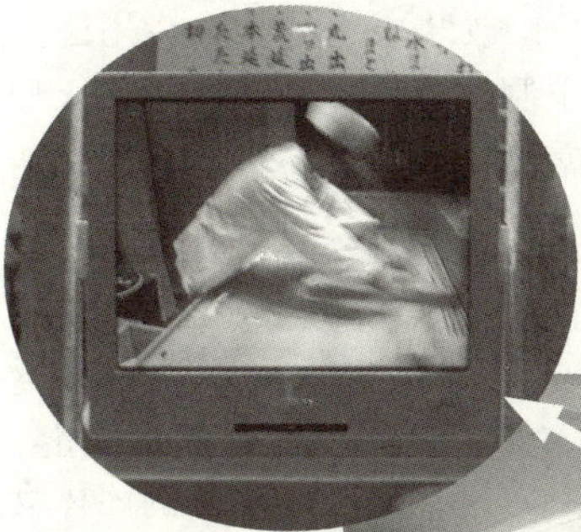

在工作日，一到夜间，操作间的师傅下班后，店内安装的电视就开始循环播放手工荞麦面的制作流程。面向晚间时段的顾客宣传本店的特色招牌。

148

二层为女性专用！受到女白领的好评

拉面店设“女性专用席”女顾客占四成！

▲ 面屋 天空
（东京，千代田区）

在日本，寿司店和拉面店一般鲜有女性顾客独自光顾。对此，一家餐馆想出了应对妙招，此招一出，立刻引起公众关注。这就是在店内设置“女性专用席”、位于东京千代田区的拉面店“面屋 天空”。

该店于 2003 年秋开业，店里有一道人气美食——秘制“正油拉面”（据说汤底加入了红葡萄酒）（650 日元）。这款拉面最受消费者欢迎。开业伊始，为了吸引女性顾客来店用餐，店方把两层建筑的第二层（第一层 12 张客席，第二层 12 张客席）改装成了“女性专用层”。这层的装修风格也针对女性客人“量身定制”——屋顶喷涂成蓝天白云的效果，店内设计融入女性元素。客席侧设一排长条软椅，给来店用餐的女顾客以放松舒适的感觉。另外，还在第二层设置了一个化妆间，化妆间的布置同样温馨可爱。

此外，店门口的黑板上赫然写着几个大字——“二层为女性顾客专用席”。在这家店里，即使第一层坐席已满，男顾客也不能进入第二层用餐。单独来此用餐的女白领顾客自不必说，很多一起来的团体女顾客对此也赞不绝口。餐馆日均客流量达 100 人次，其中女性顾客约占四成。由此可见，“女性专用席”功不可没。

店门口的黑板上赫然写着几个大字——“二层为女性顾客专用席”，这个招牌吸引了不少人的注意。

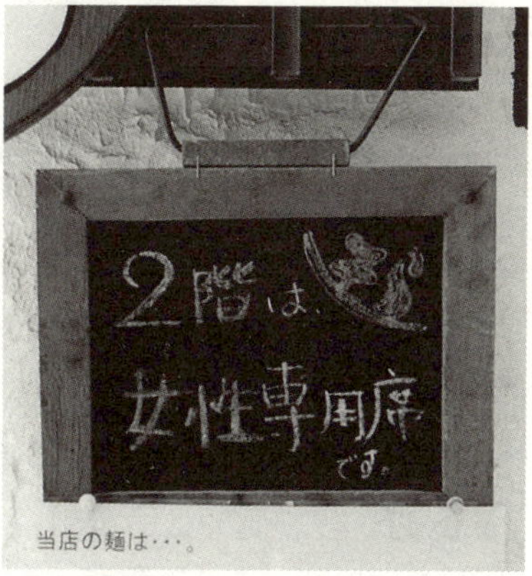

屋顶是蓝天白云!

二层设一排长条软椅，共12张坐席。洁白的墙壁，喷涂成蓝天的屋顶。让顾客仿佛置身于南国之家。化妆间的布置同样温馨可爱。

洗面台也布置得漂亮精致!

149

店前盛事，“一口大锅”！

“香味和热气”，吊足食客胃口
一口店前大锅，存在感倍增！

▲ 寿司 第十八顺洋丸
（东京，下北泽）

最近，以视觉冲击力吸引消费者的餐饮店不少。为了给消费者留下深刻印象，从“人无我有，人有我新”上下工夫也是一种办法。

东京下北泽有一家叫“寿司 第十八顺洋丸”的餐馆。这家餐馆以前在店门口摆了一排蔬菜和酒瓶，旁边还有一口装味噌汁的大锅，这一招很快就引起了人们的关注。看着这件稀罕物，不少路过的行人都忍不住停下脚步研究起来，成了这家餐馆突出存在感的宣传物。

店门口的大锅一直架在火上，锅里咕嘟咕嘟地煮着食物。每到午餐时段，餐馆面向顾客供应鱼杂汤，晚间时段则换成“牛筋杂烩”。

整个炖汤过程在店门口进行。有客人点汤时，服务生马上从门口的大锅里舀一碗热乎乎的汤端到指定餐席。热气不停地从大锅里冒出来，空气中飘着香喷喷的味道，勾起人们的食欲，叫人不由得停下脚步，有的干脆进店大快朵颐。

从去年开始，该店在原来的经营项目中增加了“居酒屋”，在翻新菜单的过程中推出了这项“店前大锅促销活动”。通过向消费者宣传寿司以外的本店新增菜品，来营造轻松愉快的就餐环境，从而进一步吸引客人进店消费。

午餐营业时段，大锅旁摆放着木碗，随时为点餐的客人提供。到了夜间，店员在火上支起烤架，开始烤干货和贝类。

鱼杂汤、杂烩！

餐馆地理位置相对偏僻，位于车站附近餐饮一条街的一角，店方想方设法吸引客人进店消费。店门外屋檐下的招牌上，一条巨大的金枪鱼模型赫然在目，很远就能看到。

蔬菜宣传

从农家直接订购蔬菜，在店门口进行展示。向过路行人宣传本店食材的安全和新鲜。

150

精美印花布帘创造“隔间效果”

印象提升！设计精美的彩色“布帘隔间”

▲ 茶泡饭餐厅 茶乐 东京站 Kitchen Street 店
（东京，千代田区）

料理店内部的装修设计与布置的方法很多。使用软性材料进行分隔，即以帷幔、布帘等将店内空间进行分隔，是一种常见的方法。在这方面花了一番心思的是一家叫“茶泡饭餐厅 茶乐 东京站 Kitchen Street 店”的餐厅。该店以一排精美的彩色布帘将店内的餐席和走廊隔开，使来此用餐的顾客感受到一种独特的日式风情。

这些布帘共五种，色彩和图案设计各具特色。布帘的颜色根据日本本土植物和素材命名。例如：由鲜艳的蒲公英花图案构成的“黄色”布帘，由铁青色和藏青色的中间色构成的“蓝绿色”布帘等。布帘的图案设计同样为日式风格。这些色彩斑斓的布帘与使用木材装饰的料理店内部交相辉映，在加深顾客的视觉印象上发挥着重要的作用。

布帘色彩采用『日本传统色系』。图片中的『薄苏枋』是一种略带暗紫色的偏淡的红色。另外，还有绿中带蓝的『海松蓝』和芥子色。

译者注：日本传统色系：日本古典文学里经常引用的颜色。这些颜色常被用于和服或其他日本传统艺术和手工艺中。芥子色为一种黄紫混合的颜色。

151

迷你鲤鱼旗吸引散客！手工制作，控制成本

提升宣传力！迷你鲤鱼旗招牌

▲ 神乐坂 南山
（东京，神乐坂）

位于地下街或二层的餐饮店怎样吸引顾客上门呢？可以考虑在街边等处设置个性招牌，面向消费者加大宣传力度。

一家叫“神乐坂 南山”的餐馆在这方面动了一番脑筋。该店在店头招牌上竖起一排迎风招展的“迷你鲤鱼旗”，旗上印着该店的招牌菜和促销内容，以此吸引过路散客的注意。

这些“迷你鲤鱼旗”取材于弹子球店（类似游戏厅）兑奖台上铺的旗子，向专卖店订购后由店员自己动手设计，有效地控制了制作成本。最后用层压机加工成一面面漂亮的鲤鱼旗。

另外，在招牌上挂鲤鱼旗的创意还具有不占用场地、视觉冲击力强的效果。

自从打出这种“鲤鱼旗招牌”后，在店头招牌前驻足观看的人越来越多，顾客上二层进店用餐也成了顺理成章的事情。

招牌上竖起一排迎风招展的迷你鲤鱼旗。旗上印着该店的招牌菜和促销内容，以此吸引过路行人的注意。旗上的内容根据季节调整。

152

能让包包竖着摆放的收纳柜，留下好印象！

柜台席的物品收纳新创意

▲ 四川担担面 阿吽
（东京，汤岛）

顾客进店用餐的过程中，私人物品和外套放在哪儿？其实，这些看似不起眼的细节也是餐饮店赢得顾客好评和好印象的一个重点。以日式料理店的柜台席为例，因为空间有限，不设顾客私人物品存放处或储物空间狭小，常常会让用餐的客人感到不快。而有一家餐馆不但注意到了这个细节，还通过细节处的小改变而得到顾客的一致好评。

这就是东京汤岛一家名为“四川担担面 阿吽”的餐馆。该店共设9张柜台席，其最大的特色是坐席的设置。店内的坐席纵深达60cm，可供客人充分放松用餐，同时还考虑到顾客存放物品的需求，在坐席下方设置了一排隔层，供客人放置私人物品。在普通餐馆，类似的储物空间只够客人把包包横放。而这种横隔层的优点是宽敞，高40cm×宽80cm×纵深20cm，足够客人竖着放包。这样一来，包不受挤压，不会变形，更不会损坏包内物品。如此贴心的服务当然博得了顾客的好评。

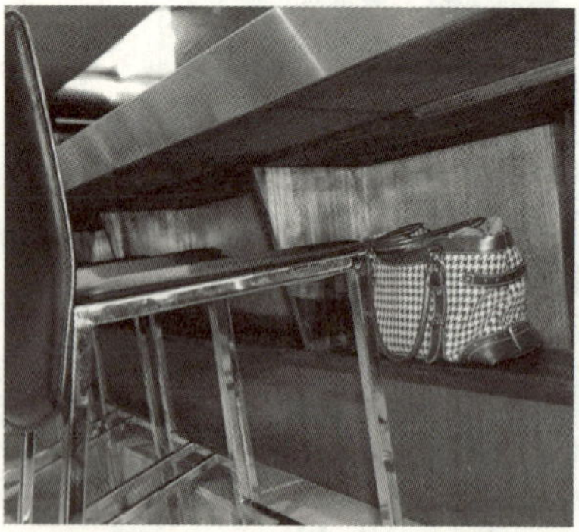

153

加强与本地居民之间的交流

好评！店前出售花草茶

▲ PIZZERIA　GELATERIA　Zio

（东京，神乐坂）

餐饮店面装修需要注意什么？重点是突出个性，能给消费者留下深刻印象。其中，有一家叫“PIZZERIA GELATERIA Zio”的餐厅通过富有个性的店面展示，成功地突出了自身的魅力，达到了吸引顾客进店消费、在顾客和餐馆之间搭建起沟通桥梁的目的。

这是一家以药膳食疗为主的餐饮企业。店方从花店买来应季鲜花，和店内种植的药材香草放在一起做装饰，成为店里一道独特的风景。这种香草和观赏植物售价 300 日元起，另赠花盆和说明书。香草和观赏植物根据餐馆所需的量种植，不同季节，植物的常备种类和数量也不同。一年四季，以植物生长最繁茂的夏天为代表，店前出售的花草多达 10 余种，包括甜罗勒、紫花南芥、蜜蜂花等。

在餐馆门前开辟庭院，这个创意不但受到顾客的好评，还受到附近居民和来神乐坂散步的人的赞誉。很多住在附近的居民利用空闲时间来这里买花，还有人向店员询问关于花草种植的方法——怎样在烹调过程中使用、怎样用来装饰……这些美丽的植物在餐馆、居民和食客之间搭建起一座沟通的桥梁，更成为扩大影响力的道具。

花草的销售信息写在店头的黑板上。店员送顾客出餐馆时，也会对有意向的顾客进行宣传。

154

地下楼梯两侧的创意！

引导顾客走进地下餐厅的“双重震撼”

▲ 肴 地下坊
（东京，惠比寿）

餐饮店怎样吸引过路客进店尝试？关键看商家怎样利用行人路过店门前的一刹那，来抓住他们的心。有一家叫“肴 地下坊”的居酒屋做出了表率。该店位于一条狭长街道的地下，尽管地理位置不理想，店方却成功地化劣势为优势，巧妙地引导顾客上门。

店方的策略是利用通往地下的楼梯，在楼梯尽头设置了一块立式招牌，招牌上写着“欢迎降临哦”几个大字。强烈的视觉冲击力加之有趣的宣传语，引得过路行人纷纷驻足。

此外，楼梯两侧的墙壁上清一色挂着一排木制菜单。50块木制菜单与明亮的灯光交相辉映，将狭小阴暗的楼梯通道照得亮如白昼。放眼望去，这家餐馆的招牌菜一目了然。地理位置不好没关系，通过其他途径弥补。这家餐馆的做法值得借鉴。

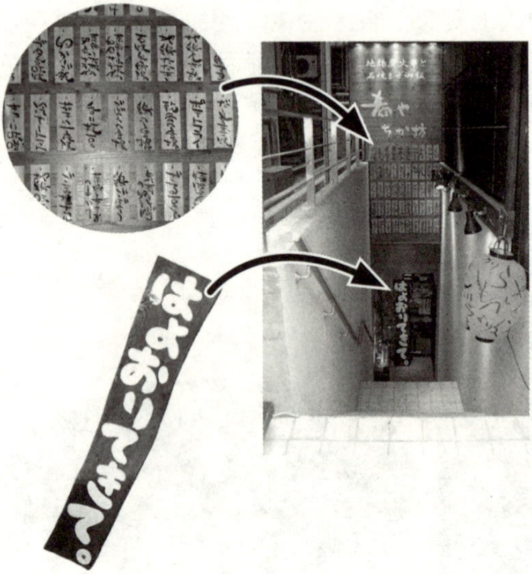

该店头宣传创意是总公司的社长的智慧结晶。木制菜单可以拆卸，因此能够应对菜单变更的情况，可谓兼视觉效果和实用效果于一身。

155

春夏秋冬，餐具不同

好印象！季节风餐具

▲ 寿司弘

（爱知，名古屋市）

现如今，在外用餐时，要求美食“色香味俱全”的食客越来越多。从餐饮企业经营者的角度来看，如果结合季节变化，对餐具进行一些细节上的改进，一定能在顾客心中留下更深的印象。另外，为应对高档宴请的需求，装盘和摆菜都是重要的环节。

其中，值得一提的是一家叫“寿司弘”的餐馆。该店针对柜台席的餐具摆放下了一番工夫。上菜时，先上筷子、小碟和托盘，然后将盛寿司的盘子摆在餐台内侧。

这套餐具的特点是从盛放食物的托盘到装筷子的套子，一律对应春夏秋冬四季变化，让来店用餐的客人在享受时令美味寿司的同时，还能欣赏随四季变化的季节风餐具。以刺身盘为例，春天采用洁白如玉的白瓷，夏天采用清爽的玻璃盘，秋冬天改用色调沉稳凝重的长方形盘。另外，托盘、筷子和小碟也根据刺身盘进行调整。

这些富有季节感的精美餐具，在带给食客惊喜的同时，也为这家餐馆赢得了回头客。

菜品不变，根据季节变化调整餐具的色彩和形状，也能加深顾客对餐馆的印象。

156

抽屉里的筷子，抽拉式烟灰缸

餐桌上的新创意

▲ 上州 TOKOTON 酒场 有乐町店
（东京都，千代田区）

怎样为顾客提供宽敞的餐桌空间？根据不同创意，有各式各样的办法。

在“上州 TOKOTON 酒场”有乐町店，你能看到很多新奇有趣的布置。这家餐馆的餐桌够特别，高高的立式餐桌采用铁桶改装而成。为了保证顾客的就餐空间足够宽敞，餐桌上还有很多让人眼前一亮的小创意。

首先是摆放筷子的位置，餐桌底部装有一个抽拉式的抽屉，筷子放在抽屉里，客人可以自由拿取。其次，经铁桶改装的餐桌底部设有一个物品存放柜，供客人放置私人物品。另外，餐桌上的铝制烟灰缸也是抽拉式的，需要用的客人可以将其拉出来。这些小创意不但为来此用餐的客人提供了宽敞的就餐空间，其新颖别致的结构设计也赢得了人们的关注。

服务生向客人说明筷子摆放的位置。餐台上装果壳用的小盒设计精巧，用报纸叠成，很有趣味性。

157

140 种烧酒一字排开，超强震撼

气势非凡！烧酒“雏坛”

▲ 新鲜 吟藏
（东京，涩谷区）

时下，很多餐饮店都备有烧酒、日本酒等多种美酒，但酒水摆放的位置和方法也有讲究，而且在一定程度上左右着消费者对餐馆的印象。

位于东京涩谷区的“新鲜 吟藏”是一家以珍藏多种极品佳酿著称的餐馆，这家店标新立异，在店内设置了一个烧酒“雏坛”，引来不少顾客的关注。该店的客席是清一色的柜台席。柜台席的正前方按人偶雏坛的摆放次序从下到上摆着四层美酒。现在店内的雏坛上约有140 种烧酒，成一字型排开，气势非凡。

这个创意烧酒雏坛不但成了这家店扩大知名度、推广酒水的宣传道具，还成了店里一道独特的风景线。

每层能够摆放40瓶烧酒。雏坛用铁架支撑，每层均设置高低落差，防止酒瓶砸落。

158

传说中的神兽，祥瑞“四神”布帘

随季节变换的精美门帘

▲ 碳烤 樱田

（东京，台东区）

餐饮市场竞争激烈，餐饮企业为突出自身的存在感，装饰招牌和布帘是餐饮店最常用的方式之一。但是，招牌和布帘比比皆是，没有特色的话，就很难吸引过路行人的目光。

其中，从店内的用餐环境和个性化入手，在布帘上做文章的是一家叫“碳烤 樱田”的餐馆。该店根据季节变化调整挂在店前的布帘，赢得了不少关注的目光。

布帘的图案根据古代传说中的“四神兽”设计而成，色彩斑斓，图案丰富。例如，金秋十月的秋天，对应四大神兽中的“白虎”，图案以白色为底色，上面印有模仿“江户文字”设计的橙色店标。再如，根据立春、立夏等节气变化使用不同色彩的布帘。

另外，四大神兽具有不为人知的神奇力量，据说它们法力无边，能够守护家宅，这也是该店使用这种镇店之宝的用意所在。

图中的布帘以白色为底色，上面印有模仿“江户文字”设计的橙色店标，对应秋天。该店根据季节和节气变化使用不同色彩的布帘。

樱田家的四色布帘

春 = 青龙（绿色）
夏 = 朱雀（橙色）
秋 = 白虎（白色）
冬 = 玄武（黑色）

159

关灯后繁星点点！印象出众＆节电效果

洗手间变身“天象仪”

▲ 大阪烧 铁板料理居酒屋 福屋
（东京，杉并区）

近来，从满足客人如厕需求的细节出发，越来越多的餐馆开始对店内的洗手间进行升级改造，希望营造出一个让顾客感觉舒适清洁、私密美观的如厕空间。其中，有一家餐馆以一个别致的创意脱颖而出。

早在几年前，这家餐馆曾经经历了一起水害事故，之后店方对店内的洗手间重新进行改造。装修过程中，有人提出一个有趣的建议：在洗手间里安装一种模仿天体运转模型的发光壁纸。熄灭灯光后，墙壁上就会发出光亮，犹如夜幕下繁星点点的天空，整个洗手间彷佛笼罩在一个巨大的天体运转模型之下。这家日式风格的餐馆，与科幻感十足的洗手间之间的鲜明反差，令来此用餐的客人啧啧称奇，赢得一致赞誉。

另外，重新装修前，很多客人进入洗手间后不随手关灯，而发光壁纸只有在黑暗中才会发出光亮。对此，店方在洗手间的门内侧贴了一张纸条，纸条上注明“请随手关灯，关灯后有惊喜！”这样一来，顾客逐渐养成随手关灯的好习惯，在一定程度上起到了节电的效果。

这家餐馆地处住宅区，周末举家来此用餐的客人很多。“天象仪发光壁纸”最受女性顾客和孩子们的欢迎，经常有孩子惊喜地喊妈妈一起欣赏发光壁纸。

160

立体酒架，餐馆里的季节风

引导客人前往地下餐厅的“立体风”装饰

▲ 银座 祭屋

（东京，银座）

地下餐厅最大的劣势是地理位置不佳，客流量稀少等。但是，商家可以通过装饰地下通道等空间，给顾客留下强烈的印象。这方面的表率是东京银座一家叫“银座祭屋”的餐厅。

这家餐厅位于高架桥沿线一处地下餐饮街的一层。餐厅入口距离人行通道有一段距离，一直走到尽头才能看见它。对此，店方把地下一层入口处的空间开辟出来，在空间装饰上下了一番工夫。

其中，最吸引人的是餐厅入口沿途墙上的壁挂酒架。一个个精致小巧的酒架上整齐地摆放着一瓶瓶烧酒，大约 200 瓶“立体”烧酒将这条必经之路点缀得熠熠生辉。

另外，在人行通道两边，盆栽随处可见。春天是樱花，秋天是芒草，花红柳绿，季节感十足。入口楼梯的两侧各点着一排灯，明亮的灯光把周围的一切清晰地呈现在顾客眼前，似乎在引导客人进店。

另外，店门口摆设着一块黑板，黑板上写着当日推荐的鲜鱼。店内也设有相同的黑板，一直将来店用餐的客人引导至餐席。

餐厅入口摆着一块黑板，墙上的壁挂酒架上摆放着一瓶瓶烧酒，立体感十足。

161

时令鲜花配美食，牢牢抓住女顾客的心

好评！花篮料理

▲ 爱田
（东京，银座）

针对女性顾客提供定制服务，推出适合女性口味的菜肴，这类餐厅并不少见。那么，有没有让来店用餐的女顾客收获意外惊喜、体现商家的周到细心，还能让顾客意犹未尽的例子呢？东京银座有一家“爱田寿司”，该店推出了一道创意午餐。盛放午餐的餐具不是盘子，而是一只用时令鲜花点缀的花篮。

这家寿司店从开业起，就把女性顾客作为目标消费群。为了吸引女顾客进店吃寿司，店方除了主打寿司牌，还配备了豆腐、千张等适合女性口味的菜品。一份“寿司豆腐花篮午餐”定价1500日元。花篮里摆放着漂亮的碗碟，碗碟里整齐地码放着什锦寿司饭和豆腐等小菜，深受来此用餐的女性顾客的欢迎。

花篮上插着大朵的油菜花和郁金香，点缀的“切花”突出“季节感”。晚间套餐也使用各种“切花”作为点缀。

译者注：“切花”通常是指从植物上剪切下来的花朵、花枝、叶片等的总称。它们是插花的素材，因此也被称为“花材”。

为了给这款午餐增添亮色，花篮上方插着一支女性最爱的时令鲜花。鲜花经过“切花”处理，剪去花枝、叶片和锐刺。现在，日间营业时段来这里用餐的女性顾客占了八成，晚间时段也将近五成，成功地吸引了女性顾客光顾。

162

一体化移动式餐位

解决轮椅顾客需求的“移动式”餐位

▲ 日式什锦烧・章鱼烧・铁板烧 寿寿
(和歌山，桥本市)

最近，关注残障人士的用餐需求、构建无障碍餐位的餐饮店正在悄然增加，但是怎样解决餐位和餐椅位置固定的难题呢？

和歌山桥本市的一家名为“日式什锦烧・章鱼烧・铁板烧 寿寿”的餐馆为同行做出了一个表率。来这家店用餐的客人以老龄顾客为主，为照顾一些坐轮椅的顾客的用餐需求，该店将店内一个带长条高背椅的餐位改装成可移动式餐位。从表面上看，这种餐位与其他的并没有任何区别，其实它的特殊性在于可以连座椅靠背一起灵活移动。每当坐轮椅的顾客来店用餐时，服务生会把座位移开，留出仅剩一张餐桌的宽敞空间。这样一来，顾客就能坐在轮椅上舒舒服服地享受美食了。

另外，店方还把餐馆入口的台阶铺平，设计了一个可伸缩的斜坡，供坐轮椅的顾客进出。这些人性化设计受到顾客的一致欢迎。

长条座椅可灵活拆卸，还能移动，大大方便了坐轮椅的顾客用餐。

163

宽敞的女性专用洗手间，全身镜、座椅、化妆台一应俱全

满足女顾客心理需求的新式洗手间

▲ PRIVATE DINING 点
银座 CORRIDOR 街店
(东京，银座)

“时刻保持完美妆容”是每个女人的心愿。一顿大餐过后，爱美的女士们不可避免地被脱妆问题所困扰，因此，用餐结束后冲到洗手间忙着补妆的女性客人十分常见。对于参加约会和联谊活动的女士来说，补妆更是必不可少的一环。

针对这一需求，在店内洗手间放置补妆用品供来店女顾客使用的餐饮店多了起来。位于东京银座的“PRIVATE DINING 点(TOMORU)”银座 CORRIDOR 街店在这一细节上做得非常到位，因此赢得了来店用餐的女性客人的一致好评。

这家餐厅的女用洗手间为女性客人配备了一整套贴心设备，包括全身镜、座椅、宽敞的化妆台等。化妆台上还准备了粉扑等补妆用品。另外，洗手台和化妆台分开设置，补妆的女士们可以坐在里面从容补妆，再也不必担心洗手台的水溅到衣服上。如此周到的设计，怎能不让女顾客对这家店的好感倍增呢？

该店时尚舒适的用餐环境，加上周到贴心的女用洗手间的细节设计，为这家店赢得了广泛的认可和赞誉。

全身镜、座椅、化妆台等一应俱全

164

方言解说折叠手册，赢得顾客好评
“方言用语集”店卡

▲ 黑兔 麹町店
（东京，千代田区）

近年来，越来越多的乡土料理店进入了人们的视线。作为一家以乡土风格为主的特色餐馆，在推出乡土菜的同时，介绍当地的饮食文化也是扩大和传播名声的重要一环。

举一个例子，一家经营冲绳和奄美乡土料理的“黑兔”麹町店印制了一批解说当地特殊方言的折叠手册，把这种方言用语集作为店卡，受到顾客的一致好评。

这家餐馆主营冲绳和奄美乡土料理，还面向顾客提供当地名酒泡盛和黑糖烧酒。为了突出特色，店里印制了一批方言解说卡，卡上的内容广泛，从食材到方言，共计 47 条。这些卡片为折叠式，叠在一起就成了一本小册子。午餐时段来此用餐的顾客在等餐期间可以拿起来翻看。有的客人因为看到手册上的新鲜词汇而对该店的某个特色菜产生了兴趣，于是在晚间营业时段专程再来用餐。

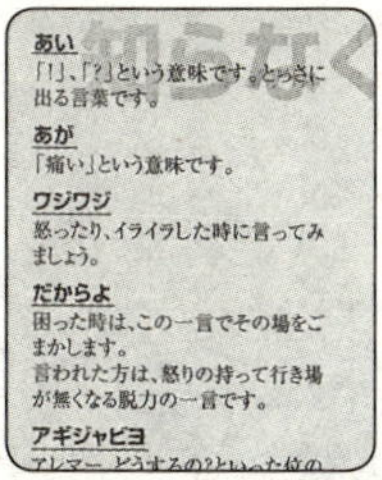

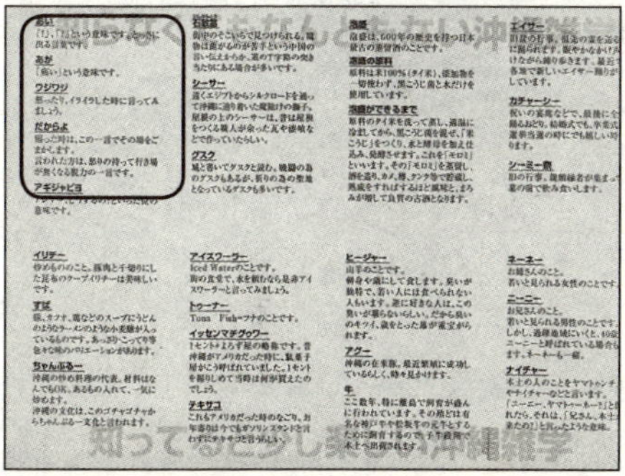

大小与一张A4纸相当，折叠成册，上面印有冲绳和奄美地区的方言解说，摆在店前供用餐的客人翻阅。对这种方言手册感兴趣的客人很多。

165

吸引行人一探究竟的创意

吸纳人气！店卡宣传术

▲ 手工餐厅 炎丸
（东京，神田）

近来，很多餐饮店纷纷在店门前放置店卡供路过的行人拿取，但这些尝试往往收效不佳。

东京神田有一家叫“炎丸”的餐馆，这家店在店门口放置了一只带抽屉的小型仿古木箱，木箱的抽屉里摆着一沓店卡，其设计精致典雅，吸引了众多行人的目光，尤其受到女性的称赞，让不少消费者对这家店的好感度大增。

该店地处十字路口的一角，木箱就摆放在店门口。餐馆整体建筑古朴典雅，效仿民居设计，与茶色仿古木箱融为一体，简约中透出淳朴民风。木箱设计精巧，引得行人纷纷驻足，其中不乏一些想一探究竟的人。除了用店卡推广，店方还积极印制传单，加大促销活动力度。

上下层抽屉之间错开布置，又以栗子等坚果进行点缀，突出季节感。

配合店面整体氛围，在店门口放置一只茶色仿古木箱。其精致典雅的设计尤其受女性客人的称赞。

166

店内摆放 1500 册漫画。品美酒看漫画

吸引独自用餐客的“漫画”居酒屋

▲ 居酒屋 小竹

（东京，神乐坂）

面向年轻人开放的漫画咖啡屋和网吧在日本颇为流行。近来，沿袭这一思路，让顾客能在店内轻松看漫画的居酒屋悄然登场。一家名为“小竹”的居酒屋，考虑到独自用餐客放松身心的需要，在店内开辟出了一块“漫画角”，为来店用餐的顾客准备了 1500 多册漫画，受到顾客的好评。

这是一家走亲民路线、适合工薪阶层消费的人气居酒屋。来此用餐的顾客中，九成是男性，其中不乏独自一人来用餐的客人。为避免让独自来用餐的客人感到无聊，从很早以前开始，店方就在店内安装了一台电视。后来又摆放了一些漫画书，供食客自由翻阅，结果客人的反响相当不错，因此这项举措已经持续了五年多，且一直沿用至今。

这家店的漫画种类十分丰富，也有像历史题材这种成人也爱看的漫画。书架设在店内通道上，客人可以随便看。来此用餐的男顾客几乎人手一本。该项服务还受到了喜欢漫画的年轻情侣客的好评。

晚间营业时段，很多独自来店用餐的30岁以上的男顾客会一边看漫画，一边放松休闲。

167

多彩招牌，点亮街头时尚范儿

标新立异的宣传！“11” 块招牌

▲ 创意意大利酒场 樱
（神奈川，横滨）

作为餐饮企业重要的宣传工具之一，店面招牌的大小、设计等都应该非常讲究，一个奔放洋气的招牌是很多商家所追求的。其中，有一家叫“创意意大利酒场 樱”（我们采访该店时，它是一家西餐厅，当时店名叫“KAIKAGETSU 樱”）的餐馆脱颖而出，这家店的招牌不止一块，而是由 11 块招牌组成的招牌群。11 块招牌构成店头一道独特的风景。这组新奇的招牌令过路行人眼前为之一亮。

该店地处横滨站附近某商业街一栋写字楼的二层。这里楼群鳞次栉比，行人密集，店铺的位置很不显眼。为了加深顾客对该店的印象，店方在这栋写字楼外墙的不同位置悬挂了 11 块印有店名的招牌。招牌上的店名“樱”的设计和尺寸各不相同，有的是日文汉字，有的是片假名，还有英文、韩文等。这组招牌不但吸引了过路行人的眼球，还达到了扩大宣传的效果。

11 块特色时尚招牌，在川流不息的商业街中大放异彩，受到以 30 岁消费者为主的顾客们的一致好评。

11块个性招牌是设计师提出的方案。每块招牌的大小和设计风格迥异，店名“樱”使用片假名、韩文等不同文字表述，从另一侧面突出了该店融合东西方菜式精华的主题特色。

168

时尚酒桶印店名，作为招牌放街头

引导顾客进小店，“发光酒桶”不怕巷子深

▲ YOUBAR

（东京，涩谷区）

如果餐饮店的地理位置不理想，隐蔽于胡同深处，那么这家店该怎样吸引顾客上门呢？位于东京涩谷区的“YOUBAR”自有办法，该店从很早以前开始，就用一只巨大的“非主流”酒桶，成功地做到了招揽顾客进店消费的目的。

这只酒桶由店主阿部寿也的朋友亲手制作，桶结构的一部分被挖掉，贴上印有店名的丙烯板。一到晚上，桶内部的照明灯开启，美丽的灯盏将该店的店名衬托得格外惹眼。该店将这只大酒桶当成招牌，摆放在与小巷相连的主街上，成功地吸引了过路行人的眼球。

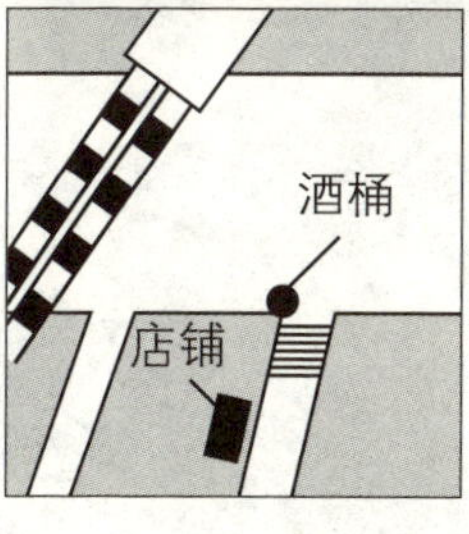

169

筷子套里的玄机，供客人随机抽取。“大吉”还有赠品相送

趣味！占卜“筷子套”

▲ MOBY DICK 北九州店

（福冈，北九州市）

在一家你想去的餐厅里，从点菜到上菜，你能心平气和地等待多长时间？这是很多在外用餐的人会谈起的问题。为了让客人等餐期间不会感觉无聊，有的餐饮店煞费苦心，想出了一些解决的办法，并因此受到顾客的好评。其中，一家位于福冈北九州的“MOBY DICK”餐馆推出了一种特殊的筷子套。

这家餐馆有一种黑色的筷子套，袋的内侧印着求签解卦的内容。顾客点餐后，服务生会端着一个插满筷子的筷子筒送到指定餐席，客人从中随机抽取一双筷子。

这些卦分为“大吉”、“中吉”、“小吉”、“吉”、“末吉”五种。为了让客人享受求签解卦的乐趣，所以不设“凶”卦，每个卦上都附着一句话。客人可以根据这句话的含义体验占卜的乐趣。即使抽到的签都是“大吉”，签文的内容也各不相同。这个新鲜的创意为这家餐馆聚集了不少人气。

另外，抽到“大吉”的幸运食客，还将得到店方送出的餐饮券一张。此外，这些创意还被运用到各种促销活动中。

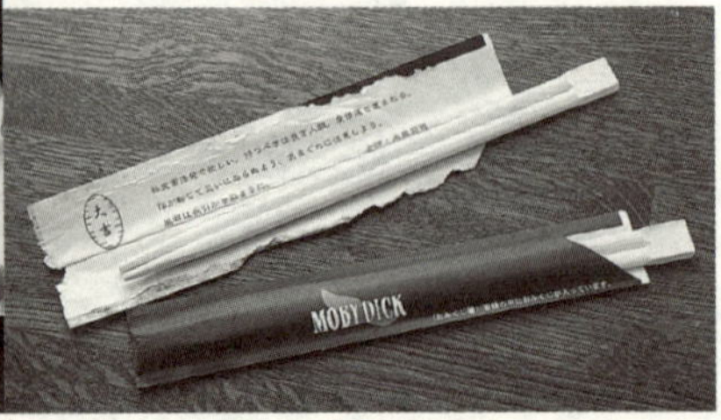

筷子套的内侧印着求签解卦的内容，卦文由大阪的占卜师制作，内容丰富，各不相同。

170

缓解“等餐时间”的无聊感，创造沟通机会

一个人打理餐馆的小助手“九连环”

▲ 小料理屋 东风

（东京，池袋）

一个人打理餐馆不是一件容易事，一碰到高峰时段，让客人干等是不可避免的事。所以，怎样让客人在等餐期间打发难熬的时间，这一点对餐饮店来说很重要。为了解决这个问题，“小料理屋 东风”在店内的柜台席摆放了一些“九连环”，方便等待的客人解闷。

该店从创办之初就是一家小餐馆，开业一年半后推出午餐服务。近来，又面向来店用餐的客人推出五种不同风味的“广岛蘸面”，每天只供应20份。这道美食人气火爆，每每刚一出锅即被一抢而空。但因为日间和夜间营业时段提供的料理不同，再加上店里的一切全部由店主一个人打理，所以在白天经常能看到食客等餐的身影。对此，店主想了一个主意，在餐席的台面上摆放了一些九连环，供客人等餐期间解闷用。

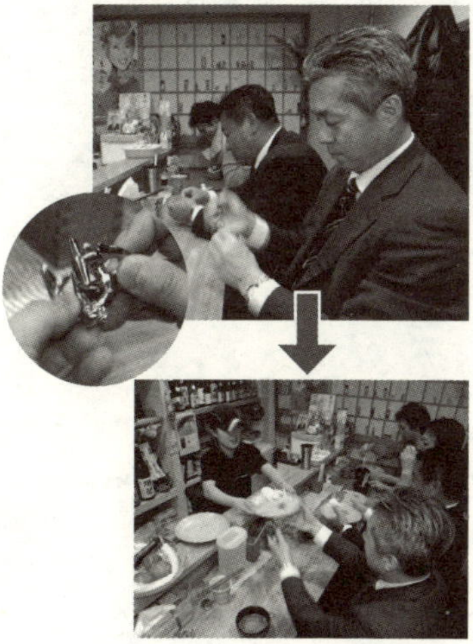

渐渐地，有的常客也带来一些九连环凑数，最开始只有三个，慢慢地增加到十多个。这些九连环不但种类多，而且结构精巧，有的价格也不菲。不但大大缓解了客人等餐期间的无聊感、增进了店主与顾客之间的交流，更为与用餐的陌生食客之间创造了沟通的机会。

Chapter 10

增加点餐率的菜单和 POP，吸引顾客的 DM、传单和官网

171

由客人填写住址和生日的 DM 宣传单

回收率达三成！
投入小回报大的“明信片促销”

▲ 烤肉 心太
（三重，四日市）

DM 宣传单和明信片是商家促销最常用的手段之一。制作这些宣传品需要商家投入不少精力，但是产生的效果却往往不佳，回收率极低。那么，怎样让这种宣传方式收到良好的效果呢？

其中，有一个既减轻商家负担，又实现高回收率的代表性案例，它就是位于三重县四日市的一家叫“烤肉 心太”的烤肉店所推出的生日卡。这家餐馆每到顾客生日当月，就会寄给客人一张印有烤肉券的生日卡。据统计，这种卡的回收率高达三成以上。

该店每逢客人生日当月，会寄给客人一张生日卡明信片，但在操作方式上很有讲究。首先，服务生把生日卡交给来店用餐的顾客，让客人自己填写生日和住址等个人信息。客人点餐后，服务生会详细告诉客人生日卡的用法和内容，提醒客人尽量填写详细。由客人自己填写住址的好处是一不会出错，二节省了服务生的工作量。

接下来，服务生把这些生日卡集中在一起，按月分类，每月一号统一寄出。同一个客人名下有多张生日卡时，每人限寄一张。店里生日卡明信片的存量一般为 5000 张，一次寄 400~500 张，单月回收量一般在 150 张左右。最多的时候，一天能回收 10 多张生日卡。

生日卡的有效期从赠送月起的两个月内有效，凡此期间持卡来店者，将获得店方赠送的美味烤肉一盘。举家来店庆祝生日的客人也很多，可见生日卡在吸引回头客上发挥了重要的作用。

该店推出的生日卡促销活动已经延续了 10 年之久，在顾客中的认知度较高，据说九成以上的客人愿意主动填写个人信息。以前该店的赠品烤肉仅限硬五花肉，后来根据客人的建议改成任选，使这家店的口碑越来越好。

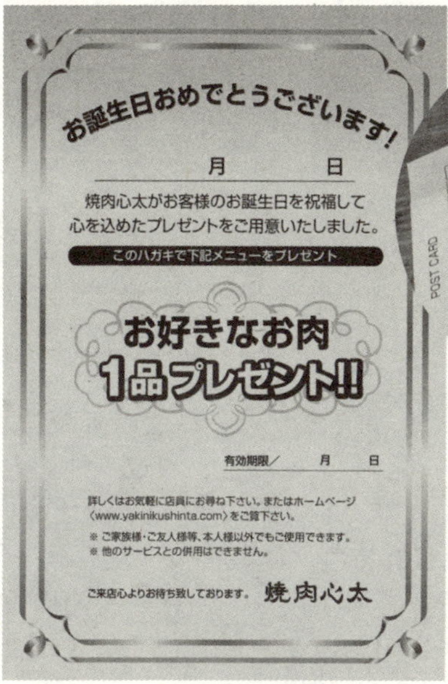

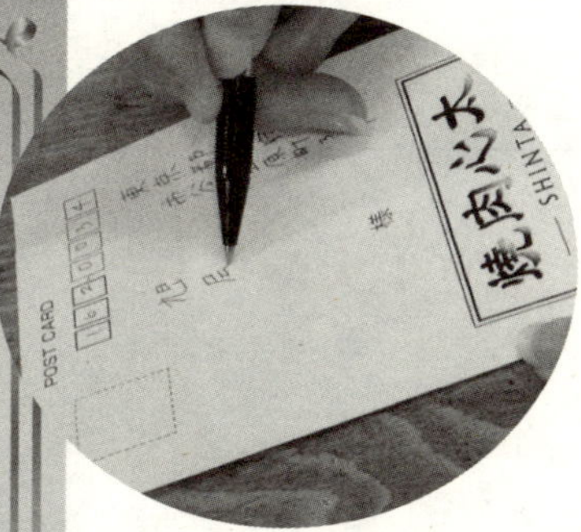

客人点餐后，服务生把生日卡交给客人，进行详细说明后，由客人自己填写。

卡上的住址栏和生日栏由客人自己填写。服务生把这些生日卡集中在一起，按月分类，每月一号统一寄出。

图中的“上等硬五花肉”（售价990日元）也在赠品之列。美味烤肉，品种任选，因此深受消费者的欢迎。

172

“独特设计 + 招待券”之双重揽客术！

提升口碑！吸引眼球的“大幅海报”

▲ 龙之鮨

（东京，府中市）

新店开张，通过宣传单和店头招牌等宣传方式，打造品牌特色、突出地方特色，这是餐饮店经营的基础。在这一点上，通过一种让人震撼的方式做好新店开业促销宣传的是东京府中市一家叫“龙之鮨”的寿司店，该店推出的大幅宣传海报很有特色。

四年前，这家寿司店正式对外营业，店主设计了一张奇特的广告海报，其视觉构成元素只有一个白米饭团，饭团上没有加任何寿司食材。这张海报长 94cm，宽 63.5cm，背景为纯黑色，画面顶部孤零零地飘浮着一个白米饭团，底部一侧印着门店信息。

该店的主打寿司由手艺高超的寿司师傅精心制作而成。尽管地处远郊区，位置相对偏僻，但价格却没有相应地降低。该店奉行的经营理念是“低价并不能吸引顾客，让更多人了解本店的魅力才是王道”。店方经过一番深思熟虑，想出了上面的营销方案。经过实践检验，证实这个创意设计具有勾起好奇心、吸引行人驻足的效果。乍看之下往往让人摸不着头脑而感到好奇，走近仔细端详后，才明白是一家寿司店。

这种大幅海报一共印制了 200 张，店员们走访了一批府中市的本地居民，希望在其中一些人家的住宅外墙上张贴该海报。作为酬谢，按家庭成员数向这些家庭赠送新店开业招待券。“海报 + 招待券”的叠加效果，为这些受到招待的人今后成为本店的回头客埋下了伏笔。新店开业优惠活动持续两周，两周内一共回收了近 2/3 的招待券。该店还通过在开店前举办试吃活动，吸引了大批顾客来店。通过口碑传播进行营销推广，让更多人知道自己，让更多人成为本店的消费者。

另外，店里还订制了一批印有店主头像的海报，希望加深消费者的印象。在此基础上，又订制了一批与这两种海报同款设计的招牌，设立在府中市一带的道路两侧，以此吸引过路司机和行人的目光。这项举措一度在网上成为热议话题。

构思精妙，尺寸巨大，后面能藏下大半个人，震撼感强！

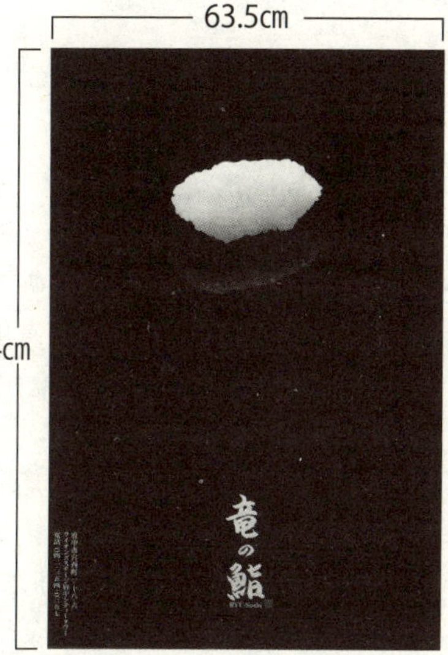

折叠纸扇质感的底纹设计，视觉构成元素只有一个白米饭团，意在强调寿司师傅的高超技艺。因设计风格不像普通寿司店的宣传海报，所以很多居民同意在自家住宅外墙张贴。

译者注：不少读者朋友可能不明白就一个白米饭团有什么吸引人的，但它在日本人眼中就是有一种魔力。日本人坚持认为“虽然只是白米饭，但做成饭团就是特别好吃”。

173

寿司制作全程展示……在线直播受到来自海外的好评！

访问量激增！在线厨房之“24小时实时直播”

▲ 达郎寿司
（东京，大田区）

在当今餐饮业向网络进军的时代，通过各种在线营销手段推广自己的餐饮企业越来越多。其中，位于东京大田区的“达郎寿司”利用互联网进行全方位推广，构建起一个吸引海内外消费者关注的网络平台。这家寿司店在店内架设了专用摄像机，24小时不间断播放烹饪的全过程。这个“厨房生活台”一经推出，立刻在消费者中引起很大反响。

事情得追溯到十年前，当时这家店很早就创建了自家的官网。开业第四个年头，为了进一步充实网站内容，店里正式推出了“厨房生活台”。首先，店方在后厨的天花板和角落分别架起一台摄像机，在线实时播放厨师处理刺身、制作寿司的全过程。

首先，店主从专业器材店订购了网络摄像机和软件，经过安装调试，把实时影像监控纳入在线应用。后来，改为委托某专业公司（SUSHI·TV）负责调试，采用更先进的升级系统，维护费5000日元，系统管理费1000日元，共计6000日元。

“厨房生活台”一经推出，这家寿司店的在线访问量飙升，日访问量约500人次。截止到2008年4月，网站访问总量接近100万次。作为一家个人餐饮店的网站，其关注度算是相当高了。几年前，店里又新增了英语版网页，随着网站内容的逐步完善，来自海外的访问量稳步攀升。

另外，店前还安装了一台液晶显示器，同步播放“厨房生活”，面向过路行人宣传。在浏览网站之后来此用餐的新客人显著增加，在吸引顾客来店上发挥着不可小觑的作用。

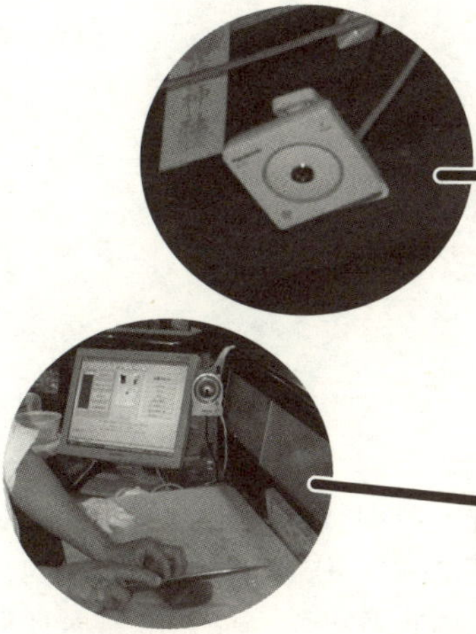

在柜台席内侧操作台的一角和天花板上架设了专用摄像机，实时播放厨师制作寿司的全过程。

实时直播

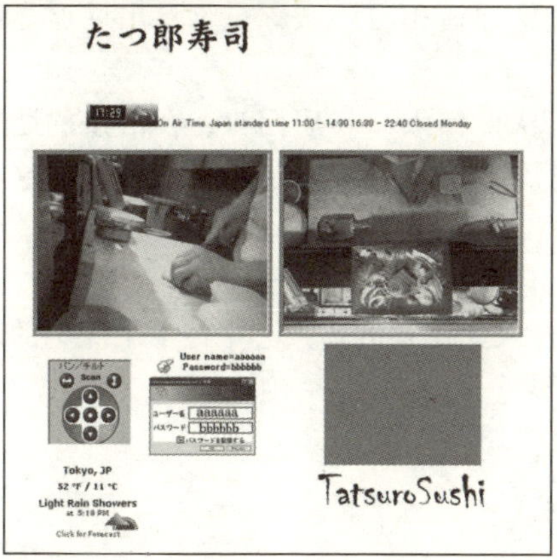

网络摄像机把“厨房生活”的影像上传到网上。自从推出这项举措，该店的网页访问量激增，网友还能灵活调整网络摄像机的视角。

174

消除顾客的抗拒心理，二层餐饮店揽客术！

“还剩○秒→”接力指示牌
引导顾客进店的“通道向导”

▲ 烤肉 Dining 唐亭 新宿店
（东京，新宿区）

在外就餐时，地理位置是消费者考虑的首要因素。很多人不愿意前往位于写字楼二层或地理位置偏僻的餐馆用餐。面对这个问题，如果不消除顾客的抗拒心理，餐饮企业的收益必然受到影响。而且很多写字楼也不允许商家随便设置招牌。

面对上述不利因素，有一家餐馆想出了一个绝妙的创意。这个创意不但让看到它的人为之一笑，还成功地解决了吸引顾客进店的难题。它就是东京新宿区的“烤肉 Dining 唐亭”。

该店位于某写字楼的二层，来此用餐的客人不必乘坐电梯，直接从外侧楼梯走上去即可。由于楼梯通道相对隐蔽，很难看出通道尽头还“埋伏”着一家餐馆。

对此，店方想了一个妙招：从楼梯入口→店门口，在沿途的墙上贴了一串用 A3 纸打印的“距离唐亭还剩○秒→”的指示牌。在这些“道路向导”的指引下，顾客顺利地到达目的地。此外，“着急者请乘电梯。可能反而会更慢哦！”、“还剩 23 秒→”、“还剩 17 秒→”、“还剩 11 秒→”等诙谐有趣的语句在来此用餐的客人心中留下了深刻的印象，这家餐馆的名声随之传播开来。

起点

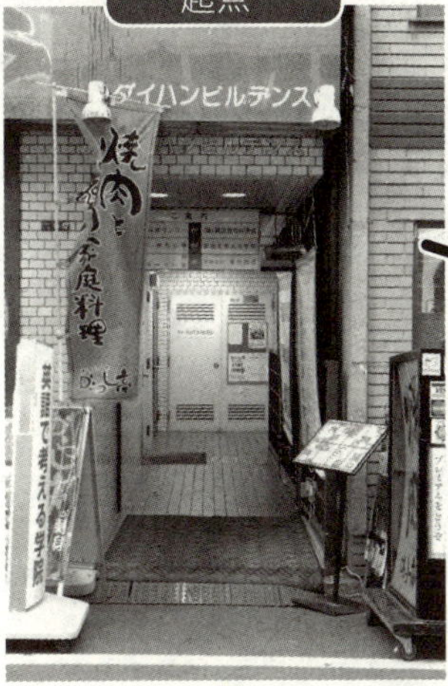

乍看之下，根本看不出这栋普通的写字楼里“埋伏”着一家餐馆，接下来，信息栏上“还剩〇秒→”的指示牌立刻映入眼帘。

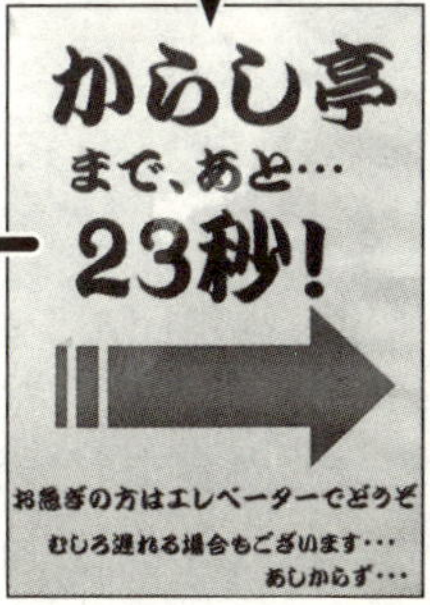

“还剩〇秒”的告示与箭头标志一起吸引着客人到达餐馆门口。“离餐馆还有一步之遥”的幽默宣传文案给客人留下了深刻的印象。

终点！

175

点餐助手，POP 海报

在关注健康的顾客中收获好评！按体质分类食材 & 点餐建议

▲ 野葡萄 东京大楼 TOKIA 店
（东京，丸之内）

如今，追求健康饮食、关注食材和功效的消费者越来越多。为了顺应这一变化趋势，采用产地标识等方式宣传食品安全的特色餐饮店悄然出现。特别是那些主打“营养健康牌”的餐饮店，更应该在健康主题上加大宣传力度。

有一家餐馆堪称这方面的典范，它就是以九州和关东地区为中心经营自然健康自助餐的“野葡萄”。该店奉行的经营理念是“食彩健美”，在此基础上推出了 80 多道创新菜品。店内的海报和黑板上除了标注各种食材的产地和营养元素外，还针对不同消费者推出了对健康有益的各种食材搭配方案。

该店从 2007 年夏天正式开业以来，最受欢迎的是店内张贴的 POP 海报。这些海报的内容丰富，针对不同体质的人群推荐食材、菜品和饮食建议。例如“吃什么食物能够改善身体浮肿”、“天热没食欲的对策”等。而且顾客可以随便拿取。

另外，参照海报上“针对不同体质人群的推荐菜品”，来此用餐的顾客可以选择适合自己体质的菜肴。这些内容既可作为点餐助手，也有助于增长日常饮食知识，因此受到顾客的一致欢迎。

这些 POP 海报在集团总公司统一制作，由专业营养师参与的部门负责具体设计，每季定期更新，并以四季常见病为中心，对菜单进行内容编排和设计。

上图是五种印有夏季时令菜单的店内POP海报。这些海报采用彩纸印刷，在店内各处张贴，顾客可以随便拿取。

自助台上摆满了各色时令菜品，店内订购的食材以“地产地消”为主旨，大多来自东京周边地区。

译者注：“地产地消”一词，是日本农林水产省生活改善科于1981年提出的，其含义是：根据地域内消费者的需求进行农业生产，并将生产的农产品在当地进行消费。是一种使生产者和消费者直接联系在一起的流通组织形式。

176

标注生产日期和生产者，提高顾客信任度

打造放心餐馆的“烤肉蘸料”的新标识方法！

▲ 碳烤 KURA
（东京，港区）

随着消费者对食品安全问题的关注度的增加，在店内 POP 海报和菜单上标注食材产地和生产信息的餐饮企业多了起来。对此，餐饮业者可以从更广阔的视角出发，在各种标识上下工夫。举个例子，突出“手工打造，本店原创”的卖点，并从让顾客放心用餐的理念出发，加大宣传力度。这是一个行之有效的办法。

在东京品川有一家叫“碳烤 KURA”的烤肉店，该店连店内的烤肉蘸料也标注了生产日期和生产者，这一细节吸引了顾客的关注。

该店使用的和牛烤肉蘸料为纯手工制作，一般经过 6~8 个月腌制而成。早在几年前，店方就在餐馆入口摆放了一排盛放自制蘸料的罐子，又在罐子外面标注了生产日期和生产者。

这些罐子一共 8 只，按生产日期的先后排序使用。每只罐子的容量为 31L，一般一个月左右用完。为了图省事，很多店的做法是一次制作大量蘸料后储存起来慢慢用，但这家店的做法是定期制作，每次只做适量，而且不添加任何防腐剂。目的就是为了让顾客在吃得放心的同时品尝手工腌制的美味蘸料。

另外，店里还特别标明各批次牛肉的识别编号和生产厂商，加上蘸料为店内手工自制，给食客留下了安全放心的好印象，增加了食客对餐馆的信任度。

注明生产日期和生产者

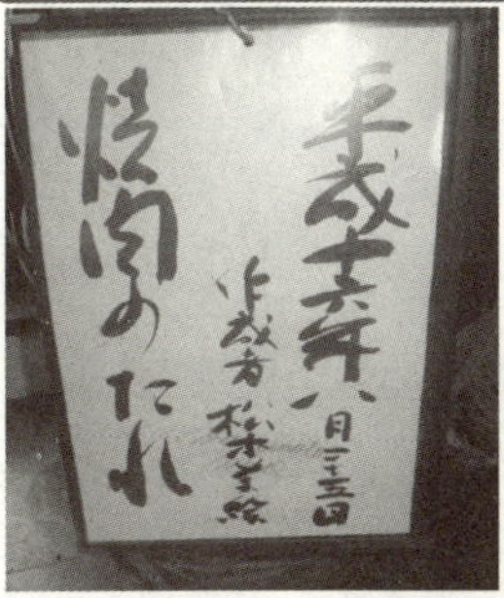

餐馆入口摆放着一排盛放自制蘸料的罐子，一共8只。蘸料以酱油、砂糖和酒为底料，经过6～8个月腌制而成。罐子外面注明生产日期和生产者，按生产日期的先后顺序使用。

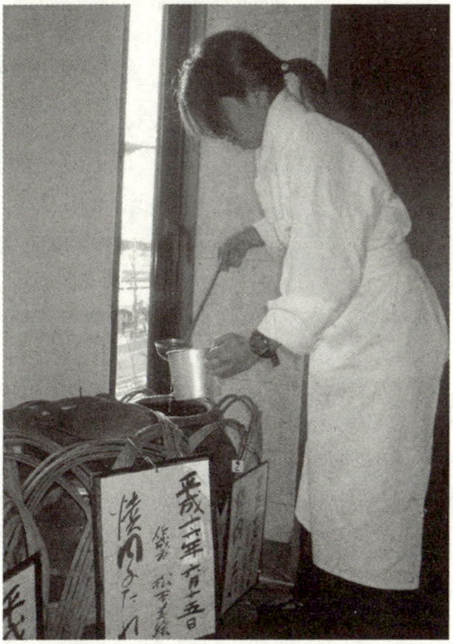

服务生从店门口的罐子里舀取烤肉蘸料时，很吸引客人的眼球。

177

未来、恋爱……顾客自由抒写"我的梦想"

贴满"我的梦想"的餐馆。大获好评的手写"梦想卡"

▲ 初屋 西武新宿站前店
（东京，新宿）

一家富有朝气、充满活力的餐饮店具有让来店用餐的客人迸发"积极进取精神"的力量。在这种充满正能量的环境下，成功实现商家与顾客互动的是一家叫"初屋"的居酒屋。

该店的收银台上放着一沓"梦想卡"。有兴趣的客人可以取一张，在卡上自由抒写"我的梦想"。内容形式不限，可以是未来、恋爱等。填写后在店内或店头展示。

策划"梦想卡"的出发点是"商家与顾客互动"。为了让填写梦想卡的顾客和看到店内梦想卡的顾客获得健康、积极、乐观向上的正能量，卡的主题是"梦想"。酒酣耳热之际，大笔一挥填写梦想卡的客人居多，一年大约能凑齐 200 多张。据说还有客人因为参与这个活动而开始重新认真思考自己的梦想。而且通过这种互动，增进了顾客与餐馆之间的交流。

另外，梦想卡通常由店员统一张贴。张贴梦想卡时，店员们也有了一边工作，一边与顾客攀谈的机会，从而拉近了彼此之间的距离。

摆在收银台旁的
“梦想卡”

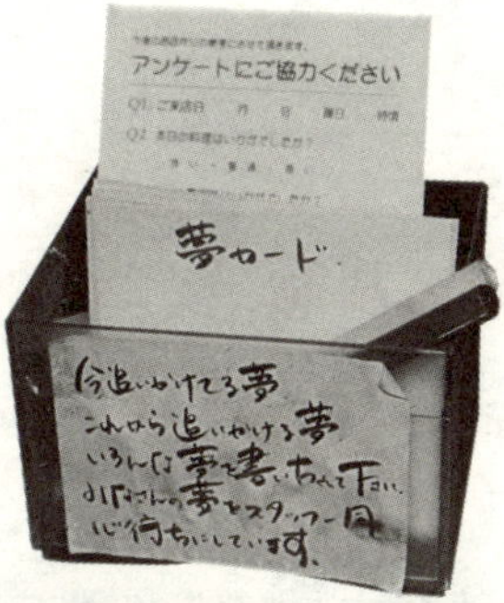

由店员誊抄让人感动的梦想

一张张填写着各种豪情壮志的梦想卡，绝对吸引来店客人的眼球。其中，那些最鼓舞人心的句子被单独挑出来，用苍劲有力的大字誊抄后，贴在店内最显眼的位置。对后来真的实现自己梦想的客人，店方除了送去诚挚的祝福，还有美味的甜品相送。

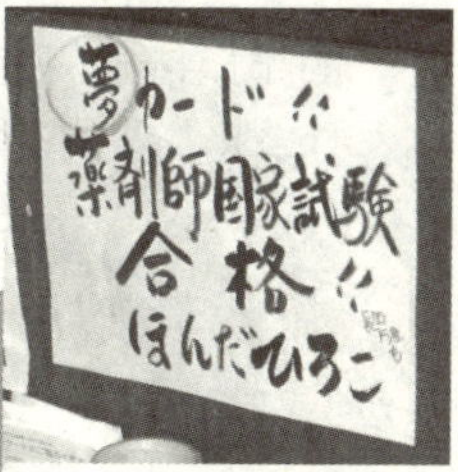

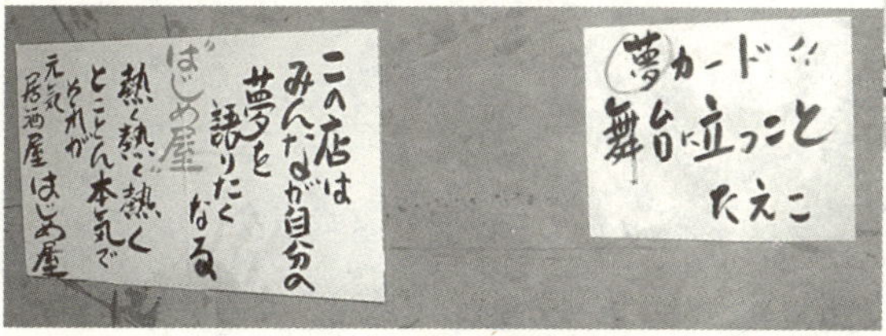

178

"立饮"标识的视觉冲击！

地区"立饮"渗透战！创意之店前"'立饮'七条"

▲ KiRiKo

（新潟，新潟市）

随着"立饮热"在日本各地的兴起，在一些还没有被这种餐饮业态渗透的城市和地区，人们或者对"立饮"知之甚少，或者从心理上对其抱有抗拒感。

怎样才能吸引这些地区的顾客进店尝试呢？这就从客观上要求不能简单效仿现行的"立饮"经营模式，而应从宣传"立饮屋"的魅力上入手。

两年前，新潟县新潟站附近一家叫"KiRiKo"的居酒屋正式营业，这在之前几乎看不到"立饮屋"的新潟县算是一件新鲜事。除了在店内设置常规的坐席和包间，这家店还在入口处设置了一排L型柜台席，作为"立饮空间"（10~20人用）。

店方为了加大"立饮"宣传力度，在店前打出了一组新颖的横幅广告。广告图文并茂，主题是"'立饮'七条"。采用醒目的文字设计，内容诙谐幽默，突出"立饮"的各种魅力和注意事项。这组横幅广告让看到它的行人每每忍俊不禁，从而成功地消除了人们对"立饮"的排斥情绪。下班路上和等末班车时顺便来店站着轻松喝一杯的顾客日渐增多。

吸引眼球的“立饮”标识使得行人纷纷驻足。左侧配以图文并茂的说明，进一步突出“立饮”的魅力。像“没尝试过的客人请随意进店体验”、“站着品尝美酒时请不要摆架子，免得让周围人感到害怕”等诙谐的说明内容让看到它的行人每每忍俊不禁。

幽默随处可见

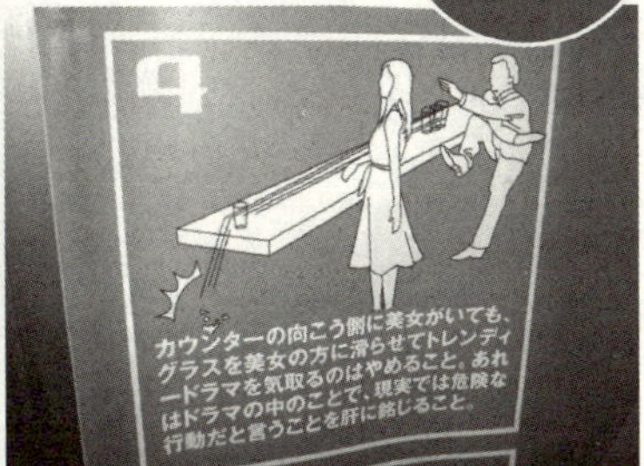

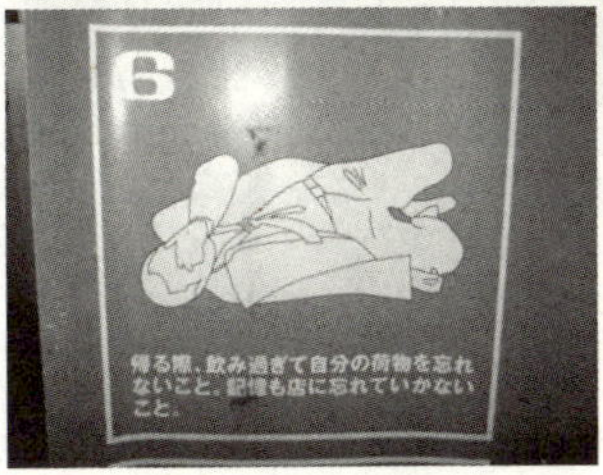

179

“开心创意取自鱼”……爆笑幽默一箩筐！

连路过的行人也忍俊不禁！鱼家料理店前的创意 POP

▲ 鱼家 Orai
（东京，中目黑）

为了吸引路人的注意、加深对餐饮店的印象和记忆，商家可以在店外墙饰上张贴醒目的宣传广告，以勾起路人的好奇心和兴趣。

其中值得一提的例子是一家叫“鱼家 Orai”的餐馆。该店主营的新鲜海产品从千叶县铫子市直接订购，其外墙结构突出渔家风情，白木制的墙面上贴着一幅幅与鱼相关的作品。这些作品的内容大多诙谐幽默，经常引得路人驻足观看。这些创意广告既加深了路人对该店的印象，更强调了其存在感。

广告的内容包罗万象，例如“风从南边刮，鱼从铫子来”等强调食材品质新鲜的内容，“吃鱼助长寿”等宣传鱼对人体健康的好处的内容，还有“昨天吃鱼，今晚接着吃”等调侃的句子。

这些独创的小幽默，都是店长近藤健介的主意，其设计初衷是出奇制胜，为了在顾客心中留下“‘鱼家 Orai’是一家贴着各种奇怪广告的餐馆”的印象。来此用餐的顾客中，既有来见识新搞笑语录的老顾客，也有拿着手机兴致勃勃地拍照留念的顾客。

主题是鱼

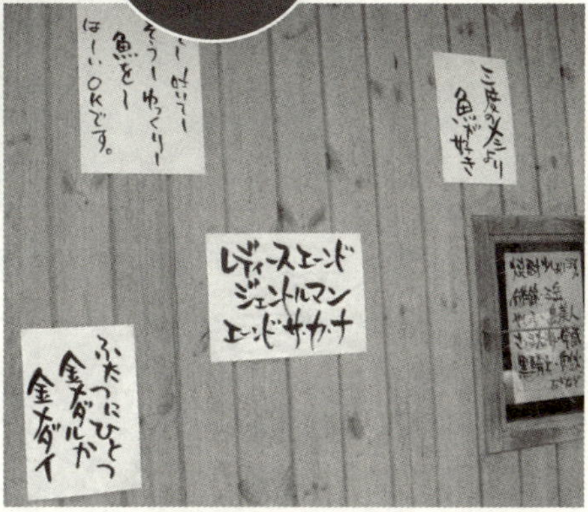

店外墙饰上张贴的POP

富有渔家风情的白木外墙上贴着一幅幅与鱼相关的作品，与招牌一起吸引路人的眼球。

先写好再复印，一般准备30种。雨过天晴再更换。

180

两种宴会宣传单，分别面向学生客和普通顾客派发

来客人数提升！
细分“目标消费群”的宴会宣传单

▲ 隐家 Gochi 藏
（东京，水道桥）

针对团体宴量身订制促销宣传单的餐饮企业很多，内容主要面向大众顾客。但是，同为预订团体宴请餐的客人，学生和普通消费者的需求各不相同。

东京水道桥有一家叫“隐家 Gochi 藏”的餐馆，该店的团体宴传单被细分成两种，一种面向学生，一种面向上班族。该店针对这两类消费群体推出的定制宴请传单不但成功地起到了宣传效果，还加大了宴请的接待量。

该店位于学区和商务区的核心地带，但由于地处小巷中，不容易吸引新客来店。对此，店方将目标消费群体锁定为普通消费者，极力塑造“隐于市的小憩之所”的餐厅形象。但是团体宴旺季的上座率始终不高。于是店方重新调整定位，开始把注意力放到学生客身上。

2003 年年末，该店正式推出两种团体宴传单，分别面向学生客和普通消费者。考虑到学生对料理的选择面单一，学生团体餐只设一款；而普通消费者的口味需求更多，因此普通团体餐设四款。

另外，为了让顾客明明白白消费，店前设置了两个传单盒。自从推出这一举措，来此用餐的学生客渐渐多了起来，“让客人高兴而来，满意而归”是这一举措的初衷。

普通消费者用

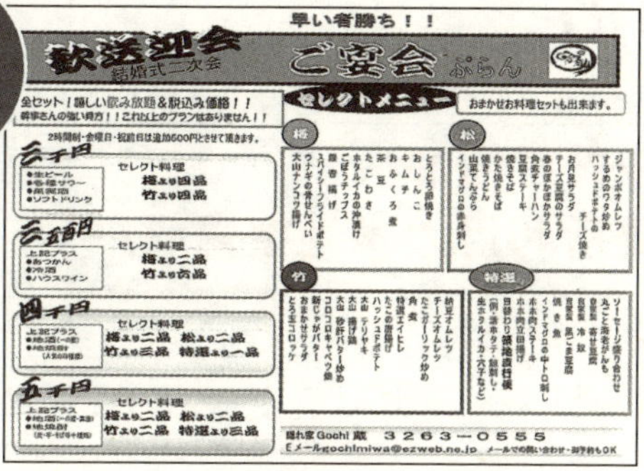

面向普通顾客的宴会餐宣传单。根据不同顾客的口味需求，设计编排了多款团体餐。

学生用

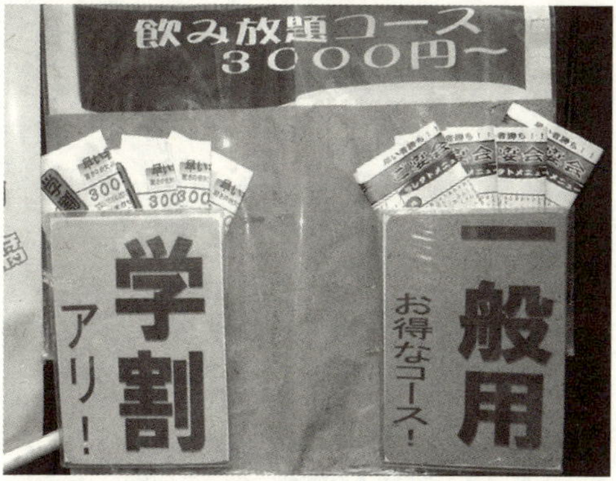

店前设置了两个传单盒，分别面向学生和普通顾客，让客人明明白白消费。

181

从六年前开始加大促销内容更新和宣传，成效显著

午餐客增加！
灵活利用“本地搜索门户”

▲ HARA 家
(神奈川，横滨市)

从店铺官网到企业微博，借助互联网时代的东风，利用网络开辟新营销渠道的方法正在餐饮业界逐渐推广开来。互联网的好处是用户可以在日本全国的任何地区访问所需资源，但能否真正吸引到商圈内的潜在顾客访问商家的网站，则是个未知数。此外，怎样吸引用户经常浏览官网，在通过网站建设将网页作为对外宣传、营销和交流的载体方面，是一个重要的课题。

位于神奈川县横滨市住宅区的一家名为“HARA 家”的餐馆从六年前开始，在本地搜索门户网站上注册了该店的官网信息，每天将更新后的“本日特惠午餐”(600 日元) 等信息上传到网上，还定期发布应季推荐菜等内容，努力搞好企业官网的建设和宣传工作。从六年前该店推出网络营销并引起人们关注开始，经过坚持不懈的努力，目前该店的客流量稳步攀升。

该店把商圈内以前不关注本店的人群纳入目标群体，在本地门户网站上注册企业信息。官网首页上发布的每日特惠午餐信息原则上需提前一周决定，为吸引访客关注、提高网站点击率，该店特意采取每日更新网站首页的方式。

另外，该店通过在餐桌上放置 POP 宣传单，面向顾客宣传自己的官网，又在店前和店门入口张贴海报，收银台上也放着一沓印有本店官网介绍的印刷品，供客人自由拿取。

在各种宣传攻势的推动下，来此用餐的午餐客开始浏览这家餐馆的官网，网站访问量从最初的一天 1~2 次逐渐增加到日访问量 30 次以上，午餐客的人数也从以前日均 30 人增至 50~60 人。

在本地检索门户网站上每天定期更新每日菜品。

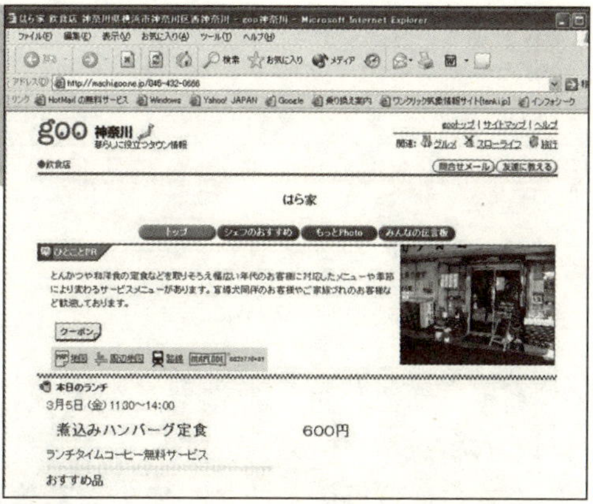

在网站首页的最上方发布每日菜品优惠信息，午餐时段前可以搜索，因此受到一致好评。（http://machi.goo.ne.jp/045-432-0666）

通过店前、入口、传单、餐座POP等方式宣传本店官网。

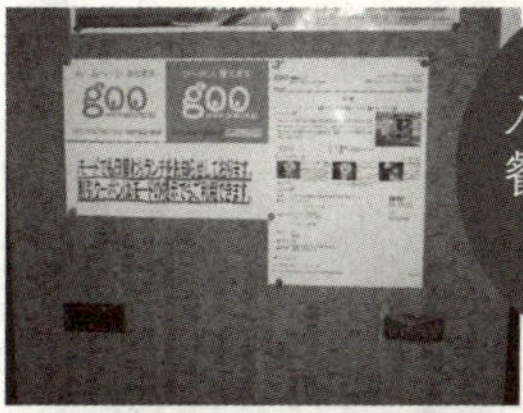

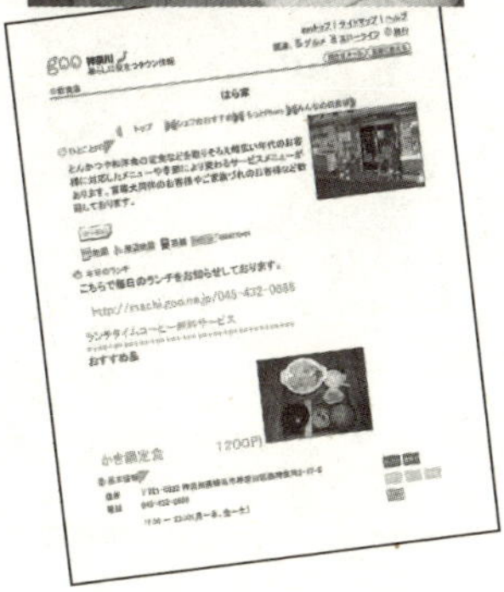

在餐馆入口内侧的显著位置张贴网站内页截图，收银台上也放着一沓印有本店官网信息的印刷品，供客人自由拿取。

182

"特惠"等广告宣传语吸引眼球！

发挥威力的手工"店前菜牌"

▲ 昭月

（京都，京都市）

利用菜牌图片进行促销宣传的餐饮企业众多，重要的是菜牌的"标识方法"。

在这方面值得借鉴的是一家经营荞麦面和乌冬面的餐馆"昭月"的做法。该店从很早以前就开始在店头摆设仿真菜（菜品模型），2007年10月又增加了菜牌，放眼望去，52道仿真菜和菜牌一字排开，气势非凡。

其中最吸引眼球的是按"人气冷面16""人气热面18""优惠套餐"等分类的菜牌设计。这种按"人气"和"优惠"的分类方式一目了然，很能吸引过往行人的注意。

这种菜牌由店主槙村善次自行设计，先用数码相机拍摄，然后打印，制作成本低且构思精妙。

以前只有仿真菜

在摆放仿真菜的基础上，增设引人注目的菜牌。这种图文并茂、一字排开的菜牌，在来京都旅游的外国客人中也深受好评。

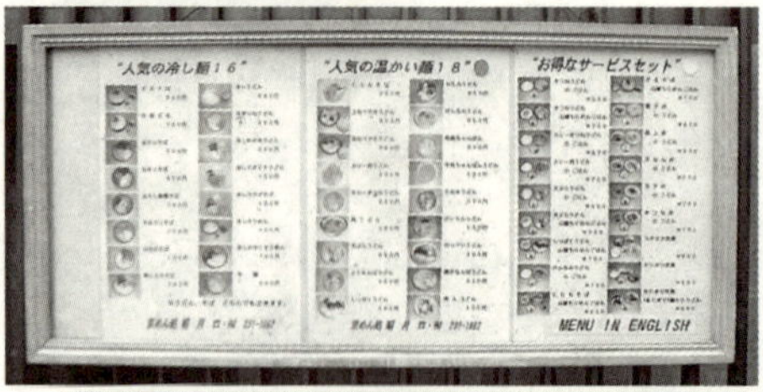

利用菜牌进行宣传，使顾客一目了然

183

新荞麦信息发布

好评！最新荞麦信息卡

▲ 小松庵 丸之内 OAZO 店

（东京，丸之内）

赠送顾客的店卡和 DM 宣传单应该注重哪些设计细节呢？除了在卡上和宣传单上标注店名和店址外，还应突出本店的魅力，囊括一些吸引眼球的信息，从而加深顾客对餐馆的印象。

位于东京丸之内的荞麦面店“小松庵丸之内 OAZO 店”新近推出了一种明信片大小的店卡。这种卡除了在店前向过往行人发放外，还作为 DM 宣传单和 POP 宣传物投入使用。

这种明信片大小的店卡背面印着“最新荞麦信息”，除了荞麦的收获时间和产地，还详细地标出“北早稻”、“牡丹”等荞麦的品种。

“小松庵”集团旗下的其他六家门店也从每年八月下旬开始统一更新制作店卡。不少客人在看到卡上的新荞麦信息后，专程来店品尝，可见其关注度之高。

该店推出这一举措的初衷是面向大众宣传和推广荞麦文化和荞麦产业、加大普及荞麦相关知识的力度。荞麦信息卡的作用是促进沟通和交流。据说在经常来店用餐的老顾客中，有不少人因为这张小小的店卡而对荞麦产生了浓厚的兴趣。有的人在外出旅行途中，还会顺便停下来欣赏荞麦田的美景。一张不起眼的店卡，却从根本上唤起了人们对荞麦的热情。

该店采购荞麦粉的渠道和品种原则上按照荞麦信息卡上的记述。有时由于天气原因而有所变动，而这恰恰成了与顾客交流的有趣话题。

184

勾起顾客兴趣，与外籍服务生交谈

“越南”餐厅用语集

▲ La Squall 银座五号店
（东京，银座）

特色餐饮经营的模式多种多样，除了在菜肴上下工夫外，还可以从文化、知识等多角度进行宣传。

以位于东京银座的经营越南料理的“La Squall”银座五号店为例，该店的服务生在给就座的顾客拿菜单的同时，还会递给客人一张印有越南语情景会话的宣传纸。这项另类服务马上引起了客人的兴趣。

这种印着“您可以试着用越南语点菜”的宣传纸的内容主要包括“cho toi xem thuc don（请给我这个）”、“ngon（好吃）”等餐饮情景会话。来此用餐的客人中，不少人拿着这张越南语会话纸仔细阅读，有的人还兴致勃勃地念出声来。其中，如“nhanh nhanh（催促上菜）”等用语因为发音简单、容易上口，很多人现学现用。

该店的服务生有不少是越南人，经常能看到客人拉着服务生问“○○用越南语怎么说”的情景，可见这种宣传纸在加强员工与客人之间的沟通上发挥了一定作用。

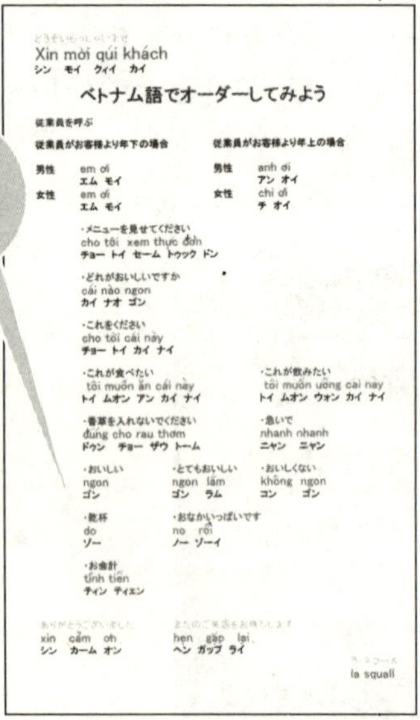
Xin mời qúi khách
シン　モイ　クィイ　カイ

ベトナム語でオーダーしてみよう

従業員を呼ぶ

従業員がお客様より年下の場合
男性　em ơi　エム　モイ
女性　em ơi　エム　モイ

従業員がお客様より年上の場合
男性　anh ơi　アン　オイ
女性　chi ơi　チ　オイ

・メニューを見せてください
cho tôi xem thực đơn
チョー　トイ　セーム　トゥック　ドン

・どれがおいしいですか
cái nào ngon
カイ　ナオ　ゴン

・これをください
cho tôi cái này
チョー　トイ　カイ　ナイ

・これが食べたい
tôi muốn ăn cái này
トイ　ムオン　アン　カイ　ナイ

・これが飲みたい
tôi muốn uống cái này
トイ　ムオン　ウォン　カイ　ナイ

・香草を入れないでください
đừng cho rau thơm
ドゥン　チョー　ザウ　トーム

・急いで
nhanh nhanh
ニャン　ニャン

・おいしい
ngon
ゴン

・とてもおいしい
ngon lắm
ゴン　ラム

・おいしくない
không ngon
コン　ゴン

・乾杯
do
ゾー

・おなかいっぱいです
no rồi
ノー　ゾーイ

・お会計
tính tiền
ティン　ティエン

xin cảm ơn
シン　カーム　オン

hẹn gặp lại
ヘン　ガップ　ライ

la squall

介绍简单的越南语情景会话。顾客除了用越南语叫服务员，还与服务员之间进行如『好吃』、『吃饱了』等内容的对话，营造出轻松愉快的就餐氛围。

185

世界啤酒产地竞猜 DM 宣传

夏季有效！啤酒宣传法

▲ 山王

（东京，大田区）

夏天来了，气温升高，人们的食欲下降，餐饮店的菜品点单率普遍下降。反之，酒水饮料的消费需求增加。此时，餐饮 DM 宣传单可以从捕捉顾客的心理需求入手。

东京大田区有一家叫“山王”的餐厅。该店在每年的 6、7、8 三个月面向顾客推出“喝遍各国啤酒”的活动。以前，每到夏季，该店还推出过以啤酒为主题的 DM 有奖竞猜活动，成功地吸引了公众的关注。而如今推出的“喝遍各国啤酒”活动如下：六月份的主打品牌是 Bass Pale Ale、山嘎啤酒（Singha beer）、青岛啤酒；七月份的主打品牌是巴厘岛啤酒、乐堡啤酒（Tuborg）；八月份的主打品牌是智利啤酒、智美啤酒（Chimay Red beer）等。每月提供 4 种进口啤酒，以每瓶 500 日元左右的超值价面向来店用餐的顾客提供。

这种促销活动通过 DM 宣传单公布，DM 单内页还包含有奖竞猜栏，题目设置以与啤酒相关的品牌、产地、国名、国旗等为主，旨在通过有奖竞猜与顾客进行互动。凡回答正确且携带 DM 单来店者，可获得店方送出的免费甜品和咖啡一份。自从推出这项优惠活动后，带 DM 单来店用餐的顾客每月达 20 人次。通过有奖竞猜活动，进一步加深了顾客与餐馆之间的联系。

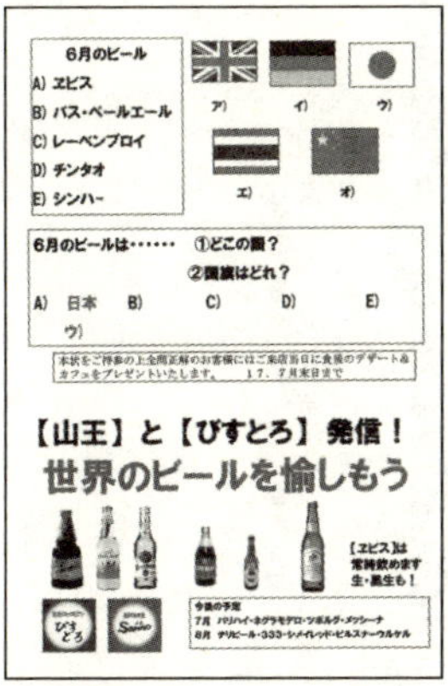

DM宣传单上印着“本月啤酒品牌”。内页上还印着与各种啤酒产地、国名、国旗相关的有奖竞猜题。

186

地图上的菜品+产地介绍

在日本地图上标注产地的店前黑板！

▲ Trattoria M’ s
（东京，蒲田）

黑板式菜单价目表的设计关键在于写法和内容。如果设计得当，就能够加深顾客对餐馆的印象。在店头挂出黑板价目表以吸引顾客的“Trattoria M’ s”就是一个具有代表性的例子。

这家餐馆的独到之处是店前黑板的设计。黑板上除了标明每日菜品，还绘制了一幅地图。不但如此，店员还在这幅手绘地图上标出每种料理使用的主要食材的产地。如果当天的菜式中有一道“生海胆和紫苏叶意大利面”，店员就会在日本地图上的北海道旁边标上这道菜的菜名。

另外，黑板价目表的内容每天更新两遍，午餐时段一遍，晚餐时段再更新一遍。店员更新和调整黑板内容时，还能起到吸引过往行人注意的效果。

该店对外供应的午餐套餐每天更新一遍。店员更新和调整黑板内容时，还能起到吸引过往行人注意的效果。

187

各门店独立策划，激励工作热情 & 赢得口碑

官网上的“店员推荐”

▲ Steakhouse B&M

（东京，品川区）

对餐饮企业而言，提高网站推广效果、定期更新官网内容及实时更新重要信息是关键。在东京都内连续开设了“Steakhouse B&M”等六家分店的 B&M 股份公司推出了一项新产品试销企划案，要求旗下各门店的员工积极参与企业官网的建设，取得了显著的效果。

对于已建成的官网页面，每月交给各门店轮流负责更新。网站编辑策划、图文设计等具体工作全权委托各分店的店长和员工打理。

点开页面，你就会发现其官网内容包罗万象，从“推荐料理排行榜”、“员工创意美食”到“总部厨房员工推荐食谱”，还有“番外篇之各门店周边樱花信息”等。以丰富多彩的内容和亲民化的主题勾起访客的好奇和兴趣，从而增加点击率。

另外，网页上还有“员工风采展示”，向访客展示员工们的个性和阳光灿烂的一面。同时，各门店之间展开网页内容大比拼，有效地激发了员工的工作热情。其中点击率最高的是信息推荐栏，还能看到各种留言评论。

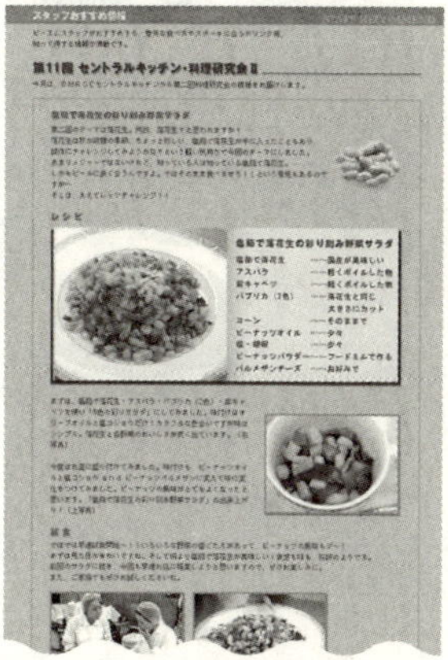

188

"一张地图"让连锁店分布一目了然

宣传力大！餐桌上的连锁店分布图

▲ Somoo
（东京，新宿）

为了让顾客记住餐馆的地址、熟悉各连锁店的状况，很多餐饮企业通过店卡进行宣传推广。印制店卡时，应从加深顾客印象、引人注目等角度出发设计。

经营泰式料理和越南料理的餐馆"Somoo"和它的连锁店"SAAMROT"为店内的每张餐席配备了印有店况分布图的餐垫。在分布图上标出了三家连锁门店的位置，让来此用餐的客人对各门店在新宿区内的分布状况一目了然。

等餐过程中，很多客人都会看这张地图，有的客人结账离开时还会取一张带走，其中不乏带着这张地图前往其他门店体验的人。

189

"捏寿司者"、"烧烤者"等，向客人注明店员的"负责项目"

"料理人"标识板！

▲ 菜纳屋寿司 浦和总店

（埼玉，埼玉市）

让来店用餐的顾客记住服务生的名字，这样既能拉近彼此之间的距离，还有助于增强亲近感。"菜纳屋寿司"浦和总店在这一点上做得非常到位。

这家餐馆的店内设置了一块写着当日推荐海鲜和酒水饮料的招牌，牌子上还写着当天负责提供各种服务的员工的姓名。

例如：将负责烹饪工作的员工分为"捏寿司者"（主要负责制作寿司）、"刺身者"（主要负责切生鱼片）、"烧烤者"（主要负责烤制食物和简单的小菜）等。另外，"本日侍酒者"特指负责酒水饮料的大堂服务员。

在牌子上标注员工的姓名，不仅容易拉近与顾客之间的距离、促进沟通交流，还有助于提升后厨员工和服务生的工作积极性。连小时工和兼职工也因为自己的名字"荣登招牌"而激发了工作热情。

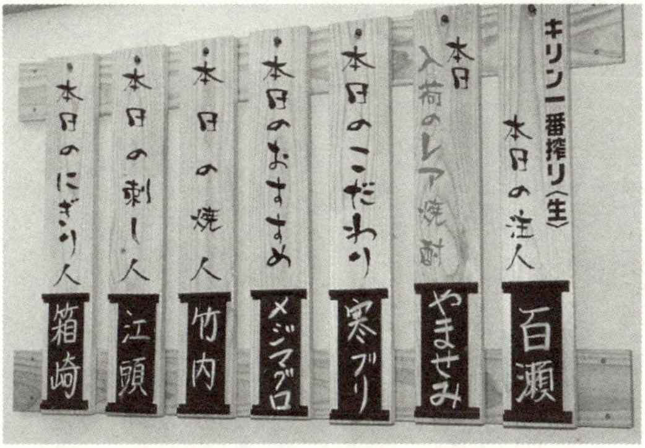

木制招牌上写着员工的姓名。"捏寿司者"、"烧烤者"等独特的"职位"引人注目。

190

"升级版自助饮"＋"早订有优惠"促销术

宴会策划之 DM 效果提升术！

▲ 南国酒家

DM 促销方式的重点是利用有限的版面，将企业的商品信息尽可能多地传递给更多的消费者。

在这方面有一个值得关注的营销案例，这就是以东京为核心、在日本各地开办了 16 家分店的中华料理店"南国酒家"。该店针对年终联欢会印制了一批 DM 宣传单，其最大的亮点是推出"升级版自助饮"。整个版面设计采用图文表混排，在版面中展示坛装陈年绍兴酒、自制特酿烧酒等"升级版自助饮"的内容。整体设计风格简洁明快、层次清晰，满足了读者高效获取信息的需要。此外，店方抓住了消费者"想稍微奢侈一下"的"宴会心理"，将需求和利用巧妙地结合起来，从而在促销中得以体现。

南国餐饮集团旗下 16 家分店中的 14 家采用这种 DM 进行促销。另外，凡提前预订的顾客，一律享受部分菜品升级优惠服务。这种"早订有优惠"的促销活动同样受到消费者的好评。自从五年前推出这项促销活动以来，生意红火时，预约订餐人数高达 100 人次，而且这个数字每年还在不断刷新。

"南国酒家"针对年终联欢会，向全体顾客发送的DM宣传单约有7万份。其中有一年，年终联欢会和新年宴会餐的预订数多达700场。

191

从火候到食材，美味烤肉做法讲解

好评！烤肉指南 POP

▲ 备长炭火烤肉 青磁 小山店

（枥木，小山市）

烤肉店是供美食爱好者体验自助烧烤的乐趣的餐饮业经营模式的代表。食客在享受自己动手烧烤乐趣的同时，一定希望烤出鲜香可口的食物。但是烧烤也有技巧，在顾客享受自助烧烤乐趣的过程中，服务生很难站在旁边指导客人。

面对这个两难的问题，在关东地区北部开办了 4 家分店的人气餐馆“备长炭火烤肉 青磁”推出了一种创意 POP 宣传单，无论是来店用餐的顾客还是店里的员工，都对它赞不绝口。

这种 POP 宣传单针对烧烤技巧量身设计，例如“怎样烤出美味的烤肉？炭烤的火候……”，以图文结合的形式分步讲解烧烤过程中炭火的火候调节及牛肉、猪肉、鸡肉、海鲜等各类食材的烤制方法等。内容浅显易懂，解说细致周到。

此外，它还是拉近顾客与餐厅之间的距离、加强与顾客之间沟通的手段。

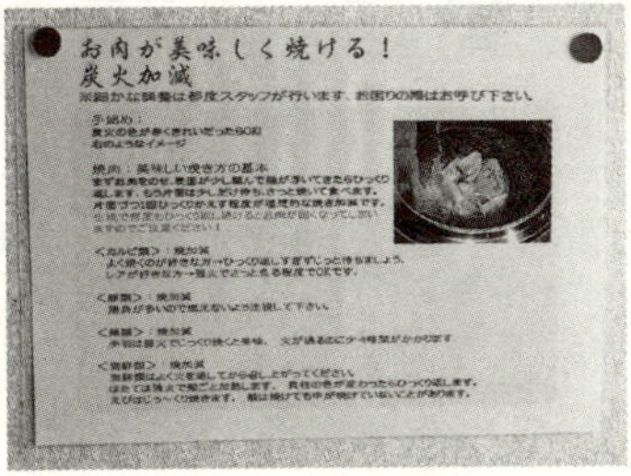

POP宣传单的内容细致周到，从烧烤过程中的火候调节，到牛肉、猪肉、鸡肉、海鲜等各类食材的烤制方法。每张餐桌均有配备。

192

等餐期间的“小娱乐”

开心无限！菜单上的“心理测试”

▲ 蒲田西口绳屋

（东京，大田区）

怎样在服务中融入娱乐元素？怎样通过娱乐与消费者实现互动？这是近年来餐饮企业推出促销活动的主题之一。在小型餐饮店举办大规模娱乐促销活动并不现实，但小规模的娱乐也会给顾客带来快乐和满意的消费体验。

以开办了40多家分店的连锁居酒屋“绳屋”为例，该集团在旗下各门店推出了一种新奇的心理测试菜单，这个创意很快就得到顾客的好评。

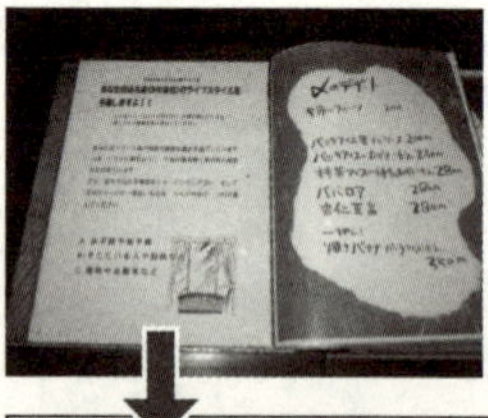

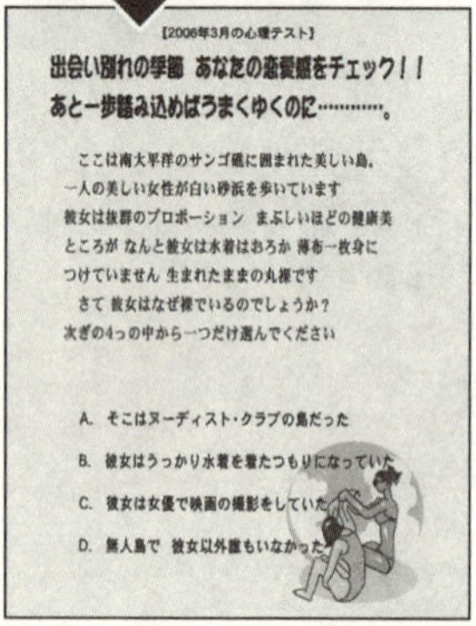

【2006年3月の心理テスト】

出会い別れの季節 あなたの恋愛感をチェック！！

あと一歩踏み込めばうまくゆくのに…………。

ここは南太平洋のサンゴ礁に囲まれた美しい島。
一人の美しい女性が白い砂浜を歩いています
彼女は抜群のプロポーション まぶしいほどの健康美
ところが なんと彼女は水着はおろか 薄布一枚身に
つけていません 生まれたままの丸裸です
さて 彼女はなぜ裸でいるのでしょうか？
次ぎの4つの中から一つだけ選んでください

A. そこはヌーディスト・クラブの島だった

B. 彼女はうっかり水着を着たつもりになっていた

C. 彼女は女優で映画の撮影をしていた

D. 無人島で 彼女以外誰もいなかった

心理测试的内容每月更新，从性格诊断到爱情预测，内容涉及面广，形式丰富多样，多为助酒兴的趣味测试题。设计这项活动的初衷是人性化服务，让等餐不再无聊。而且好处是服务生不必特意说明，客人在点餐过程中自然会发现菜单中的乐趣。

近来，在追求美食的同时，对用餐氛围提出更高要求的年轻消费者越来越多。“绳屋”则另辟蹊径，通过一个小创意，用低成本巧妙地解决了顾客的需求，还让来店消费的客人乐在其中。

193

运用色彩和抢眼的文字吸引眼球
效果！“玻璃板 POP”

▲ 朱雀门
（东京，板桥区）

其实，餐饮企业利用店内的墙壁和隔层等屏障结构，也能打造出魅力独特的“POP”宣传物。

东京板桥区有一家叫“朱雀门”的烤肉店。这家店的入口外有 4 块巨大的玻璃板，玻璃板上是手绘的彩色菜单。五彩斑斓的配图，加上手绘的菜单，这一引人注目的设计，受到顾客的一致好评。

彩绘菜单平均每 2~3 个月更新一次，刊登最新时令菜肴信息。自从推出这种绘有菜单的玻璃板后，该店的营业额成倍增长。

另外，玻璃板设计醒目，关注度高，来此用餐的客人经常指着玻璃板上的彩绘菜单向服务员询问，在一定程度上拉近了餐厅与顾客之间的距离。

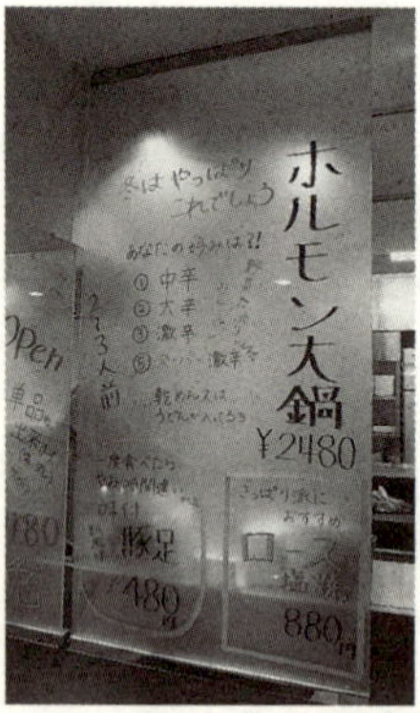

194

动手设计的创意，木牌变身“黑板”。

可随时更新的“黑板菜牌”

▲ 立呑 奥户家
（东京，涩谷区）

想象一下，店墙上整齐地挂着一排明码标价的木制菜牌，这样亲和的“界面”绝对吸引顾客的眼球。但木制菜牌的内容往往无法擦除重写，因而导致菜牌无法实现“再利用”。

对此，一家叫“立呑 奥户家”的餐馆做了一番精心改良。该店为了提高酒水销量，设计了一种写有酒水品种的菜牌。这种菜牌由单块小木牌组成，形似“黑板”。

这种“黑板”由店员们亲自设计制作，先在店墙上凿出挂木牌的空间，再把一块块木牌嵌入相应的孔内，木牌的表面喷涂了黑板材质的涂料。“黑板菜牌”的优点是能够擦掉原来的字迹而重新书写，所以使用方便，内容常换常新。

另外，“黑板菜牌”的复古风设计与这家餐馆的氛围也十分协调。

店员用粉笔修改『黑板菜牌』。这种方式操作灵活，能随时增加新品及变更内容。

195

利用 DM 宣传单提升店铺印象，增进与顾客之间的沟通

趣味促销，好印象 DM！

▲ 山王
（东京，大田区）

东京大田区有一家叫“山王”的餐馆，这家餐馆在 DM 明信片的设计上花了工夫，通过在明信片上增加吸引眼球的内容，成功地加深了顾客对该店的印象。

该店从创办初期以来，一直向来店消费的顾客赠送明信片。这些明信片一律采用手工制作，每次派发 500~600 张，回收率约 10%。

这种明信片的主题丰富多样，既有暑中问候、新年祝福、美食优惠打折信息，也有一些与店员相关的话题，如“在本店工作多年的小时工○○即将光荣‘退休’，敬请光临”等。

另外，还有店主发表的留言。例如，以某公司为对象实行“多人以上来店用餐，按人数赠风味小菜等”；以老顾客为对象推出“持明信片进店，将获赠‘美味小秘密’”等。明信片内容的亲民化和趣味性，不但拉近了与顾客之间的距离，也成了吸引顾客的亮点。

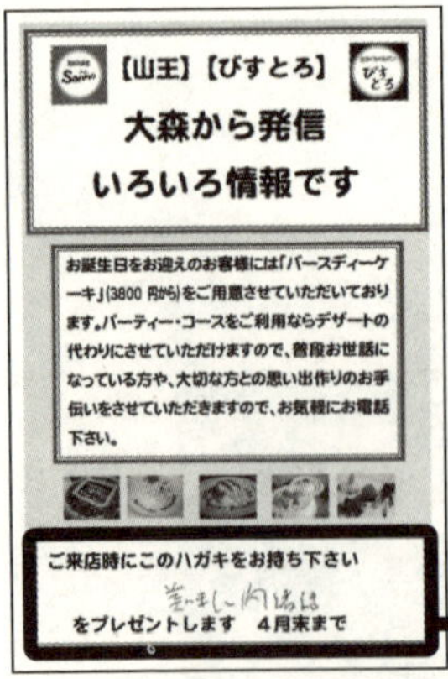

店员的服务情况和店主的留言，字里行间传递着正能量，以顾客至上为宗旨设计。

持该明信片来店者，将获赠“美味小秘密”。活动截止到4月底。

196

猪肉部位图解，打造趣味和特色

猪肉“分割”菜单！

▲ 猪肉创意菜 大和 银座8丁目店
（东京，银座）

如今的猪肉料理有了一群固定的“拥趸”，而当以前猪肉料理刚开始走俏时，有一家叫“猪肉创意菜 大和”的餐馆设计了一份与众不同的菜单。

这家店的菜单是一张猪肉“分解图”，图上详细地标出了猪身上的各个部位，包括日本人很少吃的猪尾巴。店方推出这个创意的初衷是面向消费者推广自家品牌——“大和猪”。

在这张特殊的图上，可以看到按照猪身上的部位（如“猪尾巴”对应“大和猪红烧猪尾”）分类标记的菜名。作为一家经营“全猪餐”的特色餐饮店，这项举措给来此用餐的顾客留下了深刻的印象。

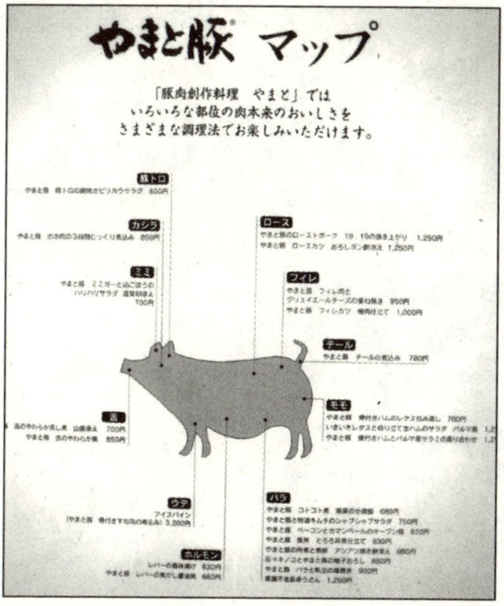

按猪身部位分类标记菜名，增加点餐过程中的趣味性。

197

POP 和菜单上惊现“马赛克”

吸引话题的“问号”菜单 POP

▲ 拉面 睦美屋 青山一丁目店
（东京，青山）

餐馆研发新菜式时，如果在营销方式上下工夫，就能进一步吸引人气。

以在日本各地经营拉面连锁店的“睦美屋”FC 店（青山一丁目店）为例，这家餐馆推出了一种其他门店没有的特色拉面。这款拉面因其新颖的营销模式引起热议。

该店推出的特供“青山拉面”采用五花肉作食材，以块状“东坡肉”配鸡蛋作为佐面菜肴。2003 年 9 月该店推出这款面食时，想出了一个绝妙的推销办法，它就是图中的 POP 宣传单。

经过精心策划，店员们在店内的 POP 宣传单和菜单上打了“马赛克”，并用一个大大的“问号”遮住图片，用这种引发顾客好奇心的方式进行推广宣传。另外，还在宣传单和菜单上附上一句“等您品尝”，还在旁边加上了汤头、佐面菜肴等内容。点餐过程中，很多顾客都忍不住向服务员询问这种面的味道，很自然地拉近了餐馆与顾客之间的距离。在这种带着神秘气息的营销方式的推动下，青山拉面很快成为店内一道受欢迎的招牌美食。来此用餐的食客中，约 2~3 成客人会点这种特色拉面。

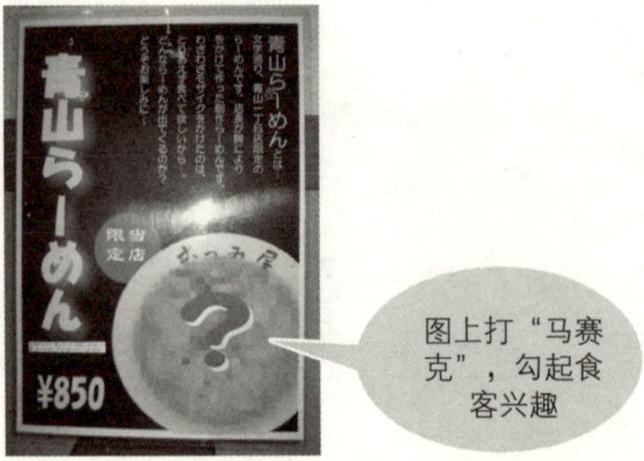

198

荞麦面新鲜出炉表，吸引更多顾客

有效！店头的“新鲜出炉”标示

▲ 北前荞麦 高田屋 上野店
（东京，上野）

“新鲜出炉感”是餐饮店彰显自身魅力的一大手段。只要运用得法，就能给顾客留下好印象。

位于东京上野的“北前荞麦 高田屋”上野店从很早以前开始，就在店头设置了一块招牌。招牌上实时更新店内自制荞麦面的“新鲜出炉时间”，以此吸引路人的关注。很快，进店用餐的顾客就比以前增加了20%。

该店于每天中午11：00~12：00及下午17：00~18：00期间，根据荞麦面新鲜出炉的时间对招牌进行动态更新。自从推出这项举措后的两个月，上座率明显增长。此外，在夜间营业时段，来店用餐的顾客在酒后点荞麦面作主食的点单率也有所增加。与之前相比，这家餐馆的点单率增加了20~40个百分点。

另外，下午更新荞麦面出炉的时间段较早，一般在17：00左右，习惯晚餐前“来一碗垫垫饥”的客人也很多。除了以前经常来店的中老年男性顾客外，女顾客也渐渐多了起来。一块招牌，不但扩大了餐馆的客源，还获得了食客的一致好评。

店头的招牌上写着“当前供应的荞麦面于○○点○○分新鲜出炉”的字样。

199

锁定目标消费群的定制 DM 宣传单，利用率增加！

用“金牌顾客”DM 宣传单争取宴会订单

▲ 和饮屋 新吉

（埼玉，埼玉市）

采用 DM 宣传单促销是各商家吸引消费者的手段之一，但仅仅通过单一的 DM 宣传单派发方式，往往很难收到预期效果。

在埼玉县埼玉市有一家叫“和饮屋 新吉”的餐馆。该店通过在 DM 宣传单上添加一两句话，成功地让顾客感受到“金牌顾客”的尊崇待遇，达到了吸引顾客上门的目的。另外，为了让宣传效果最大化，该店还通过锁定目标消费群体，采用有针对性地派发 DM 宣传单等多种促销方式。

这些 DM 宣传单的派发对象并非所有人，而是从来店用餐的顾客名录中层层筛选出的那些曾经在该店举办宴会和聚会的金牌客户和企业级客户。DM 宣传单上印有“普通顾客不予通知”等句子，突出这种所推销的宴会餐的特别之处，宣传单上还印有预订时需要告知店员的“暗号”，让顾客真正获得“金牌级别”的尊崇感受。

每年九月份是宴请淡季，与往年同期相比，该店利用这种 DM 宣传单，成功地使团体宴的预订率增加了 10%。

DM宣传单上强调了所推销的宴会餐“不是每位顾客都能享受的”，这种尊崇感抓住了顾客的心。宣传单上还印有预订时需要告知店员的“暗号”。

普通顾客不予通知。
只有收到该DM宣传单的“金牌顾客”才能够预订9月份限定的特别宴会餐。
- 也有普通的宴会餐供您预订。
- 预订特别宴会餐时，请务必向店员说出暗号——“惊喜宴会”。

200

“食材”+“做法”详解受好评

“美食”知识卡！

▲LINK DINING · IT
（东京，银座）

饮食也是一门学问。如今，有品位的美食爱好者越来越多。“吃货们”往往爱吃也会吃，他们对于“吃什么和怎么吃”很有研究。东京银座有一家叫“红酒 & 意大利菜 LINK DINING · IT”的意式西餐厅。这家餐厅有一种印有意大利美食信息的“美食卡”。餐厅服务生给客人上菜时，会交给客人一张美食卡。这种卡能够让来店用餐的客人开阔眼界、丰富美食知识，因此受到客人的一致好评。

美食卡由美食“产地”、“食材”、“烹饪法”和“厨师推荐”等几部分构成。与一般的菜式说明相比，具有内容翔实、符合现代食客对美食的“求知欲”等特点。另外，除了文字讲解，还附有图文解析。拿到这张卡的人，在品味专业美食知识乐趣的同时，还能学到实际的东西，这也是这种卡的设计重点之一。

美食卡的内容由店里的主厨提出设计方案，再由专人通过电脑加工制作而成。与该店的主打菜式配合，一共有 30 种。这种小小的创意卡片给来此就餐的客人留下了深刻的印象。

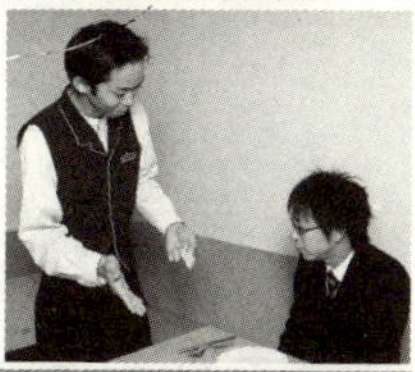

美食卡一共有30种，与该店的主打菜式配合。服务生给客人上菜时，会交给客人美食卡。卡上丰富的美食信息，给来此用餐的客人带来惊喜体验。

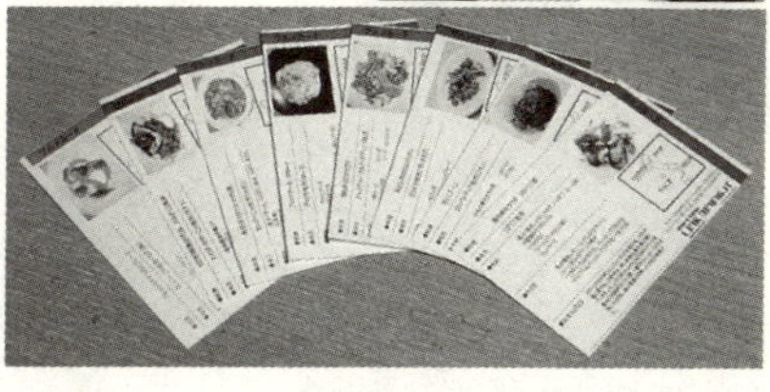

《摸过顾客的脚才能卖对鞋》：你所不知道的服务技巧，鞋子卖场销售的第一本书

定价：22.00 元

《繁荣店的问卷调查术》：成就服务业旺铺的问卷调查术

定价：26.00 元

《菜鸟餐饮店 30 天繁荣记》：帮助无数经营不善的店铺起死回生的日本餐饮第一顾问

定价：28.00 元

《最勾引顾客的招牌》：成功的招牌是最好的营销，好招牌分分钟替你召顾客!

定价：36.00 元

《会切西红柿，就能做餐饮》：没有比餐饮更好做的卖卖！ 饭店经营的“用户体验学”。

定价：28.00 元

《制造型零售业——7-ELEVEn 的服务升级》：看日本人如何将美国人经营破产的便利店打造为全球连锁便利店 NO.1!

定价：38.00 元

《店铺防盗》：7大步骤消灭外盗，11种方法杜绝内盗，最强大店铺防盗书！

定价：28.00元

《中小企业自媒体集客术》：教你玩转拉动型销售的7大自媒体集客工具，让顾客主动找上门！

定价：36.00元

《敢挑选顾客的店铺才能赚钱》：日本店铺招牌设计第一人亲授打造各行业旺铺的真实成功案例

定价：32.00元

《餐饮店投诉应对术》：日本23家顶级餐饮集团投诉应对标准手册，迄今为止最全面最权威最专业的餐饮业投诉应对书。

定价：28.00元

《大数据时代的社区小店》：大数据的小店实践先驱者、海尔电器的日本教练传授小店经营的数据之道

定价：28.00元

《线下体验店》：日本“体验式销售法”第一人教你如何赋予O2O最完美的着地！

定价：32.00元

《最强导购成交术》：解决导购员最头疼的55个问题，快速提升成交率！

定价：36.00元

《帝国酒店——恰到好处的服务》：日本第一国宾馆的5秒钟魅力神话，据说每一位客人都想再来一次！

定价：33.00元

《餐饮店长如何带队伍》：解决餐饮店长头疼的问题——员工力！　让团队帮你去赚钱！

定价：36.00元

《漫画餐饮店经营》：老板、店长、厨师必须直面的25个营业额下降、顾客流失的场景

定价：36.00元

《店铺服务体验师报告》：揭发你习以为常的待客漏洞　深挖你见怪不怪的服务死角　50个客户极致体验法则

定价：38.00元

《餐饮店超低风险运营策略》：致餐饮业有志创业者 & 计划扩大规模的经营者 & 与低迷经营苦战的管理者的最强支援书

定价：42.00元

《零售现场力》：全世界销售额第一名的三越伊势丹董事长经营思想之集大成，不仅仅是零售业，对整个服务业来说，现场力都是第一要素。

定价：38.00 元

《别人家的店为什么卖得好》：畅销商品、人气旺铺的销售秘密到底在哪里？ 到底应该怎么学？ 人人都能玩得转的超简明 MBA

定价：38.00 元

《顶级销售员做单训练》：世界超级销售员亲述做单心得，亲手培养出数千名优秀销售员！ 日文原版自出版后每月加印 3 次，销售人员做单必备。

定价：38.00 元

《店长手绘 POP 引流术》：专治“顾客门前走，就是不进门“，让你顾客盈门、营业额不断上涨的 POP 引流术！

定价：39.80 元

《不懂大数据，怎么做餐饮？》：餐饮店倒闭的最大原因就是“讨厌数据的糊涂账”经营模式。

定价：38.00 元

《零售店长就该这么干》：电商时代的实体店长自我变革。

定价：38.00 元

《生鲜超市工作手册蔬果篇》：海量图解日本生鲜超市先进管理技能

定价：38.00 元

《生鲜超市工作手册肉禽篇》：海量图解日本生鲜超市先进管理技能

定价：38.00 元

《生鲜超市工作手册水产篇》：海量图解日本生鲜超市先进管理技能

定价：38.00 元

《生鲜超市工作手册日配篇》：海量图解日本生鲜超市先进管理技能

定价：38.00 元

《生鲜超市工作手册副食调料篇》：海量图解日本生鲜超市先进管理技能

定价：48.00 元

《生鲜超市工作手册 POP 篇》：海量图解日本生鲜超市先进管理技能

定价：38.00 元

《日本新干线 7 分钟清扫奇迹》：我们的商品不是清扫，而是“旅途的回忆”

定价：39.80 元

《像顾客一样思考》：不懂你，又怎样搞定你？

定价：38.00 元

《好服务是设计出来的》：设计，是对服务的思考

定价：38.00 元

《让头回客成为回头客》：回头客才是企业持续盈利的基石

定价：38.00 元

《餐饮连锁这样做》：日本餐饮连锁店经营指导第一人

定价：39.00 元

《养老院长的 12 堂管理辅导课》：90%的养老院长管理烦恼在这里都能找到答案

定价：39.80 元

《大数据时代的医疗革命》：不放过每一个数据，不轻视每一个偶然

定价：38.00 元

《如何战胜竞争店》：在众多同类型店铺中脱颖而出

定价：38.00 元

《这样打造一流卖场》：能让顾客快乐购物的才是一流卖场

定价：38.00 元

《店长促销烦恼急救箱》：经营者、店长、店员都必读的“经营学问书”

定价：38.00 元

更多本系列精品图书，敬请期待！